天皇の歴史 10

天皇と芸能

渡部泰明　阿部泰郎
鈴木健一　松澤克行

講談社学術文庫

目次

第四部　近世の天皇と芸能……松澤克行……259

天皇の歴史 10

天皇と芸能

第一部　天皇と和歌——勅撰和歌集の時代

渡部泰明

はじめに――『百人一首』の中の天皇

現在にいたるまで、もっとも流布した日本の古典作品は何だろうか。『万葉集』、『古今和歌集』、『伊勢物語』、『源氏物語』、『平家物語』、『徒然草』、『奥の細道』など、現在高等学校の古典の教科書にも取り上げられる、さまざまな作品が思い浮かぶ。しかし一つの作品としてみるかぎり、『百人一首』ほど広く親しまれたものはないだろう。それ自体が古代和歌史を凝縮して表すものであり、鎌倉時代前期に成立してのち、多数の注釈書が生み出されるほど学びの対象となり、近世以降は、歌がるたとして遊戯化さえした。古典には数多くの名作があるが、現在、高校教育で一書まるごと暗唱が課されるような作品は、『百人一首』くらいではなかろうか。『百人一首』は、和歌の歴史を圧縮したようなものともいえ、なにより和歌の普及に決定的な意味を持った。

その『百人一首』には、次の天皇（太上天皇《だいじょうてんのう》を含む）とその和歌が含まれている。天智《てんじ》・持統《じとう》・陽成《ようぜい》・光孝《こうこう》・三条《さんじょう》・崇徳《すとく》・後鳥羽《ごとば》・順徳《じゅんとく》。古代から鎌倉時代初期までの八名である。一〇〇のうちの八という割合にあまり意味を持たせてもしかたないが、柿本人麻呂《かきのもとのひとまろ》、大伴《おおともの》家持《やかもち》、紀貫之《きのつらゆき》、和泉式部《いずみしきぶ》、紫式部《むらさきしきぶ》、西行《さいぎょう》、藤原定家《ふじわらのていか》ら錚々たる歌人・作家たちにまじり、和歌作品主体の書物の中での八名だと考えれば、少なくともけっして小さい数字ではない。

では天皇たちの和歌はどういうものだろうか。

秋の田のかりほの庵の苫《とま》をあらみわが衣手《ころもで》は露に濡れつつ　天智天皇
春過ぎて夏来にけらし白妙《しろたへ》の衣干すてふ天の香具山《かぐやま》　持統天皇
筑波嶺の峰より落つるみなの川恋ぞつもりて淵となりぬる　陽成院
君がため春の野に出でて若菜摘むわが衣手に雪は降りつつ　光孝天皇
心にもあらで憂き世にながらへば恋しかるべき夜半の月かな　三条院
瀬を速み岩にせかるる滝川のわれても末にあはむとぞ思ふ　崇徳院
人もをし人も恨めしあぢきなく世を思ふゆゑに物思ふ身は　後鳥羽院
ももしきや古き軒端のしのぶにもなほあまりある昔なりけり　順徳院

『万葉集』の時代の、しかもその中でも比較的早い時期の天皇に始まり、平安前期、中期、後期、そして鎌倉時代の天皇と、時代的に満遍のない人選である。いかにも、天皇の歴史とともに和歌が存在したことが実感される。しかしそれ以上に気になるのは、あまり天皇らしくない、すなわち王者らしい強さに欠ける歌が多い、ということである。

天智の歌は、田中の仮小屋で泣き濡れており、光孝は、雪の降る中、自ら贈り物の菜を摘む。陽成・崇徳は、川の流れのような恋心の水圧に苦しみ、三条・後鳥羽は憂き世を嘆き、順徳は荒廃した宮城から光輝ある昔を偲んでいる。持統の歌だけは颯爽《さっそう》としているようだが、これも、「衣干したり」と眼前の景色として歌う『万葉集』の原歌とちがい、「衣」は今見えているのかどうか疑わしい。そもそも平安時代以降の和歌の感覚からいえば、春が過ぎてしまうことは嘆くべき事柄なのだから、『百人一首』の歌として見るならば、必ずしも明るい一方の歌とは断じられない。少なくとも、今ここにはない何かに思いを馳せている部分がある。つまり、濃淡の差こそあれ、いずれの歌にも、思うに任せぬ、あるいは現在の状況に自足できない感慨の影が差しているのである。

もちろん、天皇が常にこの種の和歌を詠んだわけではない。「帝王ぶり」といえば、悠揚《ゆうよう》せまらざる、おおどかな歌の調子をさすのだから、むしろ例外的な歌といえるかもしれない。しかし、『百人一首』にこうした和歌が並んでいることの意味は重い。史上もっとも愛好されたとおぼしいこの古典作品の歌は、和歌における天皇の意味を考える上でも、大きなヒントを与えてくれるだろう。このことを念頭に置きながら、和歌と天皇の関わりの歴史をたずねてみよう。

第一章　王朝和歌の成立

1　『古今和歌集』の切り開いたもの

勅撰和歌集と天皇

天皇と和歌との関係を考えようとするなら、勅撰和歌集はもっともわかりやすい指標となるだろう。勅撰和歌集とは、天皇――太上天皇《だいじょうてんのう》の場合もある――の命によって、過去から現在までの優れた和歌が選ばれ編集され、その天皇に献上される歌集である。時には、天皇自らが編纂することもある。十世紀初頭に成立した『古今和歌集』から、十五世紀前半の『新続古今和歌集《しんしょくこきん》』まで、およそ五〇〇年余りの間に、二一の勅撰和歌集が編纂されたとされ、一般にこれを二十一代集と呼ぶ。「代」というのは天皇の御代を指すのだから、勅撰和歌集は天皇の治世、それも平和で安定した治世を象徴するものと考えられていたわけである。第一部は、この勅撰和歌集の流れを基軸にして、天皇と和歌のつながりを語ってみることにしたい。

『古今和歌集』への道

ひとまず最初の勅撰和歌集といわれる、『古今和歌集』が誕生するまでの経緯をたどってみよう。

平安朝が安定期を迎えた嵯峨《さが》朝・淳和《じゅんな》朝（八〇九〜八三三年）の宮廷文化は、唐風謳歌時代ともいわれるほど漢文学全盛の時代であった。七世紀ごろ以来の伝統をもち、八世紀末には『万葉集』という巨大な結実を持った和歌も、漢詩文に圧倒され、宮廷文学としては主流をはずれざるをえなかった。ところが、次の仁明《にんみょう》朝（八三三〜八五〇年）になると、和歌復興の動きが萌し始める。宮廷、とくに後宮において、再び和歌が注目され始めるのである。そのきっかけは、天皇との身内関係を強化しようとする、藤原良房《ふじわらのよしふさ》の復古主義にあったといわれている。後宮文化の充実をはかろうとする藤原氏北家《ほっけ》の権力者の思惑が、和歌の復活を後押ししたのである。そこで和歌は、宮廷・後宮での自己実現をはかろうとする人々にとって、格好の表現手段となった。一方でまた、その流れに乗れないでいる官人たちにとっても、自分たちの屈折した疎外感に形を与える表現媒体ともなった。和歌は抒情詩であり、「心」の表現だったからである。

この頃から、個性的な表現を誇示するような歌人たちが現れた。代表格は、僧正遍昭《そうじょうへんじょう》、小野小町《おののこまち》、在原業平《ありわらのなりひら》たちである。これに文屋康秀《ふんやのやすひで》・喜撰法師《きせんほうし》・大友黒主《おおとものくろぬし》を加えた六人のことを、のちに『古今和歌集』の序文では、ひいでた先人として挙げている。いわゆる六歌仙《ろっかせん》である。そして、陽成《ようぜい》朝・光孝《こうこう》朝（八七六〜八八七年）の時代に至ると、和歌の表舞台への進出は、文献の上にはっきりとたどれるようになる。例えば在原業平の兄行平《ゆきひら》は、『在民部卿《ざいみんぶきょう》家《け》歌合《うたあわせ》』（八八五〜八八七年頃）を開催している。これは歌合の嚆矢《こうし》とされている。歌合とは、歌人を左右二組にわけ、その詠んだ和歌を左右一首ずつ組み合わせて判者が優劣を判定する遊戯である。

『古今和歌集』の成立

宇多《うだ》朝（八八七〜八九七年）に至ると、和歌の行事が打ち続いて催されるようになり、和歌の気運は大きく盛り上がって行く。『古今和歌集』の直接の母胎となる時代が始まったのである。例えば、宇多天皇の内裏で菊合《きくあわせ》が行われた（八八八〜八九一年頃か）。いわゆる菊の優劣を競う物合《ものあわせ》に類するものだが、それぞれには歌が組み合わされていた。光孝天皇の皇子で、宇多天皇の兄である是貞《これさだ》親王が催した『是貞親王家歌合』や、光孝天皇后で宇多天皇母の班子《はんし》女王主催の『寛平御時后宮《かんぴょうのおおんとききさいのみや》歌合』もこの頃である。ともに宇多天皇が推進役となったらしい。またこの二つの歌合の歌は、菅原道真《すがわらのみちざね》撰かといわれる『新撰万葉集《しんせんまんようしゅう》』に大量に撰入されており、この集のために行われたとも推測されている。いずれも、儀式としての歌合は行われず、過去の秀歌から選抜して紙上で出来上がったもののようである。

醍醐《だいご》朝（八九七〜九三〇年）になると、いっそう和歌活動は活発化する。『亭子院女郎花《ていじいんおみなえし》合《あわせ》』（八九八年。宇多上皇主催）、「藤原定国《ふじわらのさだくに》四十賀屏風和歌《しじゅうがびょうぶわか》」（九〇五年。藤原満子主催だが、醍醐天皇が後援）、「大井川行幸和歌」（九〇七年。宇多上皇の大井川行幸の際の詩歌会）、『亭子院歌合』（九一三年。宇多上皇主催）など、さまざまな和歌行事が頻繁に催され、あるいは宮廷行事に付随して和歌が詠まれた。

そのような中、延喜《えんぎ》五年（九〇五）四月十八日、醍醐天皇の勅命により、紀友則《きのとものり》・紀貫之《きのつらゆき》・凡河内躬恒《おおしこうちのみつね》・壬生忠岑《みぶのただみね》の四人が『古今和歌集』を撰び、これを天皇に奏覧するに至った。もっともこの集の中には、この日以降に詠まれたことが明らかな歌も存在するので、仮名序に見えるこの日付は、下命の日を表す、という説もある。ただし、序文に明記する以上、奏覧日と考えるのが自然で、この日以降の催しから増補された歌もあったのであろう。勅撰和歌集とはいえ、その成立には流動性がはらまれているのである。

こうして見ると、『古今和歌集』は、さまざまな和歌行事と連動しており、そのような営みの一つ、と位置づけることができる。『是貞親王家歌合』『寛平御時后宮歌合』が秀歌撰としての性格をもっていたように、歌合などの行事と、和歌を集め撰ぶ撰集との距離は、我々を含めた後世の人々が感じるほど、大きくはなかったと推測される。このことは、『古今和歌集』の表現面での特性を考える上でも、重要なヒントを提供すると思われる。

『古今和歌集』の和歌と儀礼的空間

『古今和歌集』の和歌は、しばしば観念的だといわれる。心情の表現の仕方が間接的で、現代の人間にはあまり共感しにくい、というのである。その原因を、二つの側面から考えてみたい。二つとは、レトリックと時間性である。

一つは、掛詞《かけことば》・縁語《えんご》・見立てなど、この集の時代に発達したレトリックの存在である。『古今和歌集』の観念性や技巧性は、これらに端的に現れている。

山里は冬ぞ寂しさまさりける人目も草もかれぬと思へば（冬・三一五・源宗于朝臣）

「かれ」が「枯れ」と「離れ」の掛詞になっている。掛詞の本質は偶然性にある。草木が枯れることと、人が訪れなくなることとを、同じ詞で表すことができるという偶然の一致を発見したことが、この歌の生命である。その発見を、あたかも重要な出来事、唐突な事件であるかのように、表現している。発見という事件を演じているのである。読み手はその事件の現場に立ち会うよう要請される。発見を演じる舞台空間の観客となり、その「かれ」の音が重なり響くことを聞き取るように求められるのである。掛詞の役割とは、そのような空間を立ち上がらせるところにある。詠み手と読み手が共存する空間を強引に作り上げるのである。

あさぼらけ有明の月と見るまでに吉野の里に降れる白雪（冬・三三二・坂上是則）

白雪を有明の月の光にたとえる見立ての技法である。たとえる、と言ったが、実は「見立て」と比喩とは本質的に異なる。比喩は二つの対象の類似性・共通性に重点があるが、見立

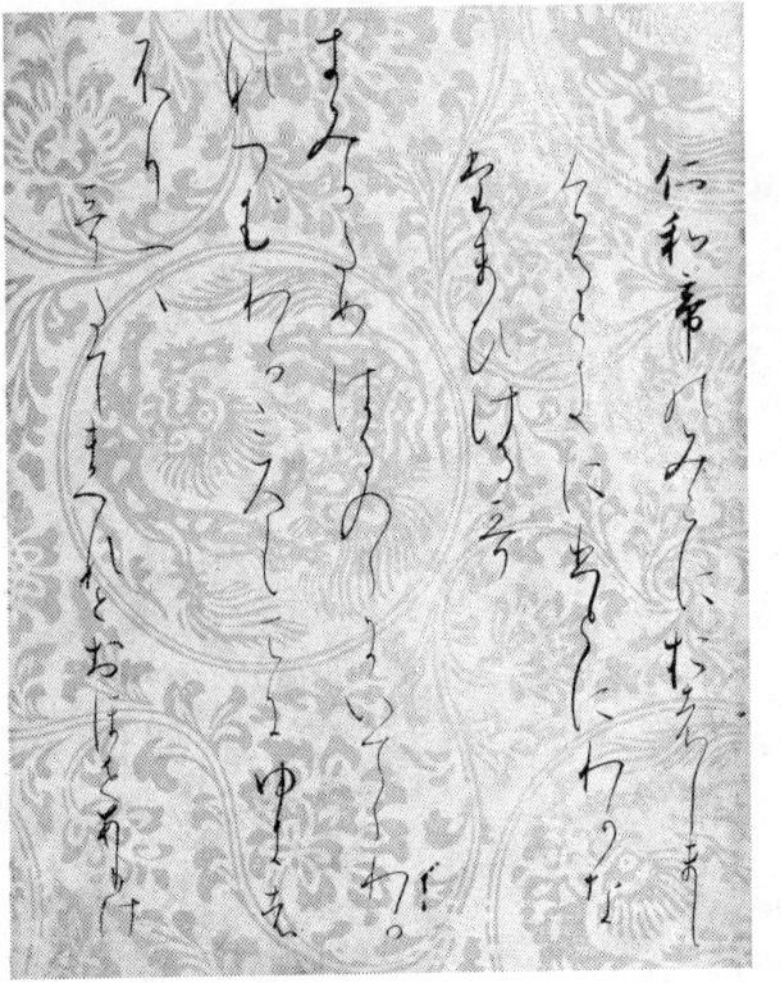

仁和帝のみこにおはしまし
けるときにひとにわかな
たまひける哥
きみがためはるのゝにいでてわか
なつむわがころもでにゆきは
ふりつゝ

古今和歌集 料紙に優美な唐紙を用いた元永本(1120年)は現存最古の完本。左は獅子二重丸紋の料紙に書かれた仁和帝(光孝天皇)の歌で、「百人一首」でも有名。東京国立博物館蔵

ては、相違性を前提としている。およそかけ離れた二つの物が、私には同じに見える、と表現してみせているのであって、その演技的な身振りが肝要なのである。なぜなら、見立ては、その物のありえないほどの美しさを讃嘆する表現形式だからである。不可思議なまでの美は、不可思議な類似性に置き換えて表すほかない、と身をもって示す表現なのである。

掛詞も見立ても、言葉の表面上の論理ではなく、そう表現して見せる演技性が核心にあることがわかっていただけただろうか。その演技からは、儀礼的空間における所作がいやでも想起されるだろう。『古今和歌集』の和歌は、言葉によって儀礼的空間を作り上げる働きをもつ。この特性は、『古今和歌集』がさまざ

まな現実の和歌的儀礼と密接に結びついて成立したことと、深く関わると見てよいであろう。

『古今和歌集』の時間性

『古今和歌集』の構成は、ただ秀歌を主題ごとに分類整理したというにはとどまらない、秩序をもった世界を示している。中心となるのは、四季六巻と恋五巻であり、この二つの主題だけで二十巻中の過半数を占める。平安京に居住する貴族の目にする四季の自然の姿と、貴族の恋の始まりから終わりまでが、おおよそ時の推移の順に配置編集されている。四季と恋ばかりではない。雑の歌では、変わりやすい世や人の心を表したり、無常な命を歌う。賀の部では逆に、末永い将来の寿命を言祝《ことほ》ぐ。つまり、時の変化が歌を編集する原理となっているのである。

世界を時間の変化の相において捉える時間性の原理は、集の配列や構成にとどまらず、一首の和歌の表現にも及んでいる。

久方の光のどけき春の日にしづ心なく花の散るらむ（春下・八四・紀友則）

のどかなのになぜ慌ただしく花は散るのか、という言葉の上での矛盾をあえて口にする中に、落花を惜しんでやまぬ無念さを押し込めている。そしてさらにいえば、散り行く時の流れをとどめられない、そのような運命の中で、花の美しさはいっそう浮かび上がる、という

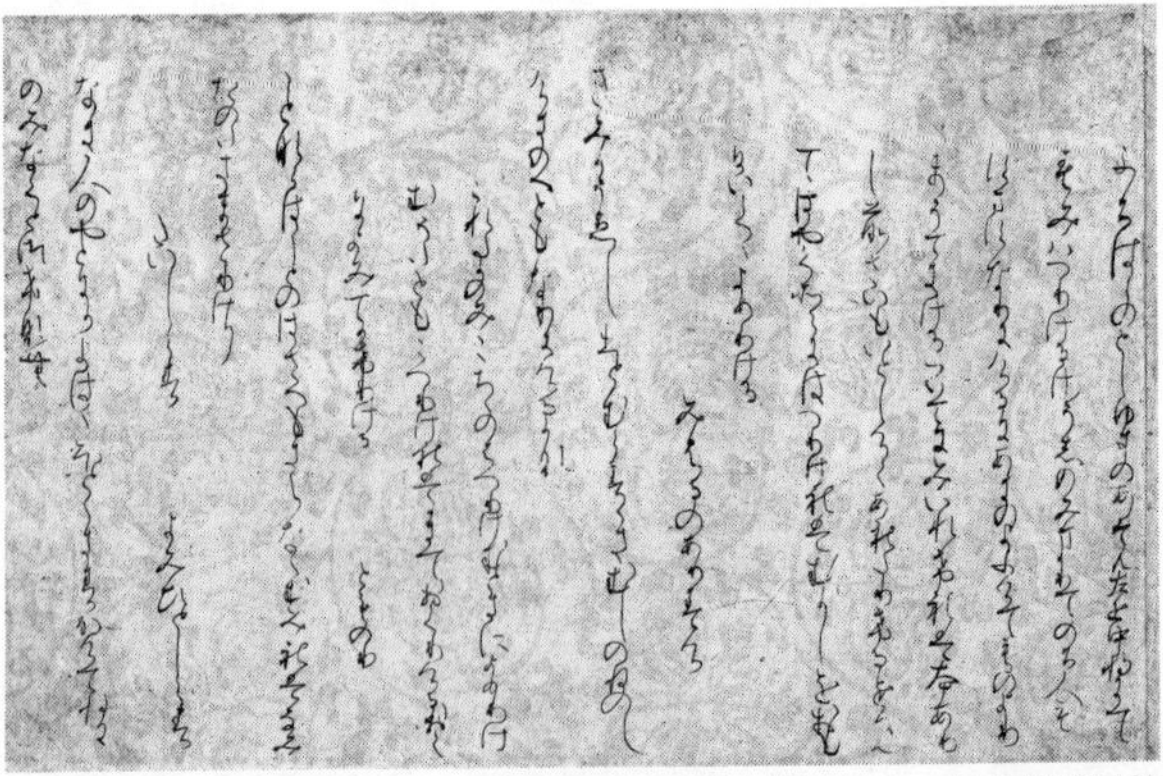
『本阿弥切本古今和歌集』 12世紀初めの書写と推定され、伝小野道風筆とされる。「本阿弥切」の名称は、本阿弥光悦の愛蔵にちなんだもので、明治11年に近衛家から皇室に献上された。宮内庁三の丸尚蔵館蔵

思想がその根底にある。時の変化への視点があるということは、現在の時が、現在の時として完結せず、もっと大きな時の流れの中の一点として捉えられている、ということである。現在を包み込むような測りがたい世界を前提として、現在の事柄や心情をその中に位置づけるのである。

近代人は、詩といえば現在の心情の表出を第一としがちであるから、これはいかにも間接的な表現方法にも見える。しかし、大きな測りがたい世界への思いを含むことになるこの特性は、以後の和歌史にも決定的な意義をもった。超越的世界への志向をも内包することが可能になったのである。超越的世界とは、自然の摂理、もしくは神や仏の信仰的世界、あるいは歴史的伝統などである。それらの価値を導入する仕組みをもつことによって、和歌は長い生命力を

保つことになったのである。

もとよりこの超越的世界への志向性は、儀礼的空間と無縁ではない。儀礼的空間は、その参加構成者の紐帯《ちゅうたい》の証しとして、必ずその場を超えた普遍的もしくは絶対的価値の共有を求める。以下見て行くように、和歌はさまざまな儀礼的空間を生み出し、また諸種の儀礼的空間が和歌を付随するようになる。『古今和歌集』は後世の和歌の規範として屹立《きつりつ》するに至るが、その要因は、時間性の背後にあるこうした超越的世界への志向だと考えることができる。

2　三代集の世界

『後撰和歌集』とその時代

天慶《てんぎょう》九年（九四六）、村上《むらかみ》天皇が即位する。醍醐朝・朱雀《すざく》朝以来政権の重責を担ってきた藤原忠平《ただひら》が関白をつとめ、その息子実頼《さねより》・師輔《もろすけ》が左右の大臣となった。天暦《てんりゃく》四年（九五〇）、村上天皇と師輔の娘安子《あんし》との間に生まれた憲平《のりひら》親王（後の冷泉《れいぜい》天皇）が皇太子となる。閨閥によってがっちりと固められた、この安定した摂関政治体制のもと、和歌・漢詩文・管絃にわたる村上天皇の幅広い文芸的資質とあいまって、宮廷文化は高揚期を迎えることになる。

天暦五年（九五一）十月、村上天皇は、梨壺《なしつぼ》と呼ばれる宮中の昭陽舎《しょうようしゃ》に撰和歌所を設置し、『万葉集』の訓読と和歌の撰集とを命じる。この撰和歌所の別当（長官）は、師輔の息子伊尹《これただ》であり、清原元輔《きよはらのもとすけ》・紀時文《きのときぶみ》・大中臣能宣《おおなかとみのよしのぶ》・坂上望城《さかのうえのもちき》・源順《みなもとのしたごう》、いわゆる梨壺の五人が寄人《よりうど》を務めた。一般にこの五人が『後撰和歌集《ごせんわかしゅう》』の撰者と呼ばれることが多いが、撰者と言いうるのは伊尹だけであり、彼の意向が編集方針に大きく与っているという見解もある（工藤重矩《くどうしげのり》氏）。いずれにしても、梨壺の五人は、この時代すでに難解になっていた『万葉集』を読みやすく仮名に和らげるという困難な作業と、大規模な歌集編纂の二つの重責を担う和歌事務局の局員として、精勤を求められたことだろう。

『後撰和歌集』は、『古今和歌集』とは異なる、また他の勅撰和歌集とも違う特色をもっている。一つには、男女の贈答を中心とした、恋の歌が驚くほど多いことである。他の集ならまず恋歌の部に入っているような歌が、四季など他の部にまで入り込んでいる。

逆に題詠《だいえい》の歌は少ない。歌合の歌は前の時代のものに限られているし、屏風歌（屏風に描かれた絵に添えた和歌）に至っては、それと明示したものは一首もない。歌人の面から見ると、権門貴族や、女性が多い。歌を事とする下級貴族の歌は、名を明記されているのは貫之を筆頭とする古今集時代の歌人ばかりであり、梨壺の五人の歌も採られていない。結局、宮廷を中心とする、貴族の生活を反映させた歌が前面に押し出されているのである。

物語的な演技を可能にする和歌

もちろん、生活といっても、いわゆる日常生活ではない。それは、宮廷およびその周辺を舞台とした、様式美にのっとった行動すなわち演技なのであり、「みやび」（「宮び」すなわち宮廷風）であるべき営みである。

事いできてのちに、京極《きようごくのみ》御息所《やすんどころ》につかはしける　元良《もとよし》親王

わびぬれば今はたおなじ難波なる身をつくしても逢はんとぞ思ふ（恋五・九六〇）

京極御息所との密事が発覚したときの、元良親王の歌。京極御息所は宇多天皇の女御《にようご》、元良親王は陽成院の第一皇子である。このような皇室のスキャンダルに関わる歌も、堂々と入集している。背景には、恋の逸話を和歌とともに語る歌語りが存在していただろう。物語の一局面のように、享受されていたのだと思われる。逆にいえば、和歌を詠むことで、自分を物語中の人物のように描くことができるということにもつながる。

『古今和歌集』以後、和歌は宮廷に深く浸透し、その表現も洗練の度を加えた。ついにさまざまな貴族生活の局面において、自己を物語化するような演技を可能にする手段となった。和歌の儀礼的空間は、このような恋の物語的空間を表すに至り、『後撰和歌集』はそれをことさらにクローズアップする撰集となっているのである。

この撰集の下命がきっかけであるかのように、以後村上天皇はしきりと和歌行事を行い、宮廷の和歌活動が活発化してゆく。内裏歌合の催行や後宮での歌合の実質的な主催などである。中でも、『天徳《てんとく》四年内裏歌合』はその頂点であり、後世の歌合の模範ともなった催しである。

廿番　左　　　　　　　　　　　　　　　　　忠見

恋すてふわが名はまだきたちにけり人しれずこそ思ひそめしか

右勝　　　　　　　　　　　　　　　　兼盛

忍ぶれど色にいでにけりわが恋はものや思ふと人のとふまで

後に『拾遺《しゅうい》和歌集』にも、また『百人一首』にも並んで取り入れられている両首は、この歌合の掉尾《とうび》を飾った対決であった。

謎めいた『拾遺和歌集』の成立

『拾遺和歌集』は第三番目の勅撰和歌集ということになっているが、その成立はわからないことだらけである。中世の勅撰和歌集の編纂手順を準用するなら、天皇もしくは上皇から撰者への下命があり、編集作業があり、下命者に奏覧されるという過程が想定されるが、この集に関しては、いずれの点に対しても、確たる事実を挙げることができない。応徳《おうとく》三年（一〇八六）成立の『後拾遺和歌集』の序に、「花山《かざん》法王は先の二つの集（注、『古今和歌集』と『後撰和歌集』）に入らざる歌をとり拾ひて、拾遺集と名づけ給へり」とあるのがようやくに古く言及された例で、以後も一般に花山院が自ら編纂した――これを親撰という――と信じられてきており、他の撰者の可能性も考えにくいということで、花山院親撰とされているに

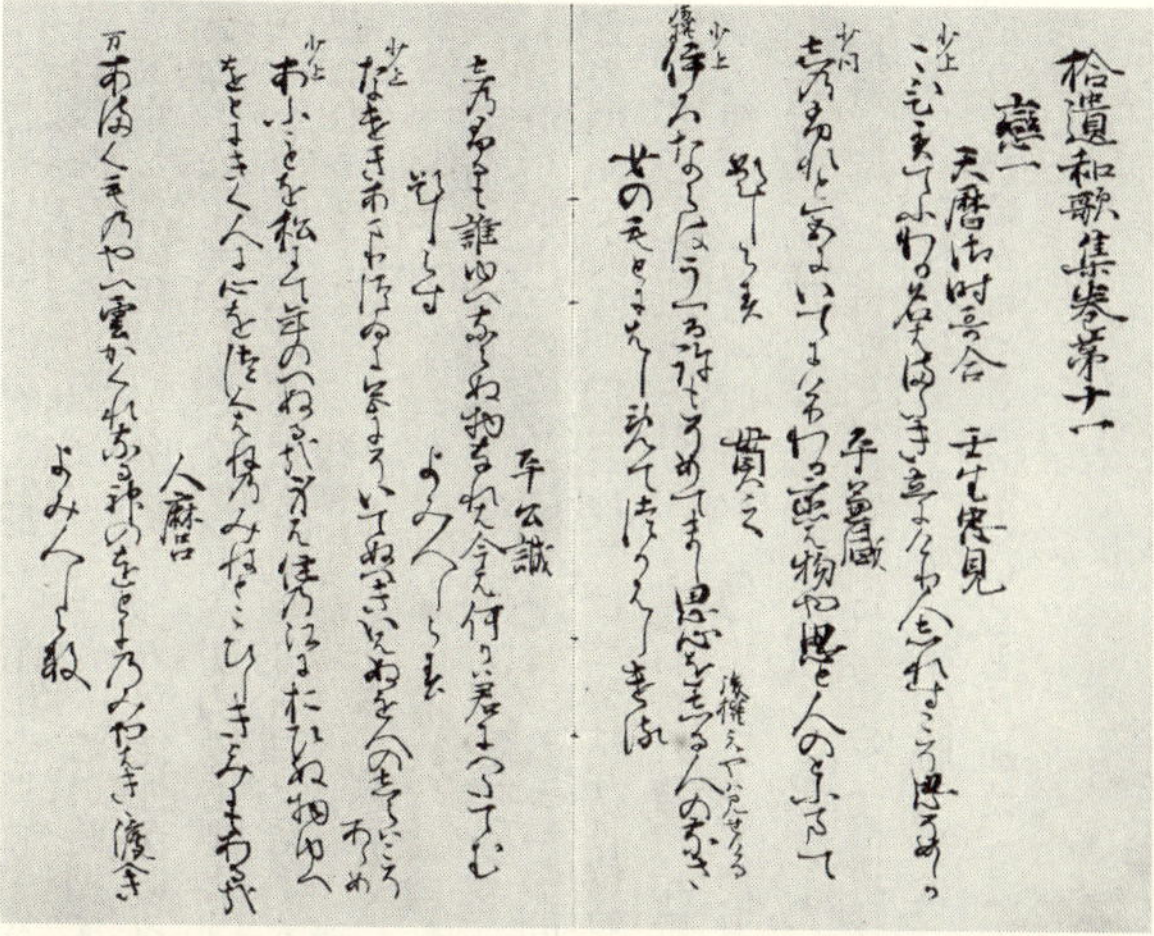

『拾遺和歌集』巻第十一　恋一　冒頭に壬生忠見、平兼盛の歌が並ぶ。天福本・延宝５年中院通茂写。京都大学附属図書館蔵

すぎない。だとしても編纂には多大な労力を要するから、助力者を想定したくなり、藤原長能《ながとう》・源道済《みちなり》らの名が挙げられることもあるが、これも定かでない。集内部の歌人たちの官位の表し方から、成立年次は、寛《かん》弘《こう》二年（一〇〇五）四月以降、同四年正月以前と推定される。これは、寛弘五年に四一歳で没した花山院の晩年ということになる。もとより退位後、上皇となってからのことである。

いたって不明な『拾遺和歌集』の成立だが、最近になって近藤みゆき氏により、注目すべき仮説が提示された。花山院の親撰の後援者として、藤原道長《みちなが》が想定できる、というものである。長保《ちょうほう》・寛弘期（九九九

〜一〇一二年）の藤原道長の、王権を模倣するがごとき積極的な文化的行事の催行、花山院との親昵《しんじつ》などを根拠とする。また、この時期すでに道長に抱きこまれていた藤原公任《きんとう》の立場を勘案し、公任が助力者であった可能性があるとも指摘する。寛弘期、すでに政権とは無縁となった上皇が、膨大な資料と労力を必要とする編纂事業をどうやって成し得たのか、なぜそれが私撰集にとどまらず勅撰集と認められたのか、という謎の答えを示す有力な提案だと思われる。

『拾遺抄』との関係

『拾遺和歌集』の成立に関しては、もう一つ問題がある。藤原公任撰と言われる『拾遺抄』との関係である。『拾遺抄』は、やはり官位の表記によって、長徳《ちようとく》二、三年（九九六、九九七）ごろの成立とされる。すなわち『拾遺和歌集』に先行するわけだが、五七九首（新編国歌大観本）ある所収歌の、ほぼすべてが『拾遺和歌集』に取り入れられている。つまり、『拾遺抄』を増補して編集したのである。ただし、古くは、『拾遺和歌集』を抄出したものが『拾遺抄』だと信じられていた。この『拾遺抄』は、十巻ながらも勅撰集的な構成をもつ秀歌撰で、公任の権威もあって、平安時代には『拾遺和歌集』よりも尊重された形跡がある。成立の経緯がはっきりしないことに加え、このことが『拾遺和歌集』をしばらく影の薄いものとした。

規範の完成と古風への志向

しかし、中世に入って、藤原定家《ていか》は『拾遺和歌集』を高く評価したし、今読んでみても、勅撰和歌集として、きわめて充実した内容を感じ取ることができる。『古今和歌集』の歌風を受け継ぎ、しかもこれを完成した、と言われることもある。内容の特質をやや強引にまとめれば、①四季の歌に歌合歌、屏風歌など儀礼的な場で詠まれた歌――これを「晴《はれ》」の歌という――が多く、②恋の部の歌に、柿本人麻呂《かきのもとのひとまろ》を作者とする歌など、『万葉集』等の古歌が多い、と概括できる。①は題詠による専門歌人の歌を主としていて、表現の完成度が高い。古今歌風の完成、などと呼ばれるのは主として①による。②については、『拾遺抄』には、万葉集時代の歌も、恋歌そのものも相対的に少ないから、こちらの方に『拾遺和歌集』の特色は色濃く表れているといってよい。

一首取り上げてみよう。

題しらず　　　　　　　　　　貫之

思ひかね妹がり行けば冬の夜の川風寒み千鳥鳴くなり（冬・二二四）

思いに堪えかね恋しい人をたずねて行くと、寒々とした川風の中、千鳥が悲しげに鳴いているのが聞こえる。紀貫之は本集最多歌数（一〇七首）の入集を誇るが、その彼の代表作とされることも多い作品である。「題しらず」とあるが、出典の『貫之集』を参照することで、屏風歌であることが判明する。一首は、初句第二句の強い自己表現と、第三句以下の風景表現とが合体した構造をもつ。前者は、「妹がり行けば」といういかにも万葉風の用語と、ストレートな自己表出とが、古代的な雰囲気を醸し出している。下の部分は、冬の夜の川辺の風景を、皮膚感覚や聴覚をも動員しつつ、緊張感あふれる形で描き出す。しかも、友を求めて鳴くとされ、かつ万葉以来の景物である千鳥が、上の部分と巧みに響き合っている。上下合わせて、ドラマチックな恋の一場面が鮮明に浮かび上がる。もとより、現実の体験に縛られない、虚構的な場面である。虚構の世界に踏み込んで自己を表現すること、しかし実感は生かそうとすること、古代的な和歌表現にならおうとすること、言葉相互の関係を計算して一首を構成すること、いずれも『古今和歌集』から一歩踏み込んだ『拾遺和歌集』の特色であり、それらを集約したような和歌といえるだろう。

3　拡大する和歌世界

勅撰和歌集の空白

『拾遺和歌集』の成立から次の『後拾遺和歌集』が生まれるまで、八〇年ほどの間隔がある。実はこれは、二十一集が陸続と生み出された勅撰和歌集の歴史の中で、最大の空白期である。しかし、和歌活動が不活発だったわけではない。天皇が和歌に無関心だったわけでも、優れた歌人がいなかったわけでもない。

歌合を例にとってみよう。萩谷朴《はぎたにぼく》氏は、歌合が初めて催された光孝《こうこう》朝から文治《ぶんじ》五年（一一八九）まで、平安時代の歌合を一〇に時代区分して、その消長を記述している。これによれば、道長が没した万寿《まんじゅ》四年（一〇二七）までこそ第二次衰退期に含まれるが、万寿四年以後治暦《じりやく》四年（一〇六八）までが第三次隆昌期、治暦四年から応徳三年（一〇八六）までが中世前兆期と名づけられ、他と比較しても歌合が頻繁に行われた時期であり、合わせて九六度催行された、としている。天皇主催の内裏歌合（根合《ねあわせ》を含む）だけでも、永承《えいしょう》四年（一〇四九）十一月九日、永承六年春、永承六年五月五日〈以上、後冷泉《ごれいぜい》天皇〉、承保《じょうほう》二年（一〇七五）九月、承暦《じょうりやく》二年（一〇七八）四月二十八日、同年四月三十日〈以上、白河《しらかわ》天皇〉の六度を数える。むしろ、宮廷およびその周辺の和歌を始めとする文化事業は、平安時代の中でも盛んな時期だったと見てよい。

和歌に関心を持つ天皇も少なくなかった。歌合以外の天皇の和歌事業を拾ってゆくと、一《いち》条《じょう》天皇には『一条天皇御集』の家集がある。後一条《ごいちじょう》天皇には、万寿元年（一〇二四）関白頼《より》通《みち》邸に行幸した際の『高陽院《かやのいん》行幸和歌』の催しがある。しかし、結局藤原道長・頼通父子による摂関政治全盛の時代には、勅撰和歌集撰集の気運が高まることはなかった。先の後冷泉朝の三度の内裏歌合にしても、実質的な主催者は頼通であった。一方、『古今和歌集』、『後撰和歌集』、『拾遺和歌集』は、間違いなく天皇が主導した集であった。やはり勅撰和歌集は天皇の撰ぶ集――編集作業の実務は撰者たちが行うにしても――だという名目が生きていたのだ、と思われる。その名目を担うに足る天皇が、結果として現れなかったのである。

院政期の復古主義

その傾向は、藤原氏を外戚としない後三条《ごさんじょう》天皇の治世から、明らかに変化を見せる。天皇の権威の復興が目指されるのである。治暦四年（一〇六八）から足掛け五年の在位中は、詩宴のほかに目立った文事を興さなかったが、譲位した翌年の延久《えんきゅう》五年（一〇七三）、陽明門院ほか群臣を伴って住吉社・天王寺等に御幸し、旅中、歌会を催した。源経信《つねのぶ》の自信作、

　沖つ風吹きにけらしな住吉の松の下枝《しづえ》を洗ふ白波（後拾遺集・雑四・一〇六三）

などはこの歌会で生まれた。

後三条の跡を継いだ白河天皇は、政治的にもその姿勢を継承したといわれるが、和歌ほかの文事に関しては、いっそう熱心であった。内裏歌合について前記した三度が知られるが、その他、大井川行幸や、三条内裏での和歌会などが催されている。大井川行幸で白河天皇みずから詠んだ、

　大井川古き流れを尋ね来て嵐の山の紅葉をぞ見る（後拾遺集・冬・三七九）

には、旧儀復興の意志が高らかに歌われている。こうした復古主義は、おのずと勅撰和歌集

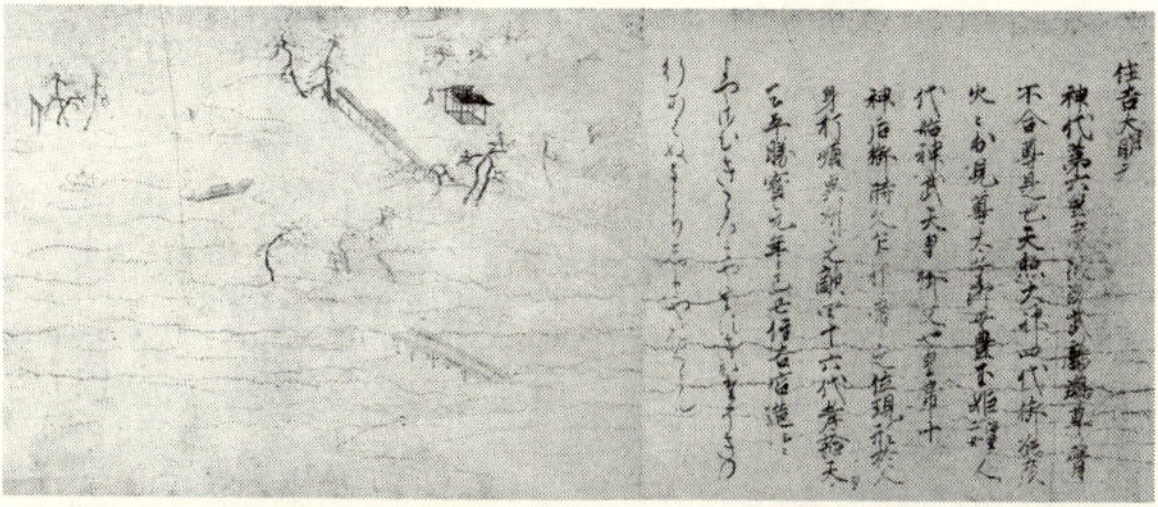

「佐竹本三十六歌仙絵」住吉明神　和歌の守護神として尊崇された住吉明神の系脈と『新古今和歌集』の歌が記され、左に住吉社頭が描かれている。東京国立博物館蔵

編纂の気運を高めていく。それらの歌会の参加者の多くは、白河天皇の治世を実質的に支える官僚たちであったが、その中から、『後拾遺和歌集』の撰者として抜擢されたのは、白河天皇の側近で政治の中枢を担っていた藤原通俊《みちとし》であった。当時の和歌界の第一人者は誰が見ても源経信であり、通俊の歌人としての力量不足は明らかだったから、彼が撰者に選ばれたことを不審とする声は、のちのちまで続いた。逆にこのことが、本集編纂の政治的意図を浮き彫りにしているだろう。

新しい歌人たち

しかしだからといって、『後拾遺和歌集』が勅撰集として内容が薄いというわけではない。例えば撰んだ歌人の範囲は、『後撰和歌集』撰者、つまり梨壺の五人あたりから同時代までに及んでいるが、『拾遺和歌集』完成以後約八〇年間に活躍した数多くの歌人たちに、幅広く目配りしているといってよい。一つの核となっているのは、和泉式部《いずみしきぶ》（六八首で、集中第一位）を筆頭とした、女房歌人たちである。ほかに赤染衛門《あかぞめえもん》・相模《さがみ》・伊勢大輔《いせのたいふ》らが主要歌人で、康資王母《やすすけおうのはは》・周防内侍《すおうのないし》など現代まで覆い、藤原道綱母・清少納言・紫式部など散文作家として著名な歌人も顔を出すなど、王朝女流文学最盛期の担い手たちが応分に遇されている。

もう一つの注目すべき核は、受領《ずりよう》階層と見なされる歌人たちである。源道済《みちなり》・藤原長能《ながとう》・藤原実方《さねかた》ら『拾遺和歌集』時代や、藤原範永《のりなが》などの同時代の歌人まで、この階層の進出が目立つ。範永は和歌六人党と呼ばれた数寄者グループの指導者的存在であった。その和歌六人党が先達として仰いだのが能因《のういん》法師であったが、能因・道命《どうみよう》・良暹《りようぜん》らの法体《ほったい》の歌人たちも、和歌の上では受領階層歌人とよく似た特質を持っている。

以上のことからも、下級貴族たる専門歌人、あるいは高級貴族が主として担い手となっていた三代集の世界と異なり、歌人の範囲が非常に広がってきていることが明らかとなる。これは『拾遺和歌集』前後から和歌の主要な担い手が変動してきた和歌史の状況を反映したものといってよい。

自己表現としての和歌

新たに進出してきた歌人たちの和歌の特色を思いきって一言でまとめれば、和歌が自己表現の手段となってきた、といえようかと思う。

例えば、入集数で上位三位までを占める和泉式部・相模・赤染衛門の恋の歌を、『百人一首』にも入った歌で見てみよう。

あらざらんこの世の外のおもひ出でにいまひとたびの逢ふこともがな（和泉式部）
恨みわびほさぬ袖だにあるものを恋に朽ちなん名こそをしけれ（相模）
やすらはで寝なましものをさ夜ふけてかたぶくまでの月を見しかな（赤染衛門）

どれも、恋したあげくに至る、ある極端な状況を想像し、そこに身をおいた上で感情を放出する、という形で共通する。和泉式部の歌など、死後の世での自分の思いを想像しさえする。また、一首の中で歌われている心情は、必ずしも作者の現在の心情とイコールではない。赤染衛門の歌など、姉妹のための代作である。また、相模の歌は歌合歌であり、仮構の歌である。いわば作者は、劇的な一場面の台本を書き、それを自ら女優として演じているのである。身もだえするような演じ方にこそ、彼らの自己表現欲は託された。自己を劇化しているにほかならない。

右のことは、受領階層の和歌にも通じる。和歌六人党の一人源頼実《よりざね》が、我が命と引き換えに秀歌を詠ませよと住吉明神に祈ったお蔭で得た歌、という説話の残る歌を挙げてみよう。

木の葉散る宿は聞きわくことぞなき時雨する夜も時雨せぬ夜も（冬・三八二）

この歌の中には、屋根に落ちる木の葉や時雨の音に、じっと聞き入っている侘び住まいの人物がいる。もとより仮構の人物だが、その人物に自分を託しているのである。これもまた、自己劇化といえるだろう。彼らの方法は、漢詩文の影響を色濃く受けながら、風景を生動的に描き出す叙景表現に端的に現れる。そうした叙景表現の巧みさでは、源経信が群を抜いている。先ほど挙げた、

沖つ風吹きにけらしな住吉の松の下枝を洗ふ白波

など、その典型である。巧みだというのは、一見風景だけを描いたようでいながら、「沖つ風」に住吉の神威や後三条院の皇威を響かせ、「松の下枝」にはその恩寵をこうむる自分たちをしのばせているからにほかならない。描かれた風景の中に、超越的存在を仰ぎ見る自己の姿を溶かしこんでいるのである。

和歌の言葉は、歴史的に形成された、秩序だった様式をもっている。その意味で公的なものである。その公的な器に、自己表現、すなわち私的な心を託す方法が形成されてきた。これが、歌人層の拡大を可能にする要因となった。

4　和歌における虚構と現実

『堀河百首』という画期

応徳三年（一〇八六）十一月、白河天皇は退位する。同年九月に奏覧された『後拾遺和歌集』は、あやうく在位中に完成が間に合った。堀河《ほりかわ》天皇に譲位し太上天皇となった白河院は、院政を開始する。その堀河天皇の在位中に、実に画期的な和歌事業が出来した。和歌と天皇の関わりを考えるためにはもちろん、和歌史の上でも、勅撰和歌集に並んで重要な催しといってよい。それが、『堀河院御時百首和歌《ほりかわいんおんときひやくしゆわか》』、通称『堀河百首』である。

『堀河百首』は、藤原公実《きんざね》らが、各自一〇〇の題のもとに一〇〇首の和歌を詠み、それを集成して、堀河天皇に奏覧したものである。奏覧されたのは長治《ちょうじ》二年（一一〇五）三月から翌年五月の間らしい。この時は一四人が参加したのだったが、その後、源顕仲《あきなか》・永縁《ようえん》の二名が追加されて一六人の類聚百首となった。通常『堀河百首』といえば、この一六人の歌を収めたものを指す。一〇〇の題を見ると、四季が春の「立春」以下季節の推移に即して七〇題に分かたれ、恋が「初恋」以下一〇題、雑が「暁」以下、「旅」「無常」「祝」などを含む二〇題から成っている。つまり、一〇〇題が勅撰和歌集的な体系を模しているのである。おまけに、一四人でも計一四〇〇首となり、この時まで最大歌数を誇った勅撰和歌集『後撰和歌集』（約一四二五首）に匹敵する規模を持つ。勅撰和歌集は、たしかに詠草の収集などに多くの人々の協力が不可欠だとはいえ、突き詰めれば撰者が限定的に担う作業である。しかも、過去に詠まれ、残された和歌によって編集する、という制約がある。それに対して『堀河百首』は、参加する歌人に限られこそすれ、より多数の歌人たちの協力による、まったくの新作によって作り上げられた勅撰和歌集に準ずる集、とも言いうる。つまり宮廷歌人たちを結集しての勅撰和歌集的行事としうるのである。

もっとも、実際の『堀河百首』の成立過程は、かなり複雑であったらしい。始めは、源俊《とし》頼《より》が個人的に企画した一〇〇首の和歌であったものが、だんだんと形を整え、公式化していって、最終的に、堀河天皇が下命して歌人たちが詠み、それを奏覧したという体裁を施すに至った経緯が確かめられている。背景には、堀河天皇内裏で和歌・管絃の雅宴がしばしば催され、文芸的な気運と結束力が高まっていたことが挙げられる。しかし、結果的にとはいえ、この形式が整えられたことの意味は、甚大であった。一つには、先にも述べたように、勅撰和歌集撰進を模擬的に行事化する、という点が挙げられる。また、歌人についていえば、題に基づいて和歌を詠む題詠という営みに対して、高い意識を持たせることとなった。

題詠の意義

そもそも和歌における題は、上位者から下位者に下賜されるものである。歌人は、与えられた題の趣旨をふまえ、それにふさわしい歌を詠むことで、出題された意図に応えなければならない。天皇に献じる和歌として、もっともふさわしい形式であろう。題詠は、最初は現実の場に即したもの――花見で「花」の題を、月見で「月」の題を詠む、など――が普通であったが、やがて多くの歌会や歌合などでも用いられ、形式を整えてきた。題詠の方法もそれに伴って深化してきた。それが、体系をもった一〇〇首の題詠となると、当然現実を離れた観念的な和歌世界、言い換えれば虚構的に秩序づけられた和歌世界に対する高度な認識が要求されることになる。儀礼的な和歌行為に根ざした表現意識を、理念的地平へと至らせるほどに、先鋭化させたのである。

百首歌の意味するもの

一方一〇〇首の和歌を一人の歌人が一度にまとめて詠む百首歌という形式は、十世紀の後半ごろ、源重之《しげゆき》・源順《したごう》・曾《そ》禰好忠《ねのよしただ》といった歌人たちによって、しきりと試みられていた。基本的には、不遇や沈淪《ちんりん》・嘆老などの個人的な感懐を、生活空間のさまざまな事物に託しながら訴えかけることを主眼とする形式である。こうした和歌のテーマもしくは詠み方を「述懐」と呼ぶが、『堀河百首』のきっかけとなった俊頼の最初の一〇〇首にも、述懐の気分が横溢している。私的な感懐を盛る手段が、公的な形式となったのである。

以後中世・近世に至るまで、さまざまな場で百首歌が詠まれるようになる。中心はやはり天皇・上皇が命じる百首歌であり、これを応制百首と呼び、勅撰和歌集を撰ぶことを前提に下命するようになっていく。

幾度も改訂された『金葉和歌集』

白河院は、その長い治世の最後に、もう一度勅撰和歌集を撰ばせることを決意する。撰者として任命したのは、『堀河百首』の中心となった源俊頼である。このときすでに、藤原基《もと》俊《とし》と並んで、和歌界の指導者の地位を不動のものとしていた。父経信は『後拾遺和歌集』撰者に落選したが、息子がその遺恨を晴らしたことになる。白河院は、本来治世を代表するはずの勅撰和歌集を、二つ持つこととなった。撰進の院宣《いんぜん》を下したのは天治《てんじ》元年（一一二四）で、俊頼は二度編集して奏上したが院に却下され、三度目の正直でようやく納受されるに至った。最終的な奏覧は、大治《たいじ》元年（一一二六）から同二年にかけてのことと推定されている。

いうまでもなくこの三度目に編集された本（三奏本という）が正式な勅撰和歌集であるが、あっさりと嘉納されてしまったために、かえって撰者のもとに手控えが残らなかった。それゆえ、何とも皮肉なことに、ほとんど世間に広まることがなかった。代わって流布した二度目の編集本（二度本・再奏本などと呼ばれる）が、五番目の勅撰和歌集『金葉《きんよう》和歌集』として、後世扱われることになった。改訂ごとに編集方針は大幅に変化し、二度本はもっとも現代歌人を多く取り込んでおり、革新的な内容を有する。結果的には意にそまなかった二度本が流布したとはいえ、たび重なる改訂作業は、院の意向を十分に反映させようとしたからにほかならず、基本的には、白河院の意にのっとった勅撰和歌集であったと見てよいだろう。全十巻で、約六六五首。十巻構成なのは、『拾遺抄』にならったのだろうと推測される。

大才の人源俊頼

撰者源俊頼は、院政期を通じて随一の個性派歌人であり、天才歌人だといってよいだろう。私的な感懐や俗事・俗情を旺盛に取り込んでいきながら、大胆に想像力を広げてゆき、少々の無理などものともせず、表現へと結実させようとする。『金葉和歌集』には、その俊頼の個性が存分に発揮されている。

世の中は憂き身に添へる影なれや思ひ捨つれど離れざりけり（雑上・五九五）

などは、鏡の宿の芸能民である傀儡《くぐつ》たちが歌謡として愛唱するほど世上に迎えられた、という説話が伝えられている（『無《む》名抄《みょうしょう》』）。実はこの歌は『堀河百首』の述懐題の長歌の反歌なのだが、「この世は我が身の影のようなもの、捨てようとしても捨てられない」など、いかにも人情の機微をうがった、見事なまでに俗情と結託した述懐歌である。かと思えば、

山桜咲きそめしよりひさかたの雲居に見ゆる滝の白糸（春・五〇）

は、桜を、大空にある白糸のような滝に見立てる。天がけるような想像力を展開する「晴」の歌（公的な歌）である。堀河天皇・白河院の後援を得て、俊頼の才は、和歌の新しい可能性を切り開いたのである。

『詞花和歌集』の奏覧

『金葉和歌集』奏覧後まもなくの大治《たいじ》四年（一一二九）七月、白河法皇が没する。あとを追

うようにして、源俊頼も世を去る。この時皇位にあった崇徳《すとく》天皇の世は、鳥羽《とば》院の院政下に置かれることになったが、この頃から、崇徳天皇は熱心に歌会や歌合、百首歌などの和歌行事を催している。在位期こそ近臣を主とした内々のものが多かったが、永治《えいじ》元年（一一四一）の譲位後、活動は本格的なものとなる。何といってもその第一は、天養《てんよう》元年（一一四四）、藤原顕輔《あきすけ》に勅撰和歌集撰進を命じたことである。

顕輔は白河院近臣として成り上がった顕季《あきすえ》の子で、この当時もっとも有力な歌の家、六条家を形成しつつあった。彼が編纂を終え、六番目の勅撰和歌集となる『詞花《しか》和歌集』を奏覧したのは、七年後の仁平《にんぺい》元年（一一五一）のことであった。『金葉和歌集』と同じ十巻、歌数は約四一五首で、勅撰和歌集史上、最小規模である。全体の歌数が少ない上に、現代歌人の入集は相対的にも抑えられており、そのため当時から批判の絶えない集であった。つまり、家柄や力量を自負する歌人たちの不満が集中したのである。崇徳院自身、改撰を考えていたとも伝えられている。確かに現代の目から見ても、個性あふれる『金葉和歌集』、重量感のある『千載《せんざい》和歌集』に前後を挟まれたことも災いし、明確な特色を見出しにくい面がある。ただ、『拾遺和歌集』時代以来の古い和歌と、現代の歌人とをうまくつなげているという、バランスの良さを感じることはできる。これは当時にあってはとても大事なことであったろう。勅撰和歌集は、個性を競う著述とは違うのであって、現代と和歌史との調和を提示するという意義があったことをも認めるべきであろう。

『久安百首』と藤原俊成の抜擢

崇徳院のもう一つの大きな和歌事業は、百首歌を召したことである。この百首は、康治《こうじ》二年（一一四三）ごろ題が下され、久安《きゅうあん》六年（一一五〇）に詠進が完了した。『久安六年御百首』、略して『久安百首』と呼ばれる。途中死没により歌人の交替があったが、一四人の作者の人数が守られた。一四人といえば増補以前の『堀河百首』の歌人数であり、明らかに『堀河百首』を手本とし、これを模したのである。最終的な作者は、崇徳院自らのほか、藤原公能《きんよし》・藤原教長《のりなが》・藤原顕輔・藤原俊成《しゅんぜい》（この時は顕広《あきひろ》と名のっていた）・藤原清輔《きよすけ》・平忠《ただ》盛《もり》・待賢門院《たいけんもんいん》堀河・上西門院《じょうさいもんいん》兵衛《ひょうえ》らである。『堀河百首』では、結果的に応制百首の形を整えたのだったが、この『久安百首』によって、応制百首の形式は定着することとなった。

詠進後、院はこれらを主題ごとに編集し直す作業――これを部類という――に、まだ実績の乏しかった藤原俊成を抜擢した。勅撰和歌集編纂に準ずるこの作業を任されたことで、俊成は一躍名を揚げることになる。以後その子定家へ、そして冷泉《れいぜい》家として現代まで続く歌の家を、歴史の表舞台に引き上げたのである。

崇徳院の和歌

崇徳院の和歌を、一首取り上げよう。

瀬を速み岩にせかるる滝川のわれても末にあはむとぞ思ふ（詞花集・恋上・二二九）

もともとは『久安百首』で詠んだもので、顕輔は早速『詞花和歌集』に撰入した。『百人一首』の歌として著名である。この歌は、実に巧みな仕上がりぶりを見せている。「瀬を速み岩にせかるる滝川の」までは序詞《じよことば》で、「われても末にあふ」(分かれても後に合流する、別れても後に逢う)を導き出している。多くの場合序詞は、掛詞《かけことば》を利用して、一つの語を導き出せば役割を終えるものだが、この上句は、「われて」と「あふ」二つに利かしている。それだけでなく、滝川の急流のさまは、全体として奔流のような恋心を象徴している。さらに、「岩にせかるる」は障害があるために逢えないことの比喩にもなっている。言葉が二重三重に生かされているのである。

崇徳院の和歌への情熱は、思い通りにいかぬ現実の政治への憤懣《ふんまん》のはけ口である、といわれることがある。間違っているとまではいわないが、もう少し積極的な捉え方をしてもよいと思う。題詠の発達によって、和歌の虚構的性格はいっそう推し進められた。そのためどうしても現実離れしてきて、和歌の眼目である心情表現が、往々にしてリアリティを欠いてしまうという難点も強まってきた。人生における不満や嘆きを訴えかける述懐のテーマは、行き詰まりかけていた和歌の抒情性を、新たに開拓する原動力となる可能性を持っていた。和歌の抒情とは、憂いや嘆きが基本であったからである。

天皇は、本来は臣下の述懐を受け止めるべき存在である。その天皇が、自ら意に任せぬ思いを託すかのごとく、抒情性豊かな歌を詠む。しかも玄人はだしの巧みさを見せながら。天皇が――多くは上皇だが――率先して百首歌などの定数歌を詠む中世の方式のさきがけであり、ここに至って、和歌は名実ともに天皇の文芸となった、といってよいと思われる。『百人一首』に見られた天皇の述懐的な歌、例えば天智、三条、後鳥羽、順徳などの歌は、このような変化を前提に受けとめるべきなのであろう。

5　中世和歌の胎動

『千載和歌集』の成立

先にも述べたように、『詞花和歌集』に不満を持っていた崇徳院は、改撰を考えていたともいう。しかし、その願いは果たされずに終わる。保元《ほうげん》元年（一一五六）七月、鳥羽院の死をきっかけとして勃発した保元の乱に敗北し、讃岐に配流されたからである。結局そのまま都に戻ることなく、崇徳院は配所の地で憤死した。長寛《ちょうかん》二年（一一六四）、四六歳のことである。『保元物語』は、自筆で書写した五部大乗経を都近くに奉納することを拒否された院が、「日本国ノ大悪魔ト成ラム」（半井本）と、我が血をもって大乗経の奥（奥書）に記しつけた、と語っている。

寿永《じゅえい》二年（一一八三）二月、勅撰和歌集を撰進せよとの後《ご》白河《しらかわ》院の院宣が、藤原俊成に下された。都では、鴨長明《かものちょうめい》の『方丈記《ほうじょうき》』に活写された辻風・遷都・飢饉などの天変・災厄がうち続き、そのうえ北陸道からは、木曾義仲《よしなか》の進撃の足音が聞こえていた頃である。京は混乱を極めていた。それら変事の原因として、崇徳院の怨霊が噂されることもあった。勅撰和歌集撰進の下命の背景には、その崇徳院の怨霊を鎮魂しようとする意図があったという意見もある。確かに、崇徳院に才能を見いだされたことで歌人としての地位を獲得した俊成ならば、撰者にいっそうふさわしいに違いない。ただし、俊成はこの時すでに歌界の第一人者といってよく、崇徳院との関わりを除外しても、妥当な人選だったことは疑いない。

俊成は、第七番目となる勅撰和歌集を、文治《ぶんじ》三年（一一八七）九月二十日に奏覧した。『千載《せんざい》和歌集』である。ただしこの奏覧日は序文に記された日付で、形式的なものにすぎず、実質的な完成は、翌年四月二十二日以降、八月二十七日以前だと考えられている。

後白河院が求めたもの

後白河院は、大変な歌謡の愛好者として有名である。歌詞集『梁塵秘抄《りょうじんひしょう》』および今様《いまよう》の伝承を記した『梁塵秘抄口伝集《くでんしゅう》』は、院自身の編著である。一部分しか現存していないが、それでも、異常なまでの院の今様への情熱をうかがうことができる。その歌謡への執着に比べ、院の和歌への関心はけっして強いとはいえないが、それでも、嘉応《かおう》元年（一一六九）の出家以後は、和歌にも接近するようになっていた。供花会《くげえ》に伴って和歌会を毎年行っていたことなどが、その例である。後白河院が和歌に惹かれていった理由は何だろうか。『梁塵秘抄口伝集』の巻第十の末尾には、次のように記されている。

崇徳院の墓　香川県白峯陵

法花経八巻が軸々、光を放ち放ち、二十八品の一々の文字、金色の仏にまします。世俗文字の業、翻して讃仏乗の因、などか転法輪《てんぼうりん》にならざらむ。おほかた、詩を作り、和歌を詠み、手を書く輩は、書き留めつれば、末の世までも朽つる事なし。声技《こえわざ》の悲しきことは、我が身かくれぬる後、留まる事のなきなり。その故に、亡からむあとに人見よとて、いまだ世になき今様の口伝を作り置くところなり。

『法華経』の巻のすべて、文字の一つ一つが光を放つ仏である。ならば世俗の文業であっても、仏の教えを広める手段となるだろう。漢詩や和歌や書を書く人々は、書き留めておくのだから、後世まで不朽である。しかし声の技は、悲しいことに自分が死んでしまえば残らない。それで死後まで見よと思い、こうしていまだかつてない今様の口伝を残すのだ、と述べている。歴史に残ってゆく和歌などへの嫉妬ともいえる感情が垣間見える。このことからすれば、後白河院が和歌に求めたものは、後世に残ること、歴史に名を連ねることではなかっただろうか。

『千載和歌集』の新生面

一方『千載和歌集』の撰者俊成は、後に次のように宣言している。

歌はただ読み上げもし、詠じもしたるに、何となく艶にもあはれにも聞こゆる事のあるなるべし。もとより詠歌といひて、声につきて良くも悪しくも聞こゆるものなり。（『古来《こらい》風躰抄《ふうていしょう》』）

和歌は読み上げる声次第でよくも悪しくも聞こえると、和歌を声に出して読み上げることの重要性が、強調されている。声に出して伝えられること、言い換えれば、口伝えに伝承されていくことを和歌の価値として見いだしているのである。ここには、歌謡のような声の技に対する憧れが感じられる。文字と声と。後白河院と俊成は、互いにちょうど逆方向から相手を求め合っているかのようである。今現在に営む文芸行為の重みを声に、歴史に連なることの重みを文字に求めているのである。

もう一つ注目すべきなのは、ともに仏教信仰との関わりが大きいことである。『古来風躰抄』でも、この引用のすぐ前では、和歌の歴史は天台の口伝法門《ほうもん》に通じる、という趣旨が語られていたのである。

『千載和歌集』全巻には、この世ならぬ、何か超越的な存在に対して、仰ぎ見たり、感応したりする発想をもつ歌が数多く見られる。あるいは、そのような存在に対して、自己の卑小さを感じ取る、述懐的な思いを託した歌も少なくない。超越的な存在とは、具体的に言えば天皇であり、仏法であり、神である。つまり、皇威、法威、神威、いずれにも通じるような気高さを求める感覚が、歌の情緒の中に溶け込んでいるという印象を与える。そのような発想の歌が基調を成していることで、『千載和歌集』は、格調の高さと、じわりと染み込むような抒情性とを合わせ持つ、これまでの勅撰集には見られない個性を発揮しているのである。

第二章　中世和歌の展開

1　新古今和歌の達成

和歌の時代の到来

『千載《せんざい》和歌集』が奏覧された文治《ぶんじ》三年（一一八七）から、次の『新古今和歌集』が完成する元久《げんきゅう》二年（一二〇五）まで、わずか一八年間しかない。かなりの短期間である。これまで最短であった『金葉《きんよう》和歌集』と『詞花《しか》和歌集』の間でさえ、二十四、五年はあったのである。通常ならば、入集するに足る現代歌人の秀歌が、十分に蓄積しがたい期間である。にもかかわらず『新古今和歌集』は、『万葉集』、『古今和歌集』と並び称されるほどの、圧倒的な新しさと豊富な内容を誇っている。これはひとえに、この二〇年弱の間に、劇的に和歌が隆盛したことによる。一般に新古今時代と呼ばれる、空前の和歌の時代の到来である。

新風歌人たちの活動

『千載和歌集』が完成してまもなく、建久《けんきゅう》（一一九〇〜九九）という年号の初めごろから、摂関家として台頭してきた九条家の若き当主、藤原良経《よしつね》に率いられた、新しい和歌の活動が生まれてきた。良経はパトロンであるとともに、漢詩文の教養にも裏付けられた、優れた歌人であった。文学的には、藤原俊成《しゆんぜい》・寂蓮《じやくれん》・藤原定家《ていか》・藤原家隆《いえたか》といった、御子左家《みこひだりけ》およびその指導を受けた歌人たちが推進役となっていたが、とくに定家らの、前衛的といってもよい、難解で斬新な詠風が際立っていた。中でも建久四、五年（一一九三、九四）に良経が主催した『六百番歌合《うたあわせ》』は、そのピークとなる催しであった。参加歌人一二人、総計一二〇〇首を歌合形式に番《つが》わせたかつてない規模といい、新旧の和歌観が、ときに激しい論争を見せるほど鮮明に対立していることといい、新時代の和歌の胎動をはっきりと示している。しかし、この九条家を中心とする和歌活動は、建久七年（一一九六）の九条家の政治的失脚によって解体し、定家ら新風歌人たちも、戦線縮小を余儀なくされてしまう。代わって和歌界に登場するのが、後鳥羽《ごとば》院である。

後鳥羽院の和歌熱

建久九年（一一九八）土御門《つちみかど》天皇に譲位し、上皇となった後鳥羽院は、さまざまな芸能に興味を広げていったが、とりわけ和歌に熱中するようになった。正治《しようじ》二年（一二〇〇）には、群臣に百首歌を詠ませることを決意する。『正治百首』などと通称されるものである。二三人もの歌人に詠進を命じるという大規模なものだったが、さらにその撰にもれた歌人を主とした一一人に、同年中にもう一度百首歌を召している。近年では、この時すでに後鳥羽院の脳裏に、新たな勅撰和歌集を撰ばせようとする構想が存在した、という見解も出されている（村尾誠一氏）。確かに、諸家入り乱れる宮廷歌人たちすべてを糾合しようとする規模を見ただけでも、そう思わせるものがある。そして定家の百首の歌を見た後鳥羽院は、彼の才に惚れこんでしまう。二人の出会いは、和歌の時代を推し進める原動力となるのである。

翌年の建仁《けんにん》元年（一二〇一）になると、驚嘆すべき頻度で、和歌行事が催され始める。『新古今和歌集』が実質的に完成したといわれる承元《じようげん》四年（一二一〇）までの間の、ごく代表的な行事を一覧してみたのが次頁の表である。

四角で囲ったのは、『新古今和歌集』編纂に関わる事項である。仙洞《せんとう》御所の二条殿への和歌所の設置から、撰者への下命、完成を記念しての竟宴《きようえん》を取り囲むようにして、さまざまな和歌行事を精力的に催しているのがはっきりとわかる。勅撰和歌集の編纂とこれらの和歌行事は、明らかに連動している。院は、編纂を撰者にまかせきりにせず、むしろ積極的に編集長格で作業に参画し、しかも宮廷社会全体の行事としようとしていることがわかる。

斬新な和歌行事

とくに歌合へのこだわりが強い。『千五百番歌合』は、三〇人の歌人に百首歌を詠ませ、総計三〇〇〇首を歌合形式に番わせるという、これまで最大の規模であった『六百番歌合』をはるかにしのぐ、史上最大の歌合であった。影供《えいぐ》歌合も繰り返し催している。そもそも影供歌合は、六条家によって創始され、歌道家の象徴として機能していた人麻呂《ひとまろ》影供（神格化された柿本人麻呂の画像を掲げて行われた歌会）を歌合に取り入れたもので、この頃は源通《みち》

建仁元年（1201）

2老若《ろうにやく》五十首歌合
3新宮撰歌合
3以降、三百六十番歌合
4影供《えいぐ》歌合
6第三度百首（千五百番歌合百首）
7和歌所を設置
8影供歌合
8建仁元年八月十五夜撰歌合
9影供歌合
11勅撰集撰進の下命
12石清水社歌合
12頃建仁元年仙洞五十首

建仁2年（1202）

3三体和歌
5影供歌合
9水無瀬殿《みなせどの》恋十五首歌合、若宮撰歌合（後鳥羽院判）、水無瀬桜宮《みなせさくらのみや》歌合（俊成追判）
9以降、千五百番歌合

建仁3年（1203）

6影供歌合
11俊成卿九十賀

元久元年（1204）

11春日社歌合
11北野宮歌合

元久2年（1205）

3新古今和歌集竟宴
6元久詩歌合

建永元年（1206）

7卿相侍臣《けいしょうじしん》歌合
8卿相侍臣嫉妬《ねたみ》歌合

承元元年（1207）

3鴨御祖社《かもみおやしゃ》歌合、賀茂別雷社《かもわけいかずちしゃ》歌合
この年、最勝四天王院障子《さいしょうしてんのういんしょうじ》和歌

承元2年（1208）

5住吉社歌合

承元4年（1210）

9粟田宮《あわたのみや》歌合

建仁元年から承元4年の間に行われた主な和歌行事　頭の数字は催された月を表す

親《ちか》が好んで行っていたが、それを吸収して我が物としたのである。

従来の形式を吸収・発展させるだけではない。新しい行事形態の開発にも熱心であった。『元久詩歌合《しいかあわせ》』は、漢詩と和歌を競わせるという斬新なもので、そもそもは藤原良経が企画していたものを、自分の主催としたのである。歌合だけではなく、「三体和歌」なども凝った試みであった。鴨長明の『無名抄《むみょうしょう》』によれば、春・夏の歌は「太く大きに」、秋・冬は「細くからび」、恋・旅は「艶にやさしく」詠めと、題だけでなく、歌のスタイルまで指定するという難問を課した、珍しい趣向の歌会であった。『最勝四天王院障子和歌《さいしょうしてんのういんしょうじわか》』は、後鳥羽院の御願寺《ごがんじ》である最勝四天王院の障子（襖のこと）に、日本全国四六ヵ所の名所の絵を絵師に描かせ、その絵に添える和歌を、すべての名所につき一〇人の歌人に詠ませたものである。採用される歌は絵ごとに一首だけという、かなり過酷な選抜であった。その絵と和歌に取り囲まれて、院は居ながらにして日本を眼下に収めることができるのである。

俊成卿九十賀

そうした新しい試みの一つとして、俊成卿九十賀を見てみよう。これは、『新古今和歌集』の編集作業の最中の建仁《けんにん》三年（一二〇三）に、この年九〇歳という類まれな長寿を迎えた、歌壇の大長老藤原俊成を、院自ら群臣を二条殿の広御所に集めて祝った賀会である。天皇が御所で直々に臣下の算賀の会を催すのは、光孝《こうこう》・宇多《うだ》帝の時代以来だという。そのために四季の屏風が四帖新調された。四季それぞれに一帖が割り当てられ、一帖につき三首が記された。後の『最勝四天王院障子和歌』同様、ここでも有力歌人一〇人が同じ題で競い合わされた。採用された歌のうち、良経と後鳥羽院の二首を挙げよう。

春霞しのに衣をりはへていかに干すらん天の香具山（春・霞・藤原良経）
秋の月白きを見ればかささぎの渡せる橋に月の冴えたる（秋・月・後鳥羽院）

ところが『新古今和歌集』には、屏風歌としては不採用だった歌が入集している。ほかならぬ後鳥羽院自身の歌である。

桜咲く遠山鳥《とほやまどり》のしだり尾のながながし日もあかぬ色かな（新古今集・春下・九九）

この歌は、柿本人麻呂の歌と伝えられていた、

足引の山鳥の尾のしだり尾のながながし夜を独りかも寝む（拾遺集・恋三・七七八）

を本歌取りしたものである。おそらく後鳥羽院は、藤原俊成を歌神柿本人麻呂に見立てるようにして、言祝《ことほ》いでいるのだろう。つまり、先ほどの影供歌合とも重なる性格をもつ。それとともに、おだやかな春の日に静かに咲き誇る遠山桜を描きながら、平和な自分の治世をも自讃しているのだと思われる。

本歌取り、ということでいえば、この九十賀の歌には、この技法を用いた歌が多く見られる。先ほど挙げた良経と院の歌も、本歌取りの技法を用いている。良経歌の本歌は、

河社《やしろ》しのにをりはへ干す衣いかに干せばか七日ひざらむ

春過ぎて夏来にけらし白妙《しろたへ》の衣干すてふ天の香具山（新古今集・夏・一七五・持統天皇）

鵲《かささぎ》の渡せる橋におく霜の白きを見れば夜ぞ更けにける（新古今集・冬・六二〇・大伴家持）

の二首であり、院の本歌は、

（新古今集・神祇・一九一五・紀貫之）

である。いずれも、古い歌に重ねて新しい歌を詠むことが、祝いの場をそれらしく飾り立てることになるというわけなのだろう。本歌取りというと、何かと美学的な見地から取り上げられることが多く、儀礼的な場において生かされる面が見過ごされがちだが、むしろ場を同じくする集団の結束力を高めるようなこうした機能こそ、本歌取りのより根本的な性質なのだといってよい。持統天皇や家持の歌が『新古今和歌集』に撰ばれたのも、そうした機能を生み出したことを重視したのだろう。ちなみに、持統・家持の二首や人麻呂の「足引の山鳥の尾の」は、『百人一首』にも取られている。少々放恣《ほうし》な想像だが、晩年の藤原定家の記憶の中に、父であり師である俊成の栄誉極まりない場の記憶が働きかけていたかもしれない、

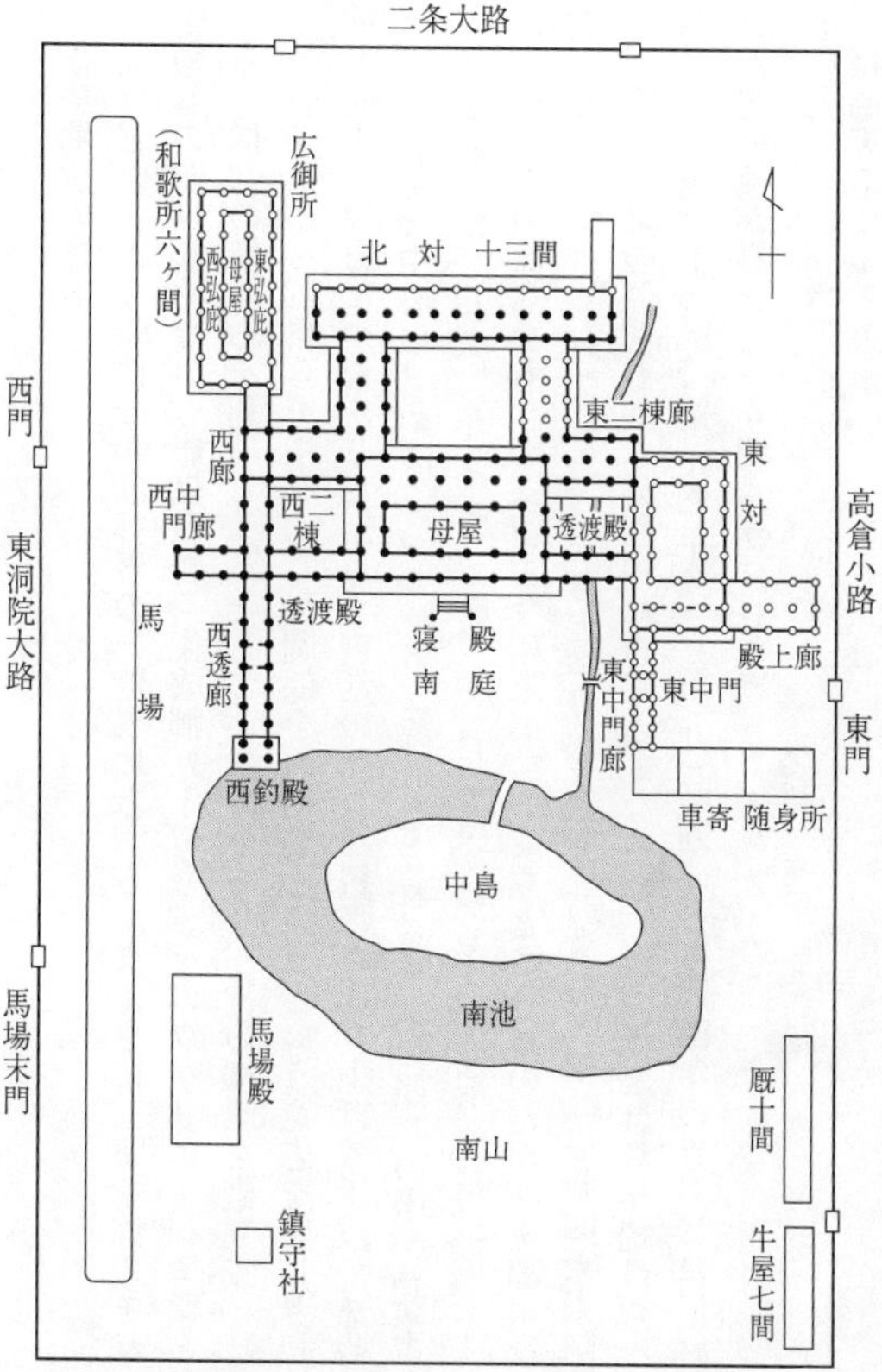

後鳥羽院の二条殿推定復元図　太田静六『寝殿造の研究』をもとに作成

などとも思われてくるのである。

後鳥羽院の意志

先ほどの新古今時代の和歌行事の一覧表にも明らかなように、院主催のそれには、神社奉納のものが少なくない。影供歌合や俊成卿九十賀も、そのヴァリエーションと見ることができる。信仰の持つ力を利用しようとしているのであり、神の権威を借りて、廷臣たちを相互に競わせながら、自らを中心として関係を再構築しようという意志を感じさせる。和歌は信仰と歴史の双方につながりながら、宮廷の新たな紐帯を作り上げる手段であった。

後鳥羽院を中心に、めまぐるしいほど繰り返される和歌の催しの中、『新古今和歌集』は完成を迎えた。元久二年（一二〇五）三月には、竟宴、つまり完成披露パーティが行われる。通常この時点をもって『新古今和歌集』の成立とされるのだが、実際には、これ以後も改訂作業が続けられていた。先ほど挙げた『元久詩歌合』や『最勝四天王院障子和歌』など、竟宴以降の催しも取り入れられることとなった。改訂作業は数年続けられたが、近年田渕句美子氏によって、承元《じょうげん》三年（一二〇九）、遅くとも同四年のうちには最終的に完成していた可能性が高いことが明らかにされた。

順徳天皇による継承

『新古今和歌集』が完成し、順徳《じゅんとく》天皇の代（一二一〇～二一）となると、さしもの後鳥羽院の和歌への熱意も沈静化するようになった。代わって、順徳天皇の和歌活動が活発化する。建保《けんぽう》三年（一二一五）の『内裏名所百首』は、院を含んだ一二人の歌人に、歌枕ばかりを題とした百首歌を詠ませた、大規模で特色ある行事である。翌建保四年に内裏で催された『百番歌合』も代表的で、定家が『百人一首』に自ら撰んだ、「来ぬ人を松帆の浦の夕なぎに焼くや藻塩の身もこがれつつ」が詠まれたことでも著名である。建保六年、清涼殿《せいりょうでん》で行われた和歌・管絃の御遊は、「中殿御会図《ちゅうでんぎょかいず》」にも描かれている。このほかにも、雅会が頻繁に催されていた。順徳天皇は、宮廷の有職故実書『禁秘抄《きんぴしょう》』を著したことでも知られるが、和歌でも『八雲御抄《やくもみしょう》』六巻の大著がある。これは、歌会・歌合などの故実から、詠作の方法に関わる歌論にまで説き及び、歌語辞典の性格も持つ、百科全書的な歌学書である。定家が「ももしきや古き軒端のしのぶにもなほあまりある昔なりけり」の歌を『百人一首』に撰び入れたのは、尚古思想という点で、いかにもこの人物にふさわしいといえようか。

後鳥羽上皇御火葬塚　隠岐に配流され崩御した後鳥羽院の遺骨が納められていた。遺骨はのちに明治天皇により大阪の水無瀬神宮に合祀された。島根県海士町役場提供

承久の乱ののち

これほどの熱意があれば、自分の勅撰和歌集を持ちたいと願うのは、ごく当然

のことだろう。おそらくその意志には強いものがあったと推測される。しかし、承久《じょうきゅう》三年（一二二一）に勃発した承久の乱によって、すべては烏有《うゆう》に帰してしまった。鎌倉幕府軍に敗北し、後鳥羽院は隠岐に、土御門院は土佐に、順徳院は佐渡に配流されることとなったのである。

しかし配流の地にあっても、後鳥羽院は和歌への興味を失いはしなかった。配所での感慨を盛り込んだ『遠島《えんとう》百首』や、「詠五百首和歌」の力作群を残したり、都の近臣たちに歌を求めて『遠島歌合』を催したりしている。もちろん催しといっても、歌人たちが出席できるわけもなく、紙上だけの試みではあるけれども。八代集の歌人一〇〇人による歌合形式の秀歌撰『時代不同歌合』を編纂してもいる。定家の『百人一首』は、これを意識して編まれた可能性がある。『新古今和歌集』にも生涯こだわりぬき、四〇〇首ほどを削除して精選した改訂本（『隠岐本新古今和歌集』という）を編んでいる。

われこそは新島守《にひじまもり》よ隠岐の海のあらき波かぜ心してふけ

の『遠島百首』の歌は、あまりにも著名である。ここには、大自然に堂々と呼び掛ける文体の強さと、流離の身を思う心細さという両極端のものが同居している。そういう形で、流された王者という類まれな自分の境遇を引き受けようとしているのだろう。隠岐の院にとって、和歌は都人との交流の手段であり、存在の証しであったといえよう。

2　和歌における伝統の定立

『新勅撰和歌集』と『百人一首』

承久の乱から一四年後の文暦《ぶんりゃく》二年（一二三五）、都では、藤原定家が『新勅撰和歌集』を撰進している。下命者は、家集もあったと伝えられている後堀河《ごほりかわ》天皇である。承久の乱によって、後鳥羽院の血筋は京から一掃された。後堀河天皇は、後鳥羽院の同母兄であり、平家の都落ちに伴われた守貞《もりさだ》親王（後高倉院《ごたかくらいん》）の皇子でありながら、運命の転変によって皇位に即くことになった。そうした即位の経緯もあって、後堀河天皇の皇威を示すような勅撰和歌集が、しかも後鳥羽院とは違った体裁で求められたのであろう。下命・撰進の背後には、藤原道家《みちいえ》・教実《のりざね》父子の強力な後押しがあった。また、彼らの要請によって、後鳥羽院・順徳院・土御門院ら承久の乱関係者の歌を、一〇〇首以上削除させられたという。実際に、歌人としても卓抜なものがあった三上皇の歌は、『新勅撰和歌集』の中に一首も見ることができない。撰者定家にとっては、大きな不満の残る集となったようだが、たしかに、この集には、『新古今和歌集』に見られた、主として同時代的な詩的感性に訴える、華麗・繊細を追求する側面はかなり抑制されており、『古今和歌集』およびそれ以前の古代的な抒情性への志向が、色濃く感じられる。それは同じ時期に撰んだ『百人一首』にも通じるものがある。そして定家の無念の思いは、『百人一首』の掉尾《とうび》を、この二人の上皇が飾っていることによって晴らされた、といえるだろうか。

後嵯峨院時代の到来

仁治《にんじ》三年（一二四二）正月、四条《しじょう》天皇（父は後堀河院）が急死し、これによって後高倉院の血統が絶え、土御門天皇皇子、つまり後鳥羽院の孫に当たる後嵯峨《ごさが》天皇が即位する。執権北条泰時《ほうじょうやすとき》の推輓《すいばん》であったが、順徳院皇子の即位を期待した貴族たちにとっては、意外な決定であったという。このように、降ってわいたような指名で擁立された後嵯峨天皇であったが、在位四年で我が子後深草《ごふかくさ》天皇に譲位し、その後文永《ぶんえい》九年（一二七二）に没するまで院政を執り続けた。この三〇年に及ぶ治世の中で、宮廷は再び安定を取り戻し、宮廷文化も活性化する。後嵯峨院時代とも呼ばれる、王朝文化復興の時代を実現させたのである。後嵯峨院は、自らの治世の基盤の弱さを自覚し、北条泰時・時頼《ときより》との協調関係を維持し続け、それを力として、院政の制度的な整備を積極的に行うとともに、御幸や遊宴などの文化事業も頻繁に催した。『続後撰《しょくごせん》和歌集』、『続古今《しょくこきん》和歌集』の二つの勅撰和歌集を撰ばせたのは、その端的な表れである。

『続後撰和歌集』に見る中世和歌の本質

第一〇番目の『続後撰和歌集』は、藤原定家の嫡男である為家《ためいえ》が撰者となり、建長《けんちょう》三年（一二五一）に奏覧された。これ以後、勅撰和歌集は俊成・定家の子孫である御子左家《みこひだりけ》の歌人が撰者となるという故実が確立していく。それとともに、『続後撰和歌集』によって、「中世和歌」の主流が確立したことを見逃してはならない。『続後撰和歌集』の歌は、現代の目から見るといかにも個性に乏しく見える。中世の和歌の多くがそうであるように。むしろ、目立つ個性を排することによって、王朝文化の粋であった和歌は、時代社会のまるで異なる中世社会に存在意義を見出されたのである。あらわな個性を抑制して伝統の中に溶け込むような和歌が目指されたのである。たとえば、為家の歌論『詠歌一体《えいがいってい》』は、「稽古」の重要性を説いている。稽古によって、特別な詩的才能に恵まれなくても、和歌を詠むことが可能になる。むしろ、稽古を重ねて伝統と自己との調和を整えていく、そのような営みの跡こそ表現されるべきなのだ、ということなのだろう。

一首だけ例を挙げよう。下命者後嵯峨院の歌である。

神代より変はらぬ春のしるしとて霞みわたれる天の浮橋（春上・一一）

イザナキ・イザナミの二神が国生みを行った、天上と地上を結ぶ「天の浮橋」を持ち出し、そこに霞をたなびかせて、神代より変わらない春到来の風景だ、としたところが狙いである。その狙いを、「わたる」という橋の縁語を用いつつ、悠揚せまらざる春の情景の中に溶け合わせている。作者の意図は明確だが、それが突出することなく、神話的な風景へと吸収されていく。個我を消し、不変の風景を前面に押し出す。そのような自己抑制の過程とともに味わうべき歌なのだと思う。

王朝和歌が本質的にもっていた演技性は、和歌の稽古によって支えられるものとなったのである。演技とは、虚構と現実をつなぐものであるが、稽古もまた、和歌の虚構性を現実のものとすること、すなわち身につけることにほかならない。これによって、和歌は宮廷人の基本的な教養としての地位を固めることとなった。

『続古今和歌集』と宗尊親王らのスタイル

建長四年（一二五二）四月、後嵯峨院の皇子宗尊《むねたか》親王が、征夷大将軍として鎌倉に迎えられた。院と幕府との協調関係を象徴する、宮将軍《みやしょうぐん》の誕生である。このことが、また和歌の世界にも、思わぬ影響を与えることとなった。宗尊親王は、鎌倉下向後に和歌の修練を始め、卓抜なその歌才を開花させたのみならず、鎌倉の地に和歌の隆盛をもたらした。その宗尊親王の歌道師範として京から下向したのが、真観《しんかん》（藤原光俊《みつとし》）である。真観は、歌界の中心であった為家ら御子左家に反旗を翻していたのだが、鎌倉の地で中心的存在となったことをバネに、ついに勅撰和歌集の撰者にまで上りつめる。

その経緯はこうである。『続後撰和歌集』完成後まだ八年しか経っていない正嘉《しょうか》三年（一二五九）、後嵯峨院は再び藤原為家に、勅撰和歌集撰進を下命した。為家の老齢や病気もあって、編集作業は遅々として進まなかったが、その間隙を突き、真観ら四人の撰者が追加されることとなった。宗尊親王歌道師範の威勢をたのんだ真観の画策であったらしい。文永三年（一二六六）三月に竟宴が行われた『続古今和歌集』には、宗尊親王の歌は最多の六七首が入集し、これら東国で育てられた歌のスタイルが流入することとなった。

一言でその特徴をいえば、歌の言葉のめりはりの強さである。本歌取りをするにしても、風景を描写するにしても、その輪郭が明確で、作者の表現意図がはっきりとしているのである。

雲の居る外山《と》の末の一つ松目にかけてゆく道ぞはるけき（羇旅・八五七）

『続古今和歌集』中の宗尊親王の一首だが、鎌倉との往還の旅の経験を生かし、作者の視線のあり方が明快である。先に見た為家の目指したものとは、いささか性格を異にする。もとより主流はあくまで『続後撰和歌集』的な世界にあるが、こちらも、リアルで手ごたえのあるものを求める時代的感性に訴える側面がある。両者合わせて、中世和歌の幅を示すといってよい。そして次の時代には、それぞれ違いをさらに際立たせる歌風が起こることになる。いずれにせよ、『続古今和歌集』は、和歌史において初めて東西の交流を実現した、印象鮮明な勅撰和歌集として記憶にとどめられるべきだろう。

3　和歌の対立

両統迭立を象徴する和歌

後嵯峨院の院政のもとに、後深草天皇の跡を継いだのは、その弟の亀山《かめやま》天皇であった。亀山天皇は我が子後宇多《ごうだ》天皇に譲位して院政を敷くこととなったが、しかし後宇多天皇の皇太子には後深草院の皇子（伏見《ふしみ》天皇）がなるという事態に及んで、皇統は二つに分裂する様相を呈するようになった。亀山院の系統が大覚寺《だいかくじ》統、後深草院の系統が持明院《じみょういん》統である。

この皇統の分裂が、歌道家の分裂を後押しした。為家の息子の代に、御子左家《みこひだりけ》は、正嫡である為氏《ためうじ》のほかに、為教《ためのり》、為相《ためすけ》が一家を立てるようになる。為氏の嫡子為世《ためよ》の代から嫡流は二条家と呼ばれ、為教―為兼《ためかね》と続く家は京極《きょうごく》家、為相―為秀の系統は冷泉《れいぜい》家と称される。庶流である京極家・冷泉家は協調を保ちつつ、持明院統の天皇に接近して、嫡家二条家への対抗を図った。大覚寺統は二条家との結び付きが強かったが、一方の持明院統は、伏見天皇が春宮《とうぐう》時代から側近として京極為兼を重用し、歌道の師でもあった彼の詠風に染まることになる。その和歌のスタイルは、後に「京極派和歌」と名づけられるほど、独特なものであった。京極為兼は、政治的にも歌道の上でも、庶流のハンディキャップをむしろ自己主張のエネルギーに変えてしまうような、野心的な男であったのである。もとより、二条家も、宗匠の為世を中心にこれに対抗した。その様子は、これまでに例を見ない、矢継ぎ早の勅撰和歌集の撰定に現れている。

対抗し合う勅撰和歌集

永仁《えいにん》元年（一二九三）、伏見天皇は密かに為兼と意思を通じ合わせつつ、二条為世・京極為兼・飛鳥井《あすかい》雅有《まさあり》・九条《くじょう》隆博《たかひろ》（六条家の子孫）の四歌道家の当主に勅撰和歌集撰進を下命した。ただしこの計画は実現に至らず、しかも為兼は讒言《ざんげん》によって失脚し、籠居《ろうきょ》の後佐渡に配流されてしまった。正安《しょうあん》三年（一三〇一）には、大覚寺統の後二条《ごにじょう》天皇が即位し、後宇多院の治世へと移る。後宇多院は待ち構えたように為世に下命して、『新後撰和歌集』を撰ばせ、これが嘉元《かげん》元年（一三〇三）に奏覧される。しかしこの年為兼が許されて佐渡から帰還すると、持明院統の和歌活動は息を吹き返し、さらに延慶《えんきょう》元年（一三〇八）に持明院統の花《はな》園《ぞの》天皇が即位し、再び伏見院院政となって、正和《しょうわ》元年（一三一二）、為兼は念願の勅撰和歌集、『玉葉《ぎょくよう》和歌集』を奏覧する。が、またまた為兼は失脚して土佐に流され、文保《ぶんぽう》二年（一三一八）後醍醐《ごだいご》天皇・後宇多院の大覚寺統の世

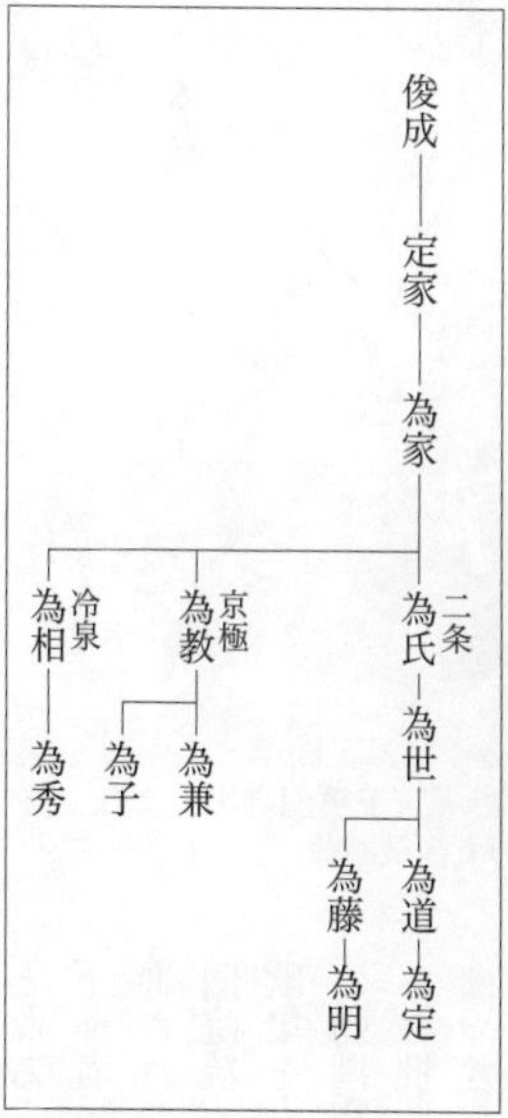

御子左家系図

伏見院像　「天子摂関御影」より　宮内庁三の丸尚蔵館蔵

となると、『新後撰和歌集』とまったく同じ下命者・撰者によって『続千載《せんざい》和歌集』が撰進される（一三二〇年完成）。大覚寺統・持明院統、二条家・京極家が競い合って勅撰和歌集を世に出すさまが明らかである。これらの勅撰和歌集は、内容においても、互いの集への批判や対抗意識をうかがわせるような、はっきりとした違いをもっているのである。

個性あふれる『玉葉和歌集』

為世による撰集が、為家の温雅な詠風を継ぐ、というよりむしろそれをいっそう推し進めるものであるのに対し、『玉葉和歌集』の特色は際立っていた。

さ夜更けて宿もる犬の声たかし村しづかなる月の遠方《をちかた》（雑二・二一六二・伏見院）
うす霧のはるる朝けの庭みれば草にあまれる秋の白露（秋上・五三六・永福門院）
山風は垣ほの竹に吹き捨てて峰の松よりまたひびくなり（雑三・二二二〇・京極為兼）

『玉葉和歌集』時代の京極派の、三人の中心人物の歌から引いてみた。永福門院は伏見院の中宮で、ずば抜けた歌才をもつ歌人である。一読して、現代人の感性にもなじみやすい、写実的な描写に注目される。ただし、安易に近代の写実・写生と同一視してはならない。我々にもわかりやすいというのは、特別な和歌の知識が用いられず表現意図が明確、ということである。これらは東国で花開いた感性を継承するところがある。そしてそれを、持明院統の宮廷の中で、かなり閉鎖的な形で育て上げたものである。

三首をよく見てみると、犬の吠え声と月、霧と草葉の露、垣根の風と峰の松風といった、二つのものが掛け合わされているのがわかるだろう。二つの位相を異にする景物が、歌の中で応じ合い、響き合うものであるかのように仕立て上げられているのである。けっして現実そのものを写し取ったのではない。むしろ、表そうとしているのは、自然物同士の応じ合う力といった、現実の背後にあるものであり、しかも現実を動かしているものだといってよいのではないか。それを、歌の中に実現しようとしていると思うのである。それを、伏見院は、「あめつちのこころ」と呼んでいる。

初春の心をよませ給ひける　伏見院御歌
霞たちこほりもとけぬ天地《あめつち》の心も春をおして受くれば（風雅《ふうが》和歌集・春上・六）

大覚寺統の活動

一方で、『続拾遺《しょくしゅうい》和歌集』を撰ばせ、自身も『亀山院御集』の家集をもつ亀山院や、『新後撰和歌集』、『続千載和歌集《しょくせんざい》』の二つの勅撰和歌集を下命し、『亀山殿七百首』——元亨《げんこう》三年（一三二三）、後宇多院の仙洞御所で、二四人が総計七〇〇首を詠進した大規模な催し——を主催した後宇多院など、和歌振興に尽くした大覚寺統の天皇の重要性を忘れるわけにはいかない。持明院統の個性的な和歌活動も、王道を行く大覚寺統の正統性への対抗意識があったゆえであり、自己の立場を鮮明にするために、個性的な表現方法を保持しようとした、と見うるのである。なお、『亀山殿七百首』は、続歌《つぎうた》方式で行われた歌会である。続歌とは、歌題（この場合は七〇〇題）を参加者の力量に応じて加減して割り当て、詠進された歌の短冊を、題の配列に従って繋いで、最終的にひとまとまりとする歌会の形態である。鎌倉時代中期ごろから見られ、中世に特徴的な歌会の方式となった。「個々の詠歌を一つの集合体とする行為」（山本啓介氏）であり、集団によって一つの作品を作り上げる、新たな和歌的儀礼の形式であるといえるだろう。

4　武家の進出

和歌の南北朝時代——後醍醐天皇の登場

元亨《げんこう》元年（一三二一）十二月、後宇多院の院政が停止され、後醍醐天皇の親政となった。『続千載和歌集』奏覧からわずか三年を経ただけの元亨三年（一三二三）、天皇は二条為世の次男であった為藤《ためふじ》に勅撰和歌集の撰進を命じる。ところが撰者為藤は、翌年の正中《しょうちゅう》元年

（一三三四）、業半ばにして急逝してしまう。しかもこの年には、後醍醐天皇の討幕計画が取り沙汰される（正中の変）など、予想外のアクシデントが続いていた。それでも、為世の孫の二条為定《ためさだ》が撰者の業を継ぎ、正中二年（一三二五）に第一六番目の勅撰和歌集『続後拾遺《しょくごしゅうい》和歌集』が奏覧された。後醍醐天皇の勅撰集完成への意志の強さを示しているといってよいだろう。総歌数約一三五三首という規模は、この前後の勅撰和歌集と比較すると、小規模である。前二つの『玉葉和歌集』、『続千載和歌集』はそれぞれ約二八〇〇首・約二一四三首、後二つの『風雅《ふうが》和歌集』、『新千載和歌集』はそれぞれ二二一一首・約二三六五首という威容を誇っている。その分、勅撰集最小規模の『詞花和歌集』がかつてそうであったように、玉石混淆の弊を免れた、まとまりのよさを感じさせる。それは、『万葉集』から当代の歌まで、片寄りをみせず満遍なく撰入しているバランスのよさである。当代歌人の歌についても、持明院統歌人の歌も忌避せず、幕府関係者の歌にも配慮している。おおむね三代集から院政期にかけての歌風が基調で、それだけに変化には乏しいが、一方で当代と古代の和歌史を連続させようという意志を、明確にうかがうことができる。

世をさまり民やすかれと祈るこそ我が身に尽きぬ思ひなりけれ（雑中・一一四一）

は後醍醐天皇自身の歌であり、この勅撰集のために群臣から召した応制百首である「正中百首」において、自ら詠んだ一首である。

元弘《げんこう》三年（一三三三）に鎌倉幕府が滅亡、一時隠岐に移されていた後醍醐天皇が帰京の後復位し、建武《けんむ》新政が開始された。わずか三年ほどの新政の期間であったが、後醍醐天皇は和歌活動にも意を払っている。その代表が、建武二年（一三三五）の内裏千首である。全容はわからぬながら、『風雅和歌集』以下の勅撰和歌集や、頓阿《とんあ》・兼好《けんこう》らの家集にもこの場で詠んだ歌が残されている。地下《じげ》の歌人をも含め、三〇人ほどの参加者が知られ、続歌形式で総計一〇〇〇首を詠んだと思われ、足利尊氏《あしかがたかうじ》も東国から歌を寄せている。建武新政を記念する、大きなイベントであった。

足利尊氏・直義の法楽和歌

建武三年（延元《えんげん》元年、一三三六）、光厳院《こうごんいん》の院政のもとに光明《こうみょう》天皇が即位、後醍醐天皇が吉野へ逃れて、南北朝時代が始まる。宮廷の和歌活動が再興されるのには、少し時間が必要となるが、この勝敗の帰趨定まらぬ動乱のさなかに、足利尊氏・直義《ただよし》らが、諸所の寺社に和歌を奉納している――法楽《ほうらく》和歌という――ことに注目される。例えば尊氏は、西国から反攻に転じる軍陣の中、建武三年の六月に、春日社への法楽和歌を発願する。公武一二名の歌人を揃えて最終的に奉納したのは、暦応《りゃくおう》二年（一三三九）と思われる。また建武三年の九月十三夜に、尊氏・直義ら一九名で住吉社に各人五首を、法華経和歌とともに法楽している。その他にも尊氏・直義には法楽和歌が多い。彼らにとって和歌は信仰と強く結びつき、祈念を込めるものであった。つまり、信仰儀礼の表現であった。これは、中世の和歌の意義の一面を、端的に表しているといえるだろう。和歌は、歴史を背負った和語による、自ら作り出す祈りの言葉であったのである。

『高野山金剛三昧院短冊和歌』

前田育徳会尊経閣文庫に、『宝積経要品《ほうしやくきようようほん》』（国宝）と称される一書が所蔵されている。一般には、その紙背の和歌に着目して、『高野山金剛三昧院《こうやさんこんごうさんまいいん》短冊和歌』と呼ばれている。足利尊氏・直義のほか、北朝天皇（光厳院と推定されるが、光明天皇とも）、歌道家の二条為明《ためあきら》（為藤の息）・冷泉為秀、頓阿・慶運《けいうん》・兼好・浄弁《じようべん》の為世門の和歌四天王らに有力武士を加えた二七名、総計一二〇首を自筆で短冊に記し、これを継ぎ合わせて一帖とした上で、紙背に尊氏・直義・夢窓疎石《むそうそせき》が経文（『宝積経』）を写し、康永《こうえい》三年（一三四四）十月八日に、高野山の金剛三昧院に奉納したものである。これは、暦応二年（一三三九）に没した後醍醐天皇をはじめ、鎌倉時代末期以来の戦没者を慰霊することを目的とした、安国寺利生塔・天竜寺創建などの幕府の主要な宗教行事の一環だといわれている。「なむさかふつせむしむさり（南無釈迦仏全身舎利）」の一字一字を歌頭に詠み込み、人によって歌数に多寡があるが、尊氏と直義はともに一二首で、最多である。尊氏は為政者の立場に立つ傾向があり、直義は仏法を求める心に寄り添うことが多い。

霊山《りやうぜん》に説きおく法のあるのみか舎利《しやり》も仏の姿なりけり（「り」・尊氏）

さてもわれ誰が力にて起き伏すと思ふぞ法《のり》に入るはじめなり（「さ」・直義）

尊氏の歌は、仏舎利がこの世に見る仏の姿だと讃嘆している。これは、戦没者慰霊等のため、幕府が全国に設立を命じた安国寺利生塔——舎利塔でもあった——の制度とのつながりもうかがわせている（西山美香氏）。

風雅和歌集の空間

光厳院を中心とする持明院統の和歌活動も、康永元年（一三四二）になると活発化し、しばしば歌合などが行われるようになっていたが、『高野山金剛三昧院短冊和歌』奉納と同じ康永三年（一三四四）、院は足利直義に勅撰和歌集撰定の了解を得る。この奉納和歌を詠んだ歌人を見てもわかるように、歌界そのものにおいては二条派が優勢であった。光厳院が自ら撰者となり、花園院が監修役を果たして第一七番目の勅撰和歌集『風雅和歌集』を完成させた（一三四九年）のも、そうした二条派の圧力を押さえこむためだったと思われる。その『風雅和歌集』は、両院を中心に継承された京極派の詠風が、いっそう感覚をこまやかにし、また内面的な深化をも見せている。

行きなやみ照る日苦しき山道に濡るともよしや夕立の雨（夏・四〇九・徽安門院）

我が心澄めるばかりに更けはてて月を忘れて向かふ夜の月（秋中・六一一・花園院）

つくづくと独り聞く夜の雨の音は降りをやむさへ寂しかりけり

（雑中・一六七〇・儀子内親王）

をさまらぬ世のための身ぞうれはしき身のための世はさもあらばあれ

（雑下・一八〇七・光厳院）

徽安門院《きあんもんいん》・儀子《ぎし》内親王は、花園院の皇女であり、『風雅和歌集』の中心歌人である。後期の京極派の活動は、ますます持明院統の宮廷に限定され、大覚寺統・二条派に見られた、和歌四天王――彼らは、和歌の普及に多大な役割を果たした――など地下の法体の歌人の活躍などは見られない。持明院統内部の、密度の濃い、ある意味では閉鎖的な連帯に支えられながら、こうした特色ある歌風が追求されたのである。

これらの歌からもわかるように、『風雅和歌集』の京極派歌人の歌は、特定の空間や状況を具体的に描出するとともに、それに向かい合い、感受している自分をも描く。その上で、感受している自分を打ち消し、捨て去ろうとする、という内容を持つことが多い。『玉葉和歌集』時代に京極派を牽引した歌人のような、現実の背後にある力を描き出そうとする意欲は薄れ、個の内面にこだわるようになっている。内省的なのである。外界に溶け込もうとする個を描くその表現は、ある意味で自己を抑制し、無にしようとしているとも言える。その点では、二条派の歌とも共通する面を持つ。だが、二条派の方法は、あくまで歴史的に形成されてきた表現に対して、己を無にするのであった。すなわち歌を作っている、表現の外側にいる主体を抑制するのである。一方京極派の方法は、対象に向き合う主体が無化されていくことを、表現の中に描き出すのである。自己を無化する形で、自派の連帯の証しとするのである。

京極派の和歌が、近代になって高く評価されたというのも、文芸の表現を自立すべきものと捉え、表現の中に自己と外界との関係を封じ込めようとする、近代的な感性に即すものを発見したからであろう。だが、それは近代人の問題であって、ただちに京極派歌人が自我に目ざめたことを表すわけではない。歴史的に形成されてきた表現の様式から距離を置こうとするところは、近代短歌と共通するが、持明院統宮廷の人的結合に強く支えられているという点では、やはり和歌的儀礼と密接に結びついている。誤解を恐れず言えば、京極派の風景表現は、彼らの結合の秘儀を象徴している。和歌表現の内側に儀礼的空間を実現しようとした、と見なすことができるのである。

武家執奏の撰集

観応《かんのう》元年（一三五〇）、足利直義と尊氏の執事高師直《こうのもろなお》との対立に端を発する観応の擾乱《じょうらん》が起こり、再び世は混乱へと向かうことになる。激しい京都争奪戦の中で、観応三年（一三五二）閏二月、光厳・光明・崇光《すこう》の三上皇と皇太子直仁《なおひと》親王は南朝方に拉致されてしまう。三月には足利義詮《よしあきら》が京都を回復するが、先皇たる上皇も、三種の神器も不在の中、光厳院皇子であった弥仁《いやひと》王が践祚《せんそ》し、後光厳《ごこうごん》天皇が誕生した。後光厳天皇は歌道においては二条派を支持することを表明し、これをもって京極派の和歌活動は完全に終結する。血統の連続する同じ北朝でありながら、以後文化的な性格を大いに異にすることになる。

延文《えんぶん》元年（一三五六）ころになると、ようやく都にも平穏が戻ってくる。尊氏は、二条為定を撰者として勅撰和歌集を撰ぶべきことを、天皇に執奏《しっそう》する。勅撰集の発議にせよ撰者の指名にせよ、どちらもこれまで武家によってなされたことはなかった。ここに武家執奏によって勅撰和歌集が撰ばれる端緒が開かれることになった。もはや武家の後援なしで勅撰の業は成立しがたくなったのだが、逆に言えば、武家の力を自らに組み込むことによって、勅撰和歌集は、すなわち宮廷文化としての和歌は、持続力を保持し続けたといえよう。

和歌所が置かれ、応制百首である『延文百首』が三三名の歌人によって詠まれるなど、尊氏の後援を得て、勅撰和歌集としての威儀が整えられた。途中尊氏が死没する危機もあったが、無事延文四年（一三五九）に『新千載《しんせんざい》和歌集』として奏覧された。二条派の撰集だが、持明院統・京極派の歌人にも目配りし、また武家の歌も当然のように多く、拡大した歌人層をバランスよく取り込むことに意を砕いている。ただし、南朝の歌人の詠は黙殺されている。集の歌の基調は二条派風の伝統的なスタイルであるが、必ずしも平淡一辺倒ではなく、余情を重視した表現や、叙景的なそれも見られる。叙景的といっても京極派の歌とは異なり、本歌取りなど古歌をふまえた表現が基本である。持明院統に偏していた『風雅和歌集』の弊を改め、なおかつその長所を包摂した、という趣がある。総歌数約二三六五首の、堂々たる集である。

尊氏によって始められた、武家執奏による勅撰和歌集の撰進は、これ以後、『新拾遺《しんしゅうい》和歌集』（後光厳天皇下命、一三六四年完成、撰者二条為明）、『新後拾遺《しんごしゅうい》和歌集』（後円融《ごえんゆう》天皇下命、一三八四年完成、撰者二条為遠・為重）と続いてゆく。執奏は、それぞれ足利義詮《よしあきら》・義満《よしみつ》という室町幕府の二代・三代の将軍によってなされた。勅撰和歌集は、室町将軍の治世をも記念するものとなったのである。

南朝の和歌活動

少し時間を巻き戻しながら、南朝の和歌活動に目を向けてみよう。延元元年（建武三年、一三三六）十二月に後醍醐天皇が吉野に遷り、南北朝時代が始まるが、その南朝でも、驚くべき熱意をもって、和歌が詠まれていた。ただし、前述したように、北朝の武家執奏の三勅撰和歌集では、いずれも南朝方の和歌は排除されていて、あたかも南朝の和歌活動など皆無であるかのように扱われていた。このことが、やがて南朝独自の撰集を生むきっかけともなる。

後醍醐天皇は潜幸後三年足らずで没するが、その跡を後村上《ごむらかみ》、長慶《ちょうけい》、後亀山《ごかめやま》天皇が継ぎ、後亀山の元中《げんちゅう》九年（明徳《めいとく》三年、一三九二）に北朝に接収されるまで続く。とくに活動の目立つのは、後村上と長慶天皇の時代である。

後村上期の正平《しょうへい》六年（観応二年、一三五一）の「正平一統」以後、とりわけ南朝の和歌活動は活発化し、後村上が住吉の行宮《あんぐう》に在った正平二十年（貞治《じょうじ》四年、一三六五）が頂点となった。この年、「月百首歌会」「七百首歌会」「三百六十首和歌」「年中行事題三百六十首」

吉野神宮外拝殿　南朝の拠点となった吉野山に鎮座する後醍醐天皇を祀る社。明治天皇の創建

「四季歌合」など、小さからぬ規模の催しが立て続けに行われている。「年中行事題三百六十首」などは、この翌年、北朝の二条良基《よしもと》が催した『年中行事歌合《ねんちゅうぎょうじうたあわせ》』にヒントを与えたかと言われている。いずれも、和歌において擬制的に宮廷儀礼を復興させようという意図が明白である。

後村上天皇の死後、いったん南朝の和歌活動は沈滞するが、文中《ぶんちゅう》三年（応安《おうあん》七年、一三七四）、各地を転戦していた、南朝最大の歌人宗良《むねよし》親王が吉野に帰還してきたことによって、再び熱気を取り戻す。天授《てんじゅ》元年（永和《えいわ》元年、一三七五）『五百番歌合』（宗良親王が判者）、同二年「天授千首」（宗良親王、花山院長親《ながちか》ら七名が、各千首を詠む）などと活動は高潮し、その成果をふまえて、宗良親王は南朝の君臣のみによる撰集『新葉《しんよう》和歌集』を編纂する。この集は、長慶天皇の綸旨《りんじ》により、弘和《こうわ》元年（永徳《えいとく》元年、一三八一）に准勅撰和歌集とされる。「准」とは、「同等のものと見なす」の意である。

南朝和歌の「魅力」

『新葉和歌集』を読むと、なぜ南朝でこれほどまでに和歌が量産されたのかが理解されてくる。たとえば、「都」はこう詠まれた。

吉野山花も時得て咲きにけり都のつとに今やかざさん（春下・八五・後村上院）

聞き慣るる山郭公このごろや都の人は初音待つらん（夏・二〇一・中宮）

君がためわが取りきつる梓弓《あづさゆみ》もとの都にかへらざらめや（雑下・一二三六・四条隆俊）

いずれの「都」も、京都のことである。それがどこであろうと、天皇が居る場所こそ本来「宮こ」であるはずだが、吉野にせよ、住吉にせよ、仮の宿りだと歌われる。これは、和歌の本意に沿った、いかにも和歌らしい発想とぴたりと一致する。たとえば、「聞き慣るる」の歌など、詞書に「芳野《よしの》の行宮にて」云々とあるから南朝らしい歌と解することになるが、それがなければ、「郭公」を山にたずねた、ごく普通の歌にすぎない。和歌とは、とくに旅の歌などは、都を思って詠むものなのである。和歌は、そもそも手に入らぬものを求めるように表現する。容易に帰れぬ都を思い、手に入らぬものを求める、つまり和歌の伝統に即して歌を詠むことが、そのまま特異な状況にある自己の表現につながる。お定まりの和歌の伝統的抒情は最大限に生かされ、いかにも真情あふれる「悲歌」の様相を帯びる。南朝の歌人が膨大な歌を詠み続けられた原動力はそこにあるだろう。そして、太平洋戦争時にことさらに称揚されるに至った理由の一端もここに見出すことができる。天皇や都への仰慕が、伝統的な言葉の中で真摯に具現化されている、と受け取られるからである。

宮廷和歌会の整備の画期

勅撰和歌集の編纂に武家の力が大きく参与してくることは、ある意味では宮廷和歌に関わる階層の拡大であり、また和歌のしたたかな延命力を表すものともいえようが、反面、宮廷の自立性が侵されていることに違いない。その自立性は、別の面において求められるようになる。宮中の和歌会の制度化である。それを、小川剛生氏の見解に沿って、見てみよう。

小川氏は南北朝時代に「御会始」の画期があるとする。「御会始」とは、一年の最初の雅会である「年始会」と、その天皇の最初の催しである「代始会」の二つの意味をもつ。年始会については、後醍醐・後光厳・後円融の各天皇が熱心であったが、とくに後醍醐天皇の時に、和歌・作文・御遊《ぎょゆう》をセットにした三席御会が「御遊始」として定着している。

天皇の代始会については、「中殿御会《ちゅうでんぎょかい》」（清涼殿で行われる歌会・作文）と呼ばれるものがそれだが、治天《ちてん》の君の代始会もあり、とりわけ後伏見・光厳・後光厳・後円融院ら持明院統の治天の君が行い、南北朝期に定着する。代始会は、即位儀礼にも似た意義をもつともいわれている。北朝の年始会・代始会の人的構成をみると、歌才などの点はあまり重視されず、北朝に於ける政治的地位や権門《けんもん》との昵懇《じっこん》の度によって参加者を決める傾向にあり、本来は遊宴であった御会が、宮廷行事に変質しつつあると捉えられる。政治的意味を強めているのである。

5　室町時代の和歌

最後の勅撰和歌集

『新後《しんご》拾遺《しゅうい》和歌集』を執奏した足利義満以後も、将軍家はいずれも和歌に熱心であったといってよい。義満の公家寄りの施政を覆して、武家的な政策を取ったとされる義持《よしもち》でさえ、歌会開催は頻繁である。その義持の弟の義教《よしのり》は、いっそう和歌へのこだわりが強かった。義教は、歌道師範として、これまでの二条家に代わって飛鳥井《あすかい》家を重用した。飛鳥井家は、義満に寵遇された雅縁《まさより》（宋雅《そうが》）の時代に歌界の主流として台頭してきたのであったが、その子雅《まさ》世《よ》が、義教に信任されたのである。

永享《えいきょう》五年（一四三三）義教の発議によって、後花園《ごはなぞの》天皇の勅撰集撰進の命が、飛鳥井雅世に下った。永享十一年（一四三九）に完成して『新続古今《しんしょくこきん》和歌集』と呼ばれるこの集は、結果的に最後の勅撰和歌集となる。古歌を数多く取り入れ、入集歌人のバランスもよく、重厚なアンソロジーに仕上がっている。下命した後花園天皇は、崇光《すこう》天皇の曾孫で、父親は、「菊葉《きくよう》和歌集」の編纂にも関わったかと言われる、文学的資質あふれる伏見宮貞成《ふしみのみやさだふさ》親王（後崇光院）である。いわば後花園は、崇光以来皇統からはじかれていた持明院統の正統を継ぐ天皇であり、和歌への執着も強かったのである。

足利義政《よしまさ》も歌道に執心した。東山文化を演出した彼の興味は幅広いが、和歌はその教養の基軸であり、幕府歌会もしきりと開催し、飛鳥井雅親《まさちか》（栄雅《えいが》）に勅撰集撰進の院宣《いんぜん》を下すよう、後花園院に執奏した。ただし、この集は応仁の乱のために完成には至らなかった。その子義尚《よしひさ》に至って、和歌への執心はいよいよ高まる。義尚の主催する歌合・定数歌はいずれも大規模かつ趣向を凝らしたものである。そしてついに彼は、自らの手で撰集を編纂することを決意する。助力者として、公家から姉小路基綱《あねがこうじもとつな》・三条西実隆《さんじょうにしさねたか》・甘露寺親長《かんろじちかなが》・冷泉為広《れいぜいためひろ》ら七名、武家から杉原宗伊《そうい》ら六名が加わった。義尚自身の死によって、この試みも挫折したが、将軍の貴族化、公武合体はここに極まった感がある。

勅撰和歌集終焉以後の和歌

応仁の乱以後、すなわち室町時代後期の天皇は、後土御門《ごつちみかど》天皇（一四六四～一五〇〇）、後柏原《ごかしわばら》天皇（一五〇〇～二六）、後奈良《ごなら》天皇（一五二六～五七）、正親町《おおぎまち》天皇（一五五七～八六）と、すべて直系に皇位が継承された（括弧内は在位期間）。天皇の権威が地に落ちた時代だと言われるが、多少の温度差はあれ、基本的にそれぞれの天皇の和歌への取り組みは、非常に熱心である。実質的な権力を遠く奪われた分、儀礼・儀式を主宰する権威によってそれを取り戻そうとするかのようである。月次《つきなみ》歌会や法楽《ほうらく》和歌・年中行事歌会・着到《ちゃくとう》和歌などが、頻々と営まれた。

着到和歌とは、戦陣などの現場に馳せ参じたことを報告する上申書である着到状を指す武家用語を和歌に転用したもので、指定の場所に出向き、指定の題で毎日一首ずつ歌を詠む詠歌方式である。いわば、和歌が出勤簿代わりに用いられているわけであるが、それが直ちに和歌の堕落を意味しているわけではない。和歌の本質である儀礼的側面が個別の行為に凝縮しているのであり、そのような形で和歌のポテンシャルが維持されていたとみることができる。

後柏原天皇の制度的整備

上記の四人の天皇の中でもとりわけ熱心であったのは後柏原天皇で、和歌にとどまらず、さまざまな宮廷儀礼の整備・復興に努めている。明応《めいおう》九年（一五〇〇）の践祚《せんそ》時にすでに三七歳に達していた天皇は、和歌を治世の具とみる強い政教的意識をもち、連歌ではなく、自覚的に和歌を選択した。文亀《ぶんき》二年（一五〇二）宗祇《そうぎ》が箱根湯本に客死するなど、連歌も一時代の終息を見せていたことも無関係ではあるまい。古典学全般に才能を発揮した三条西実隆の助力があったことも大きい。後柏原天皇の家集『柏玉集《はくぎょくしゅう》』と実隆の『雪玉集《せつぎょくしゅう》』、これに下冷泉政為《しもれいぜいまさため》の『碧玉集《へきぎょくしゅう》』を合わせて、三玉集と呼ばれ、これに由来して、この和歌興隆の時代を、三玉集の時代と呼ぶこともある。三玉集の和歌は、とくに近世に入って重視された。

後柏原天皇の宮廷歌会の制度的整備について、瞥見《べっけん》しよう。まず、毎月行われる月次御会がある。隔月で、三首通題（皆で同じ題を詠む形式のこと）の懐紙《かいし》と、百首続歌の短冊による詠進を、交互に行う方式を定めた。ちなみに、公宴御会《こうえんごかい》（天皇の催す歌会）は、他の私的な歌会と異なり、通常参加者は参会せず、和歌を詠進するのみであった。メンバーは、基本的に近臣中心で、これに若干の外様が加わる、という構成であった。きわめて閉鎖的であるが、混乱と疲弊の時代において持続可能な方法であったといえよう。また、正月の会だけは「御会始」として特立される。一首通題の懐紙を提出し、この会だけは、披講、すなわち人々の前で読み上げて発表する営為を伴った。これが近世まで続く「歌会始《うたかいはじめ》」の淵源である。このように後柏原天皇は、安定して継続することができる歌会の方式を確立したのである（高柳祐子氏）。

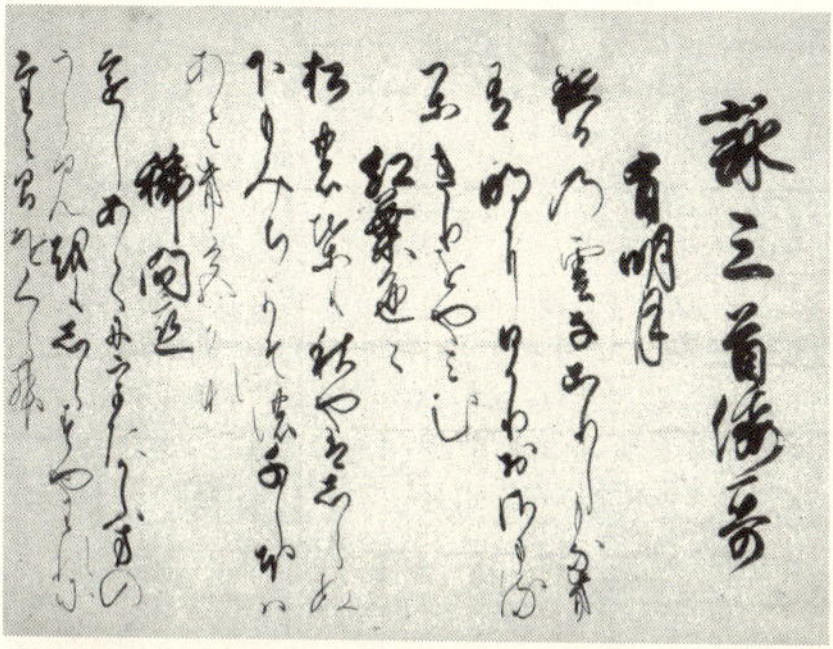

後柏原天皇宸筆懐紙　後柏原天皇が禁中月次御会で詠んだ和歌三首が書かれている。東山御文庫 御物

和歌と天皇

和歌はたしかに詩である。だから文学的表現としての側面をもつ。しかしまた、儀礼的行為としての側面をも有する。歌会・歌合・屛風歌・贈答歌・書写・歌集編纂・定数歌（百首歌、千首歌等）・稽古・法楽和歌・伝授・着到和歌などの営みが重要な意義を担っているのである。文学的表現と儀礼的行為の両側面が、互いに働きかけつつ、総体として「和歌」という現象を構成してきた。和歌には虚構的・演技的表現が多用されて、一見それは、リアリティの乏しい観念的なものに見られがちだが、儀礼

的な行為によって現在的な感覚を供給されているのであった。虚構的・演技的表現は、整備され、秩序化されることで様式となる。過去に繰り返されてきた表現の蓄積が様式を生み、その様式が未来の詠歌の反復を保証する。儀礼的行為自体も繰り返しに堪えるべく様式化され、それがまた和歌を支える。和歌を歴史的に長く続かせた原動力は、表現と行為の二面から立体化することによって、より具体的に見定めることができると思われる。

一方、儀礼的行為には、一般的にその儀礼の構成員が等しく鑽仰《さんぎょう》する焦点が必要である。儀礼の場の求心力であり、それがなければ、儀礼的な空間の成立そのものが危ぶまれるか、成立しても一回的なものに終わってしまう可能性が高い。それは、神や仏、神話や歴史的起源、あるいは神格化された柿本人麻呂等の歌仙など、基本的に理念的色彩をもつものであるが、天皇は、その焦点を可視化する存在と見なしうるだろう。もちろん、歴史的存在としての天皇と、その理念的な焦点がイコールだというのではない。むしろ、天皇はその理念に奉仕する存在でもある。そのことを端的に表すのが、冒頭に掲げた、『百人一首』の天皇の歌々である。それらには、いずれも現状に自足できず、理想を求める思いがまつわっていたのであった。理想や理念を求める心を表すことによって、それらとの結び付きが確保されているのである。天皇にとっても、自らが神仏や歴史とつながる証しともなる。和歌と天皇は、相互に支えられていたのであった。

第二部　芸能王の系譜

阿部泰郎

はじめに――芸能王の面影・花山院の肖像

花山《かざん》天皇は、寛和《かんな》二年（九八六）六月に突然、内裏《だいり》を遁れて出家する。既に王位の象徴である剣璽《けんじ》は東宮《とうぐう》の許に移されており、手筈が整えられたなかでの出奔であった。一七歳で即位し政道にも意欲的であった若き天皇は、その志を断ち、側近の臣下も殉ずるように出家した。花山院の情熱は、ただちに仏道修行に向かう。早くもその年には書写山《しょしゃさん》に性空《しょうくう》上人を尋ねて結縁《けちえん》し、次いで熊野へ参詣、那智山に千日籠りしたと伝えられ、後世には西国三十三所観音巡礼の祖として仰がれるようになる。

院政期の歴史物語『大鏡』には、その修行の折の詠歌や験力の発揮を含めて、花山院をめぐって幾つもの印象ふかい逸話が語られている。在位中にも、賀茂臨時祭の試楽に、早朝から自分も舞人の格好で皆の出仕を待ちかまえていた、とか、清涼殿《せいりょうでん》朝餉《あさがれい》の壺で乗馬を試みようとして制止されたことなど、奇行があったという。院となってからは、摂関家の大物藤原隆家《たかいえ》と互いに屋敷の前を行列して渡って張り合い、それはまるで賀茂祭の帰《かえ》さの渡しのように風流《ふりゅう》を尽くしたもので、己の門《かど》は大勢の法師や童子らで武装し固めて、ついに隆家の行列を追い返した、という。また、長徳《ちょうとく》三年（九九七）の賀茂祭には、院自ら異装でいでたち、斉信《ただのぶ》や公任《きんとう》の車を家人が襲い散々に打ち毀《こわ》した。道長は検非違使に追捕を命ずるが、院はなおも法師や若党らを従え、柑子《こうじ》を貫いた巨大な数珠を首に懸けて見物に繰りだした。道長は追捕を強行し、多勢の取り巻きは蜘蛛《くも》の子を散らすように逃げ去ってしまった。あるいは寛弘《かんこう》三年（一〇〇六）、父冷泉院《れいぜいいん》の御所焼亡のとき、火事見舞いと称して馬に乗りながら鏡を付けた笠を仏の頭光《ずこう》のようにしてその在処《ありか》を尋ね、父院の許に赴いてうやうやしく礼した、ともいう。

『大鏡』は、これら花山院の奇矯なふるまいを語りつつ、源俊賢《としかた》に「（狂気で知られた）冷泉院の狂《くる》ひより、花山院の狂ひこそ術《ずち》なけれ（どうしようもない）」と辛辣に評させ、道長はこれを聞いて哄笑した、という一場を敢えて加えている。

花山院画像　元慶寺蔵

こうした、当時の京洛の人士の目前でくりひろげられた花山院のふるまいは、火事場も含めた祝祭の場において、その興奮を一層嵩《たか》めるように、見物人が囃《はや》し立ててその噂《うわさ》に語りつがれるような、いわば劇場型の〝事件〟であったといえよう。

加えて『今昔物語集』巻二十八、ヲコ（滑稽）な笑話を聚《あつ》めたうちにも、花山院の逸話がみえる。それらも、不思議に印象ふかい。何故かは語られないのだが、院は寒中に銀《シロガネ》鍛冶（銀細工師）延正《のぶまさ》を獄に下し、水責めにした。

この延正、水で満たされた大壺から首を差し出して、大音声で喚《よ》ばわる。「世の人ゆめゆめあなかしこ、大汶法皇《ダイモン》（花山院）の御前に参入すな、いと恐《おそろ》しく堪え難きことなり、只、下衆《げす》にてあるべきなりけり」。この院とかかわると碌なことはないぞ、という警告は洛中に響きわたり、院も仕方なく解放したという。あるいは、院の邸の門前を乗馬のまま通り過ぎようとした東人《あずまびと》が捕らえられ、いましめを加えようとした院は、彼の乗っていた馬の美しさに魅せられ、南庭で乗馬の技《ワザ》を見せるよう命ずる。衆人注目のなかで東人は見事な騎乗の芸を披露し、一同が見惚れているうち、彼は乗りながら門外へ駆け去ってしまい、院のヲコぶりをさらしてしまったが、笑って咎めることはなかった、という。いずれも、貴人たる院に無礼をはたらき違乱した職人や武者が、かえって院をやりこめる。これらも院の道化ぶりをうかびあがらせる伝承である。

一方で『大鏡』は、「この花山院は、風流者《ふりゅう》にさへこそおはしましたれ」と、芸術諸道の領域ではすぐれた才能を発揮したと語る。たとえば建築において、御所の寝殿の造り合わせや檜皮葺《ひわだぶき》などが院の創案になると言い、調度の巧み、庭園（樹木の配置の妙）、御車の飾り付けなどに及び、更に「あて御絵《おんえ》」を得意とした。「興あり」と特筆するその「紙絵」は、「子日絵詞《ねのひ》」や「手長足長之形」などが伝わっていたが、いずれも見事な出来で、それは面白いものだった。たとえば、疾走する車の輪に薄墨を塗ってぼかしている。猛烈な速さで廻る車とはそう見えるだろう、と言うのである。あるいは男が児《ちご》をおどかすのに筍《たけのこ》の皮を指にかぶせ（鬼の爪のようにして）目を剝《む》いて脅す姿や、児が顔を真っ赤にして怖《お》じる姿。有徳人や貧乏人の家の様子をそれらしく描き分けるなど、いかにも人の世の有り様を如実に活写した絵であった、と。それは、やがて平安末期に描かれて我々の知るところの「信貴山縁起絵巻《しぎさんえんぎえまき》」や「伴大納言絵巻《ばんだいなごんえまき》」、あるいは「鳥獣戯画」など、世態人情を巧みに写しだし、しかも滑稽なヲコ絵を先取りするものでもあったようだ。

花山院は、歌人としても御集（今は散佚）があり、自ら勅撰『拾遺和歌集』を編んだとされる。加えて名高かったのは、その無節操なまでの色好みである。法皇として入道ながら数々の浮名を流し、伊周《これちか》配流に至る時の朝廷をゆるがせた一大スキャンダルも、彼の忍び歩きゆえに惹きおこされた事件であった。

その常軌を逸した好色と過剰なまでの信仰と、一見相反する志向が花山院にあっては平然と同居する。更に院は殊に芸術を愛し、自ら筆をとり、案を練って趣向を凝らす風流人であったが、同時に尊大で過差と異装を好み、奇矯なふるまいでヲコの評判をとる王者でもあった。その「狂ひ」とは、近代の精神病理などで分類できる性質のものではあるまい。彼の、祝祭に熱狂して「風流」を巧むあまり、都市民までもその様を見物して興ずる逸脱した道化ぶりからは、なお未分化の渾沌をはらみつつも、たしかに〝芸能王〟というべき肖像がうかびあがる。それは、やがて中世に至って立ち現われる、芸能に傾倒する王たちのさきがけといえよう。

花山院の生涯が問いかけるのは、天皇にとって芸能とは何であったか、という課題である。あるいは退位してもなお彼をとらえて離さない芸能とは何か。和歌や神楽、絵そして祭礼風流など、それは花山院にあっては未だ定かに焦点を結ばない。しかし、中世の天皇や上皇に至るや、その〝芸能〟はあざやかに浮かびあがってくるだろう。

あらかじめ注釈を加えておくならば、それらの芸能とはただ身体所作や音声を発するワザの次元に終始するものではなく、その技芸・技能がさながら高度な文化創造であり芸術となるような一定の規則様式に則った行為遂行（パフォーマンス）を言うのである。とすれば、それは儀礼ときわめて近いところに成り立つものだろう。そして、それは天皇にとって、その職能たるべき公事《くじ》や祭祀（つまり儀礼による行為遂行）と地続きの権能となりうるのである。しかもそれは或る地点で忌避され危うい行為として排除される、きわどいものでもあった。そのような天皇と芸能についての問いかけを念頭に置きながら、中世の王たちの芸能との関わりを辿ってみよう。

第一章　芸能王の登場——声わざの帝王・後白河院

1　天皇の芸能空間——『禁秘抄』をめぐって

天皇における芸能の範囲

天皇と芸能との関わりを考えるにあたって、まず認識しておくべきことがある。天皇が主催し臨む朝廷の年中行事や臨時公事、あるいは寺社の祭礼や仏事法会など、自ら「御覧《ごらん》」じて視聴するところの諸芸能をすべて取りあげるなら、それはきわめて広汎な対象となり、国家の儀礼体系に位置付けられた芸能のすべてを取り扱うということになろう。それはたとえば、正月や即位の国栖奏《くずのそう》に臨《のぞ》み、清暑堂御神楽《せいしょどうみかぐら》にはじまる宮廷の神楽および近衛官人によって演ぜられる種々のワザを見物し、諸節会《せちえ》の奏楽・舞楽を担う大内楽所の楽人・舞人により演奏される種々の楽舞を観《み》、あるいは相撲《すまい》節会に召される諸国の相撲人《すまいびと》の抜手の御覧など、皆、天皇の大切な役目である。しかも、天皇の身分上の制約（禁忌）から解き放たれた上皇の立場となって自由に参観できる芸能まで視野に入れるなら、その範囲はより広がる。たとえば寺方の散楽《さんがく》や呪師《しゅし》、また「公庭」の所属（守覚法親王《しゅかくほっしんのう》『右記』）として扱われるような遊女《あそび》、傀儡《くぐつ》、白拍子《しらびょうし》など諸国の遊民、あるいは「道々の者」と呼ばれる職能民の雑芸も、猿《さる》楽《がく》や田楽《でんがく》から曲舞や歌舞伎に至るまで、時代の移ろいと共に変遷する芸能を考慮に入れれば、つまりは芸能史の全体にかかわることになってしまう。

本稿では、その範囲を、天皇および上皇が直接関与し携わる芸能に限定したい。とはいえ、そもそも「芸能」とは、中世の天皇においてどのように認識されていたのであろうか。実は、天皇における「芸能」の範囲について、天皇自身が記述した書物がある。それが順徳《じゅんとく》天皇の著した『禁秘抄《きんぴしょう》』である。

『禁秘抄』は、天皇の許で運営される宮廷の秩序体系を、内裏の清涼殿《せいりょうでん》に起居する天皇が祀り、身辺に属する神器や宝物、道具などから、日常の儀礼や勤仕する職業毎の役割を、果ては鳥・虫に至るまで部類し、天皇自らが規範化した書物である。それは、平安時代を通じて形成された天皇の空間というべき世界を悉《ことごと》くテクスト化しようと試みた、画期的な所産であった。順徳天皇にとって、それは和歌の領域における一大類聚《るいじゅう》としての歌学書『八雲御《やくもみ》抄《しょう》』と並ぶ営みであったろう。

『禁秘抄』の「諸芸能事」

「芸能」は、その中に位置付けられる。それが、天皇が修めるべき才《ザエ》(漢籍に拠る古典的表現であれば「六芸」に当たる)としての「諸芸能事」のくだりである。この一文こそは、中世の天皇にとっての「芸能」というカテゴリーの指標となり、むしろ現実の規範ともなってはたらくことになる。

そこでは、まず「第一、御学問也」と定められる。この「学問」は、帝王として政《まつりごと》を行うための才学（四書五経等の読書を基盤とし、『貞観政要《じょうがんせいよう》』に代表される漢籍の学問であり、侍読《じどく》の博士に教授される）であるが、これは宣旨や日記などを書くために帝として必須のリテラシーである。むしろ学問が「芸能」の範疇《カテゴリー》に含まれていることが注意される。

何より注目すべきは、「第二、管絃」として、楽器による音楽の領域が挙げられていることだろう。併せて「音曲」として声による歌謡の分野も続けて言及され、「和歌」はその後に位置付けられている。以下の考察の座標を示す意味でも、この管絃と音曲のくだりの全文を引いておこう。（以下、引用する本文が漢文の場合はすべて訓み下しとして、括弧で文意を補った）

延喜《えんぎ》（醍醐《だいご》）・天暦《てんりやく》（村上）より以後は、大略《おおよそ》絶えざる事なり。（天皇は）必ず一曲に通ずべし。円融《えんゆう》・一条《いちじょう》の吉例にて、今に笛は代々の御《おん》能なり。和琴《わごん》もまた、延喜・天暦の吉例にして、箏《そう》もこれに同じ。琵琶《びわ》は、殊なる例《ためし》なしといへども、然《しか》るべき事なり。笙《しょう》・篳篥《ひちりき》はいまだ聞かず。笙は後三条院の学びたまふ。篳篥は（天皇に）不相応の事なり。

音曲は、上古に例あり。堀河院、内侍所《ないしどころ》の御神楽《みかぐら》の時、別してこの音曲（神楽歌）あり。鳥羽・後白河の御催馬楽《さいばら》は、その曲を窮《きわ》めずといへども、已《すで》に晴《ハレ》の御所作（天皇自らの演奏）と云々《しかじか》。また、後白河の院の今様《いまよう》は、比類なき御事なり。いづれも只御意（のまま）に在るべし。笛は、堀河・鳥羽・高倉・法皇の代々に絶えざる事なり。但し、箏・琵琶も何ぞ劣らんや。

天皇による管絃の芸能とは、自ら楽器を演奏する（御所作《おんしょさ》）ことであるが、それは聖代として理想とされた醍醐・村上天皇以降、ほぼ絶えぬ習いであり、帝たるもの必ず一曲（ひとつの楽器）に通達すべきものとされる。まず笛（横笛）は、円融・一条天皇から始まって今に至るまで代々の「御能」として継承されており、次に和琴も醍醐・村上天皇から学び始められ、箏も同様である。そして琵琶は、特に先例はないが御能として「然るべき事」とされ、最後に笙と篳篥は前例がなく、ただ笙は後三条天皇が奏したことはあるが、篳篥は天皇にふさわしい楽器ではないという。

声わざとしての音曲は、帝のたしなむことは古くからあり、堀河天皇は内侍所御神楽《みかぐら》の折に神楽歌を詠《うた》われ、鳥羽・後白河天皇は（特にその能を極めたというほどではないが）晴《ハレ》の（御遊《ぎょゆう》の）際に催馬楽を付歌《つけうた》された。中でも、とりわけ銘記されるのは、後白河天皇が今様の芸能を窮めることは「比類なき御事」であったが、そのような好尚も「いづれも只御意に在るべし」帝の御心のままに択《えら》ばれてよい、と注《しる》している。それは、言外に尋常ならざる好みであったことを示唆するのである。以上を総括して、笛は堀河から後白河まで歴代が受け継いで帝の楽器であり管絃の伝統の中心であるのに対し、箏と琵琶もそれと劣るものではない、と強調するのだが、それこそが一条の眼目であろう。次章で述べるように、順徳天皇自身が最も重んじ、その父後鳥羽院が帝の楽器として管絃の中心に位置付けたのが琵琶なのであった。

天皇の領域と芸能者の参入

『禁秘抄』には、この他にも芸能と芸能者の天皇との関係をめぐって注目すべき記事が見いだされる。「凡賤を遠ざくるべき事」の条は、天皇が芸能するに際し、（芸能者から）装束や楽器を口移し、手渡しされることはできない、との禁忌が示される（これについて、音楽を殊に好まれた堀河天皇の時、楽人がその不便を訴え、大江匡房《おおえのまさふさ》がその不合理を難じた、という逸話を載せるが、やはり不可と定めている）。更に、芸能者は凡卑の身分であっても天皇が近くへ召されることの近代に多いことを述べるが、これもやはり不可とする。そして、「況《いわん》や猿楽の如き」者が庭上に参入するべきではない、という。ここでの猿楽とは、当然、寺院の修正会《しゆしようえ》等に参勤する呪師と共に演ずる猿楽をさすものである。このような芸能者の参内をめぐって、村上天皇の時（為平親王の子日御遊《ねのひ》）に「布衣の輩《ほうえ やから》」が御前を渡り、醍醐天皇の時には京中の「上鞠者《じようきく》」を仁寿殿《じじゆうでん》の東庭に召した等の例を挙げ、蹴鞠《けまり》の鞠足たちの参入の先例が挙げられるが、尋常にはあってならないこと、という。但し、楽人や随身については これを聴《ゆる》せ、とする。それは、彼らの参入なくしては公事も遂行できないからであろう。

これらの記述からは、天皇の立場からの芸能と芸能者への親近感と裏腹な疎隔の建前、つまり微妙な距離感覚の葛藤があざやかに読みとれる。宮廷諸芸能の主催者である天皇は、同時にその芸能を担う者たちとの間で、程度の差こそあれ接触することを禁忌とする不文律が確かに存在することを、あらためて天皇自身が明記するのである。しかしその一方で、天皇は自ら芸能に携わるものでもあった。それは芸能者たちとの接触と交流なしでは行い得ないことである。その難問《アポリア》もまた、ここに自覚されていると言ってよかろう。

天皇と芸能者との関わりは、『禁秘抄』において更に「御侍読事《ごじどくのこと》」条において、より端的に、天皇にとっての学問と芸能の教授の師（御師）について規定するところで示される。それは精撰のうえで召されるべき御侍読の博士のみならず、楽人について言及されるところで具《つぶ》さに例が挙げられる。天皇に音楽を教授するについては、通常では昇殿を許されぬ地下《じげ》の楽人でも、堀河天皇の清任や村上天皇の秀高など例外はあるにしても、「但しかくの如き、管絃（において）地下の御師匠はもつとも由《よし》なし」と、やはり凡卑を避けるのである。ここに想起されるのは、堀河天皇が多忠方《おおのただかた》や近方《ちかかた》に神楽の曲を自ら伝えたことであって、それは重代の楽の相承が絶えようとする危機に臨んで天皇が「返り伝授」を行った名高い出来事（『古事談』等）だが、これは家を絶やすまいと計らった為の「別儀」だという。そのうえで、管絃の帝師を一条・円融天皇の時から、自身の琵琶の師である二条定輔《にじょうさだすけ》に至るまでを列挙して、すべて公卿《くぎょう》身分であることを確かめる。

これに関連して、別に「地下者」条には、特に「半殿上」を許される例として、「近日も、琵琶引《ひき》（の）孝時《たかとき》かくのごとし。これ、楽所に候する故なり」とし、これについても、堀河天皇の時に楽所の者が朝夕（殿上の）砌《みぎり》に伺候したのは、「(天皇が）管絃を御好みの時、かくのごときは恒《つね》の事なり。一向、楽の時ばかりは（御前に）召さるる事、何事かあらん」と、天皇自身が親しみ奏楽する管絃の芸能の場合には、地下の楽人の参入を含めて格別の交流が許される習いがあったことも確認されているのである。

このように、天皇と芸能者は、その身分において決定的に隔てられながらも、管絃の音楽という領域において、中世にかくも密接に結びつき、つながりを持つ存在であった。それは何より、この芸能が天皇自身の携わり演奏する実践の場であったことによるだろう。音楽の芸能を成し遂げるには、帝もまさに師である楽人から「手移し、口移し」で教え導かれねばならないからだ。『禁秘抄』は、そうした音楽における天皇の身体と官能に根ざした経験と記憶をふまえて形成された、中世の天皇の芸能空間というべき領域を象《かたど》っているのである。

2　雑芸の王としての後白河院

芸能（音楽）全盛の時代

天皇の芸能を代表する音楽（管絃・音曲）の歴史を、中世においてその主流となった琵琶の流れをめぐって叙述した『文机談《ぶんきだん》』には、後白河院の時代が次のように記されている。

後白河院の御代、又いみじき明伶《めいりん》（音楽家）多く、天《あめ》の下に聞こえさせ給。君は御笛・御今様、世にすぐれさせおはします。臣家にも（中略——資賢《すけかた》・資時《すけとき》と盛定《もりさだ》の名が挙げられる）。これのみならず、世に（名）人とも言はるるほどの上下﨟、音曲の道に欠けたるはなき御代なりけり。上《かみ》の好む時には下《しも》皆なこれに随へる道なれば、今も昔も例《ためし》なき人々のみぞ聞《きこ》えさせ給ふ。

後白河院の時代こそ空前の音楽全盛期であった、という。公家にあっては、摂関家の藤原忠実《ただざね》や忠通《ただみち》もまた音楽によく通じ、とりわけ頼長《よりなが》の子、師長《もろなが》は音楽のあらゆる分野に達した偉大な音楽家であった。その頂点に立っていた後白河院が何より好んだのは、『禁秘《きんぴ》抄《しょう》』の記すように、今様である。『文机談』は続けて「今様合せの珍らしき御遊《ぎょゆう》も、この御時の事也」と述べる。

後白河院　「天子摂関御影」より。宮内庁三の丸尚蔵館蔵

承安《じょうあん》四年（一一七四）九月に催された、一三日間に及ぶ今様合《いまようあわせ》の盛儀は、吉田経房の『吉記』に詳しい。毎夜一組の廷臣が今様の技を競い、師長と資賢が判者をつとめた。最終日には資時と盛定が歌を合わせ、雑芸が了《おわ》るや、管絃の御遊があり、興に入った院はついに自ら簾中《れんちゅう》より今様を披露した。この時、御所は特に院の仰せによって雑人を払わず、「堂上堂下、上下群集」する衆人視聴のなかでくりひろげられた、それは前代未聞の声による音楽の興宴であった。

修行する法皇

今様合に立ちあらわれる芸能王としての後白河院は、同時に深く仏神を信仰し修行する「法皇」であった。その生涯で三四度に及ぶ熊野御幸の参詣の道中は、精進屋での潔斎勤行《けっさいごんぎょう》から始まり帰路の解斎までの間、王子の社毎の神楽と共に法楽《ほうらく》の神歌《かみうた》や法文歌《ほうもんか》等が歌い尽くされる芸能の場である。また四天王寺、日吉社、石清水《いわしみず》など寺社への度重なる御幸と参籠《さんろう》にも、そこで営まれる仏事における読経や念仏をただ聴聞するだけでなく、自ら誦唱《じゅしょう》する。かつて花山院の赴いた書写山《しょしゃさん》にも登山した。書写は性空《しょうくう》上人以来、法華読経の伝統を継承する山であるが、院はその如意輪堂に参籠札を打つ持経者「理真《りしん》」でもある。法華経の「能読」の系譜に連なり、読経道と称する一流の中興であったと『読経口伝明鏡集』には伝えられている。

院政期の上皇ないし法皇の法事法会の場としての御願寺《ごがんじ》についてみれば、後白河院においては蓮華王院《れんげおういん》があり、法勝寺《ほっしょうじ》をはじめとするそれら諸寺への御幸は、修正会における呪師《しゅし》・猿楽《さるがく》などの芸能御覧を必ず伴うものであった。院はなお、長講堂での供花会《くげえ》や最勝光院での修二会《しゅにえ》、御八講《みはっこう》を主催し、仁和寺《にんなじ》での理趣三昧《りしゅざんまい》や結縁灌頂《けちえんかんじょう》などに参り、諸寺院での仏事から御所における式講（管絃を伴う講式）まで、声明《しょうみょう》（声による仏教儀礼の音楽）全般にたいして過剰なまでの傾倒を示す。その志向は、既に天皇在位中の保元《ほうげん》二年（一一五七）に内裏において法華懺法《せんぼう》を催すという新儀を始めたところに、よく示されている。これは後の宮中御懺法講《ごせんぼうこう》に連なるものであった。そうした、後白河院をめぐる寺院仏事と結びついた芸能の光景は、院の皇子守覚法親王《しゅかくほっしんのう》による『釈氏往来』に、正月の法勝寺修正会での呪師・猿楽の跳躍や叫喚のありさまをはじめとして、あざやかに描き出されている。

あるいは、院の御願として営んだ仏事の導師として唱導説法を勤めた安居院《あぐい》澄憲《ちょうけん》による表白《ひょうびゃく》を集成した『転法輪鈔《てんぼうりんしょう》』「後白河院」帖（称名寺蔵、『安居院唱導集』所収）に、それらの旨趣と共に院の祈る姿がうかびあがる。院の代弁者としての澄憲は、天台声明の大家であった家寛《けかん》法印が院に献じた声明譜集成『声明集』に序文を草しており、これら仏法の儀礼とその言説は、声の次元において悉《ことごと》く後白河院に収斂されるのである。

仏事にたいする後白河院の姿勢の目ざましい特色は、重ねて確認するなら、ただ聴聞するに止まらず、自ら進んで読経し勤行する持経者であり行者であることだ。「千手（観音・経）の持者」（『雑談集』）と呼ばれ、『平家物語』には建礼門院《けんれいもんいん》（中宮徳子《とくこ》）の皇子御産に臨み、自ら験者《げんざ》として祈禱する姿が印象的である。宗性《そうしょう》の記した『啓白至要抄』には、建久《けんきゅう》二年（一一九一）の後白河院御逆修（生前仏事）に際して読み上げられた院の生涯にわたる作善目録「御自行御勤」が収められているが、そこには密教の行者としての護摩二万七千余座と並んで、法華経の読誦《どくじゅ》が七万八千余度、法華懺法が二万二千余座、阿弥陀経が十七万余巻など、想像を絶する厖大な自行——それも声を介しての営みが伝えられる。それは、院にとって第一の芸能としての声わざ、すなわち今様の音曲と別のものではなかろう。

後白河院（雅仁親王《まさひと》）の天皇としての治世には、母（待賢門院《たいけんもんいん》）を同じくする兄の崇徳院《すとく》との抗争が保元の乱による流血の結着を迎え、また上皇となっては近臣間の対立から平治《へいじ》の乱を惹きおこした。それ以降の「武者《ムサ》ノ世」（『愚管抄』）の渦中を生きることになった、いわば乱世の王である。

もとより帝位につくことを期待されない、部屋住みの親王として崇徳院の御所に居候していた彼は、若くから「雑芸」と呼ばれた今様に没頭し、当代の「歌うたひ」の名人たちを次々と尋ね召しては己れの声を鍛えあげていた。それが思いがけず天皇となってから、信西《しんぜい》入道（通憲《みちのり》）の紹介で美濃青墓《あおはか》の傀儡乙前《くぐつおとまえ》と出会い、すでに七〇近い老女であった彼女と師弟の契りを交し、その伝えるところの歌のすべてを教わったのである。

その、後白河院の今様伝受に至る経緯《いきさつ》と、自ら創り上げた今様の道の成立を回顧し記念する日記として叙《しる》したのが『梁塵秘抄口伝集《りょうじんひしょうくでんしゅう》』巻十である。これは、院が習得しながら収集した今様の諸分野の歌謡を自ら聚め編んだ『梁塵秘抄』と併行して書かれた。『本朝書籍目録』に二十巻とあるのは、本篇に加え口伝集十巻と併せての数だろう。和歌ならぬ勅撰の今様集が帝王自ら筆を執って著される、「雑芸」はこれによって一挙に天皇の芸能となったのである。

『梁塵秘抄』の世界――今様の起こり

『梁塵秘抄』十巻のうち、現存するのは、巻一冒頭部分の抄出写本と、巻二の近世写本のみである。巻一は巻頭目録によってその概容が知られ、長歌《ながうた》、古柳《こやなぎ》と今様から成り、それぞれ四季に恋、月、雑など勅撰に准じた和歌集の部立で配列されている。巻二は法文歌《ほうもんか》と神歌《かみうた》および雑歌から成り、それぞれは仏・法・僧の三宝に始まり霊験所・聖《ひじり》などの霊地・修行者、また二十二社を中心とする諸神祇に至る、その構成は当時の本地垂迹《ほんじすいじゃく》思想が反映され、全体として仏法（神祇）と世俗が一体となる世界観を象っているといえよう。

　後篇の十巻を構成したと思われる『梁塵秘抄口伝集』も、今に伝わるのは巻一の冒頭部分と、最後の巻十、後白河院の今様習得とそれを一流の道として相伝するに至る経緯を記した自伝（日記）というべき一巻のみである。この巻十は、中世皇室の音楽の家と言ってよい伏《ふし》見宮《みのみや》家に伝わった、栄仁《よしひと》親王自筆の康暦《こうりゃく》元年（一三七九）写本である。『口伝集』巻一冒頭は、郢曲《えいきょく》と唐風に総称される今様の芸能の輪郭を眺めわたし、かつ『梁塵秘抄』の全体像を示す一節である。「古《いにしえ》より今に至るまで、習ひ伝へたる歌あり、これを神楽・催馬楽《さいばら》・風俗《ふぞく》といふ」と始まり、まず宮廷の儀礼として伝統芸能となった歌謡が挙げられ、次いで「このほかに、習ひ伝へたる歌あり、今様といふ。神歌・物様《もののよう》・田歌《たうた》に至るまで、習ひ多くして、その部ひろし」と、今様と総称される歌謡の領域が対置される。

　更に続けて「今様と申す事の起こり」すなわち今様起源譚が記される。これは聖徳太子伝のうち、土師連八嶋《はじのむらじやしま》の詠歌に熒惑星《けいわくせい》（火星）が感応して禁忌の歌を詠じた話である。原拠というべき『聖徳太子伝暦』敏達《びだつ》天皇九年条では、太子がこの熒惑星の歌を蝦夷《えみし》侵攻の予言つまり未然の凶事《まがごと》を歌うものと解いたのであるが、それは今様が古代の童謡《わざうた》と共通する天からの讖緯《しんい》のメッセージとして観念されていたことを示している。なお、この起源譚は『郢曲《えいきょく》相承次第』や『今様の濫觴《らんしょう》』にも見え、それらはまた、後に山蔭《やまかげ》中納言が今様を再興し、それを村上天皇の皇女という宮姫《みやき》からその娘四《し》三《そう》、娘なびきへと伝わった、という女系による皇孫継承伝承――今様の「大曲《だいごく》」である足柄《あしがら》伝来の系譜として語り伝えられた――と結びついている。

『口伝集』巻十の冒頭は、巻一を受けるように、「神楽、催馬楽、風俗、今様の事の起こりより始めて、娑羅林《さらりん》、只の今様、片下《かたおろし》、早歌《はやうた》、歌ふべきやう。初積、大曲足柄、長歌をはじめとして、様々の声変はる様《よう》の歌、田歌に至るまで、記し終はりぬ」とあり、失われた第九までの概略が示されている（それらの歌の名称は、大江匡房の『傀儡子記』に言及された彼らの携わった芸能の名とも重なる）。そして、それらは院が乙前から習った今様という歌謡圏の全貌をなぞるものでもあった。

『梁塵秘抄口伝集』の成立

改めて、後白河院の「声わざ日記」というべき『口伝集』巻十の構成を見わたすなら、それは大きく二部に分かれる。前半は、親王時代の今様への耽溺《たんでき》と遍歴、天皇となり保元の乱を経てのち乙前を師として彼女の伝えたすべての歌曲を習得し（今様の談義において乙前こそ正統を伝えていることを証明したエピソードを含む）、やがて病床の乙前を見舞って詠い、その死を知っては読経し今様を手向けて追善を営んだことまでが述べられる。これは今様合が催された承安《じょうあん》四年（一一七四）のことと推定されているが、その乙前追善仏事の澄憲による表白が『転法輪鈔』に「穎（郢）曲御師五条尼ノ為ニ追善ヲ修セラルル表白」として遺されている。そこでは、まさしく『口伝集』と呼応して、二〇年のあいだ院に芸を伝えた「雑穢ノ曲調（今様）」の御師への報恩のため、仏法の功徳をもって廻向《えこう》する旨趣が述べられ、ここに唱導の詞と院の読経と今様歌の声とが響き合うのである。

後半では、かくして成立した正統な今様の道を伝えるべき弟子の誰もいないことを、院を中心に形成された今様サークルの近臣・近従たち一人ひとりに辛辣な論評を加えながら歎き、院自身においては、熊野・賀茂・厳島《いつくしま》・石清水《いわしみず》へ参詣した際に神前で今様を歌い示現《じげん》や奇瑞《きずい》に与った霊験を記す。それは今様を習修して四〇年の功を致す力による賜物であり、その功徳は病平癒の験《しるし》のみならず、遊女さえも今様を歌って極楽往生を遂げた、まして我等は（どうして往生できないことがあろうか）、という〝今様往生〟論を主張するに至るのである。それは、院の生涯を費して探り求めてきた声わざの遊芸がさながら仏法そのものの実践に他ならないという確信の表明でもあった。

後白河院の生涯の回想としての一篇の末尾は（このくだりは後年に書き加えられたと推定される）、次のように結ばれている。

我が身、五十余年を過ごし、夢のごとし幻のごとし。すでに半ばは過ぎにたり。今はよろずを抛《なげ》げ棄《す》てて、往生極楽を望まむと思ふ。たとひまた今様を歌ふとも、などか蓮台の迎へに与《あず》からざらむ。その故は（遊女《あそび》傀儡らがなりわいとして他念なく歌い暮らすのも「一念」の心を発《おこ》せば往生することを説き）、まして我らは、とこそ覚《おぼ》ゆれ。（今様のうち）法文の歌、聖教《しょうぎょう》の文《もん》に離れたることなし。法華経八《や》巻《まき》が軸々光を放ち、二十八品《ほん》の一々の文字、金色の仏にまします。世俗文字の業《ごう》、翻《ひるがえ》して讃仏乗《さんぶつじょう》の因、などか転法輪《てんぼうりん》とならざらむ。

今様の歌がさながら仏法の文字言語と等しいこと、その世俗の声わざが仏法の実践（転法輪）に他ならないことを、「願はくは今生世俗文字の業、狂言綺語《きぎょ》の誤りをもつて、翻して当来世々讃仏乗の因、転法輪の縁《えにし》と為《せ》む」（白楽天の詩を典拠とした『和漢朗詠集』仏事の佳句）によって説き、最後に、あの名高い一節、己れの著述の根底を支える動機を表明する宣言というべき跋文を書きつけて一篇を了える。

おほかた、詩を作り、和歌を詠み、手を書く輩《ともがら》は、書きとめつれば末の世までも朽《く》つることなし。声《こえ》わざの悲しきことは、我が身隠《かく》れぬるのち、とどまることのなきなり。その故に、亡《な》からむあとに人見よとて、いまだ世になき今様の口伝を作りおくところなり。

この後に、「嘉応《かおう》元年（一一六九）三月中旬のころ、これらを記《しる》し終はりぬ。やうやう撰びしかば、始めけんほどは覚《おぼ》えず」と『口伝集』の成立を示す識語が記される。この時、院

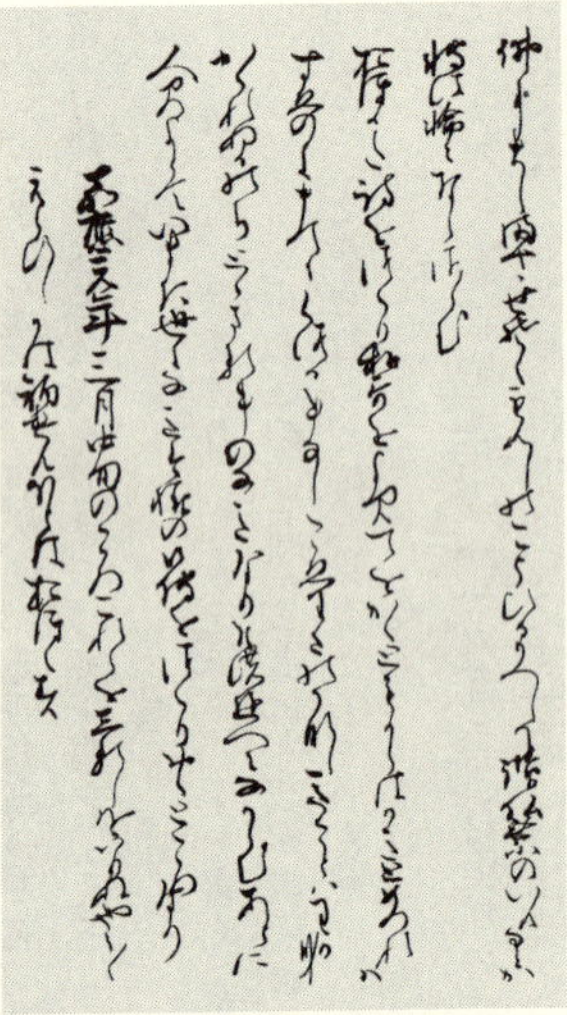

『梁塵秘抄口伝集第十』跋文　結び「仏にまします」から嘉応元年の成立まで。宮内庁書陵部蔵

は生涯ただ一度の高野山参詣御幸の道中であり、帰洛してその六月には出家を遂げ、法皇となる。それは己れの人生の節目に臨んで記された感慨だろう。この頃には、本篇を含めた『秘抄』の全体が一旦《いったん》成ったもののようだが、『口伝集』にはその後も筆が加えられたらしく、治承《じしょう》三年（一一七九）秋に清盛のクーデターにより幽閉され実権を喪失したのち、治承四年頃に書かれた記事も含まれる。その追記には、治承二年から熊野詣《くまのもうで》の道中において、二年ごしで資時へ悉《ことごと》く「瀉瓶《しゃびょう》」しおわり、権現のはからい（神慮）の許でこの今様の道が伝えられ、それは「熊野の道より起こる」ものであった、という。更に、太政大臣師長《もろなが》が（これらの今様を）「琵琶の譜に作らむとて」伝授を求め、院より習いつつ大曲《だいごく》はすべて歌い、主な今様（沙羅林・片下・早歌の様《よう》ある）も歌った。この資時と師長の歌い様と振《ふり》こそ（自分のそれと違わぬ）真正なもので、己れの死後も「我が様」として尊重するよう銘記している。かくして、正統な後継者を摂関家の大臣と源家の音楽の家の嫡流に得たことにより、今様の道が成立したことが宣言されるのである。これによって、最終的に『梁塵秘

抄』の全体は完成したといえよう。

王権の表象としての『梁塵秘抄』という書物

『口伝集』は、後白河院が手ずから「未だ世に無き今様の口伝」として創造した、この芸能を一流の「道」として確立するために不可欠な装置としてのテクストであった。既に今様のテクストとしては、『口伝集』本文にも、院が修行のあいだ「雑芸集」を抜き見《ひら》て歌ったとあるように、その詞章を聚《あつ》めた本が存在した。しかし『口伝集』はおそらくそれと全く次元を異にしたもので、今様の起源から系譜、各種の歌にまつわる伝承や歌い手にまつわる逸話までを網羅してテクスト化しよう（それは一時代前の初期歌学書『俊頼髄脳』の志向を想起させる）と試みながら体系化を目指しており、巻十に至ってそれらを最終的に院の主体の元に結びつけ、結合される構造となっていたのであろう。それはまた、『秘抄』本篇の構成と照応するようにもなっていたはずであり、綜合して院の王権と仏法・神祇一体の宗教世界との結合を目論んだ、芸能による文化創出の企てをうかがわせる。こうしたテクストを、院が出家を前にその原型を書きあげ、更には治天《ちてん》としての権力を喪った時期に後継者への伝授を記しづけたことは、まことに示唆的である。

後白河院による、『梁塵秘抄』と『口伝集』を一具とした、御撰による今様の体系化というべきテクスト構築は、その営み自体が前例のない新儀であった。それは同時に、それまで如何に好まれ賞翫《しょうがん》されてはいても、所詮は褻《ケ》の芸能でしかなかった声の世界を、一挙に晴《ハレ》の舞台に引きあげるしわざであった。それはまた、遊女や傀儡子ら漂泊の民に伝えられ、女系による相承を守って女のジェンダーと深く結びついていた文化を、悉《ことごと》く文字化することによって秩序体系の裡《うち》に搦《から》め取って、王権の許へ収奪していくことであった。乙前とのうるわしい師弟の契りや追悼も、弟子たちへの手厳しくも的確な批評も、あるいは仏神と感応する歌の霊験も、最後の〝今様往生〟論も、すべてはその目的に収斂していくのである。

『口伝集』巻十は、院から相伝された師長より九条家へ、そして二条経定《つねさだ》（後章に登場する二条定輔《さだすけ》の子孫）から源有資《ありすけ》、その子経資《つねすけ》へと伝来し、その許から伏見院《ふしみいん》が尋ね取り、これをその曾孫にあたる伏見宮家の祖、栄仁《よしひと》親王が写した「草子」（冊子本）であり、その識語には、「当道」（琵琶を主とする音楽の家）にはふさわしい本ではないが、後人（世）の為に写すものであると注している。他方、おそらく『口伝集』原本の一部を成すとおぼしい古写本断簡が僅かに見いだされており、それは花鳥で彩られ金色の界線で飾られた美麗な料紙に流麗な仮名で書かれた巻子本であって、ほとんど法華経などの装飾経と等しい〝聖なるテクスト〟として作られたものであることが知られる。それは『口伝集』にいう「法文の歌、聖教の文に離れたることなし」の理念を彷彿とさせる書物なのであった。

蓮華王院宝蔵と芸能の書物

『梁塵秘抄』は、後白河院の仏教信仰の結晶であり、その王権の権威の拠《よりどころ》でもあった蓮華王院の宝蔵に納められて然るべき書物、記念碑的《モニュメンタル》な宝物であったはずである。しかし『文《ぶん》机談《きだん》』によれば、「梁塵秘抄入れられたりける御手箱に（源家重代の朗詠の子細を述べた中状が）入れ具せられて、六条殿なる御文車《ふぐるま》に侍《はべ》りける」と伝えられ、寿永《じゆえい》二年（一一八三）源義仲《よしなか》に法住寺殿が焼かれたのち、六条の院御所に重書が避難した、その際に用いられた文車にそれは載せられていたらしい。

院の御堂としての蓮華王院（三十三間堂）には、その経蔵にあたる宝蔵に、院の収集した宝物がこぞって納められた。その「経蔵目録」の冒頭部分が伏見宮家文書の中に伝えられており、そこには歴代天皇や皇后御筆の経典が並んでいる。そうした、一切経蔵としての基盤のうえに、内外の貴重書、古典籍、聖教、そして琵琶をはじめとする名物の楽器等が納められていた。その中には、師長の琵琶譜『三五要録』や守覚法親王の『糸管抄』など、音楽芸能に関わる楽書や記録も含まれていたことが知られている。異本『梁塵秘抄口伝集』（資時以降の源家歴代により書かれた郢曲《えいきよく》伝書）には、楽人たちが宝蔵を開いてこれらの楽書・楽譜を拝見したことが記されており、そこは音楽の〝聖地〟でもあった。それらが目録としても伝わっていれば、後白河院の許での音楽芸能の位置付けがうかがえたことだろう。だが『梁塵秘抄』がその何処に位置付けられていたかは、残念ながら知るよしもない。ただ、あの今様合《いまようあわせ》が催されていた承安四年九月、この儀を記した吉田経房は、同時期に院の命により蓮華王院宝蔵に赴き、その重書・宝物の目録を作成していたのである。それは偶然のこととは思えない。

宝蔵の絵巻と芸能

蓮華王院の宝蔵には、芸能に関わるもうひとつの重要な宝物――書物として、後白河院の制作になる絵巻が納められていた。その中には、説話絵巻として最も著名な遺品である「伴《ばん》大納言絵巻《だいなごんえまき》」や「吉備《きび》大臣《だいじん》入唐《にっとう》絵巻」、そして原本は喪《うしな》われたが「彦火火出見尊《ひこほほでみのみこと》絵巻」など、宝蔵伝来の絵巻の優品が知られる。それらは「宝蔵絵」と通称されて、貞成《さだふさ》親王の『看《かん》聞日記《もんにっき》』によれば、室町時代まで宮廷の周辺で流布享受されていたのである。

これら「宝蔵絵」の中核となるべく制作されたのが、「年中行事絵巻」六十巻である。これも原本は喪われたが、近世の模写が部分的に残されている。『古今著聞集《ここんちょもんじゅう》』には、完成したこの絵巻を院が松殿《まつどの》（藤原）基房《もとふさ》（有職故実家として知られる）に見せたところ、彼はたちまちその誤りをここかしこと指摘し押紙《おしがみ》（訂正注記のための付箋）だらけにして返したのを、院はかえって価値が高まったと喜び宝蔵に納めた、という逸話が見える。その逸話が示唆するところ、この朝廷儀礼の全貌を対象とした絵巻は、おそらく単に伝統的な旧儀を忠実に描いたのではなく、むしろ院の許で創《はじ》められた新儀を多く反映したものであったのではないか。現存する模本《もほん》を見ても、内宴の妓女の舞など、院の在位中に信西の主導の下で復活し、平治の乱以降廃絶してしまった朝儀が含まれているのは、そうした解釈を支える材料となろう。

この絵巻は、宮廷の年中行事のみでなく、後白河院自身も熱心にたしなんだ蹴鞠《けまり》や、宮廷の外、洛中洛外で催される祇園御霊会《ぎおんごりょうえ》や稲荷祭の祭礼行列の神幸、風流《ふりゅう》、巫女舞《みこまい》や田楽《でんがく》など、あるいは草合《くさあわせ》や闘鶏、やすらい花など、京洛の民衆の祝祭と遊戯のありさまを、見物の群衆の姿を含めて延々と描きだしている。それは、王ながら衆庶に交わる視点の具現化といえるだろう。そのような視線から想起されるのは、院が平治の乱の直後に八条大路に面した桟敷屋《さじきや》に居を占めて、稲荷祭の行列を見物し、また二条《にじょう》天皇の行幸行列を観るため「大路御覧じて下衆《げす》など召寄られしかば」この行為に怒った天皇はこの桟敷の大路に面する側に目隠しの板を打ち付けさせた、という『愚管抄《ぐかんしょう》』の記事である。桟敷とは、大路にくりひろげられる祭礼行列の祝祭と芸能を一体化して享受する場であり、そこからの見物とは、あくまでも特権的な高みからではあるが祝祭芸能の熱狂を共有するまなざしであり、同時に治天《ちてん》による政治的権威の行使でもあった。二条天皇の反応は、その意図を正しく受けとめているのである。

宝蔵絵の世界像

後白河院は、他にも宮廷行事の芸能を主題とする絵巻をいくつも制作している。それらのうち、多くの模本が伝わる「承安五節《ごせち》絵」は、承安元年（一一七一）の高倉《たかくら》天皇即位大嘗祭《だいじょうさい》の際の五節舞姫御覧とそれに続く殿上淵酔等の祝宴を描いたものである。『看聞日記』には、後花園《ごはなぞの》天皇の内裏《だいり》より三巻の「五節絵」借覧の記事が見え、室町時代まで宮廷に伝来していたらしい。模本によれば、殿上淵酔における清涼殿《せいりょうでん》での廷臣の乱舞《らっぷ》のさまや、肩脱《かたぬぎ》（片袖を脱いで芸能に臨む姿となる）して院や女院の御所に推参《すいさん》（貴人の許へ押しかけて芸能を披露する）している殿上人たちの遊興のさまが内裏にくりひろげられている。綾小路家《あやのこうじ》（源家音曲の家の末《すえ》）に伝わる『五節間郢曲之事《ごせちのあいだえいきょくのこと》』によれば、この興宴こそはまさに今様をはじめとする種々の歌謡・音曲の芸能の晴れ舞台であった。ただし現存する諸模本は、どれも伝統的な雅《みや》びな宴の光景を整然と次第に沿って描くのであって、「年中行事絵巻」の猥雑《わいざつ》さとは対照的であり、むしろ勤仕する殿上人たちの似絵《にせえ》を残すことを目的としていたかと思われる。

　これらの絵巻に描かれ、詞とともに図像化される対象は、ちょうど祭礼行列を見物するような院のまなざしにとらえられ、支配された世界である。それは、絵巻というコンパクトで可動的ながら、時間の流れを語りの文法において封じ込め象《かたど》ることが可能なメディアのうえで創造された世界である。またそれは、障壁画や屛風絵《びょうぶえ》という建築空間や調度に固定化された絵画よりも遥《はる》かに物語や芸能と親和的な媒体である。宝蔵の絵巻の主題が多く儀礼と祝祭芸能であり、また説話や物語であることと、院のまなざしがとらえようとする世界とが重なり合っていることは、絵巻の特性を彼がよく承知していたことを示している。

「宝蔵絵」とは、後白河院の欲望する世界像の縮図《ミクロコスモス》であった。そして、その一環に「六道絵」と総称される宗教絵巻もあった。「地獄草紙」「餓鬼草紙」など畏怖すべき悪道の苦患の世界を練達《れんたつ》の筆で描きだした一群の絵巻である。そのシリーズの中に、おそらく人道の生老病死苦の諸相を主題とする「病《やまい》草紙」こそは、最も端的に院のまなざしが体現された絵巻であろう。そこに登場させられる病者とその異相は、それを見るまなざしまでも共にあらわすることがある。たとえば「ふたなり（半陰陽）」の男が酔って寝ているところを隠し所をはだけられて哄われる、露骨というよりむしろ惨酷な一段がある。その性を暴かれる彼は、笛と鼓《つづみ》を携え卜占《ぼくせん》などもする宗教芸能者である。こうした人々をとらえようとする志向もまた、院のまなざしのうちにあったであろう。

かくして「宝蔵絵」が再現前させる後白河院のまなざしとは、神話から六道を経めぐり人間世界の諸相および諸道の起源を通して、諸芸能とその芸能者を見物人ごと包摂するものであった。それら中世の諸範疇《カテゴリー》をすべて王の視野の下に支配しようとする射程のうちには、当然のことながら合戦や武士も含まれていたであろう。宝蔵の絵巻には「後三年合戦絵巻」もあったのである。その点で興味深いのは、『古今著聞集』が収めるもうひとつの「宝蔵絵」をめぐるエピソードである。頼朝が鎌倉から上洛して院と対面した際、院は宝蔵の絵巻を見せようと持ちかけた。しかし頼朝は畏《おそ》れ多いと丁重に辞退してついに見ようとしなかった、という。これは何を意味するのか。おそらく頼朝は、宝蔵絵を拝して観るのは院の文化的ヘゲモニーの支配下に入ることを意味するのを察知し、この危険を回避したのであろう。つまり、院の世界観とまなざしの下に取り込まれることを拒んだのである。一方、後白河院は最後まで頼朝を征夷大将軍に任命するのを拒み続け、彼が将軍となったのはその崩御後のことである。

芸能王としての後白河院

仏法に深く傾倒し修行に没入するのと同時に、今様を歌い尽くしその道を究め、己れの視線の許に世界を象り、あまつさえそれらすべてをテクスト化し、それを宝蔵に収集する、こうした後白河院と芸能との関わりを眺めわたしてみると、そこにはたんに祭礼芸能を見物し賞翫《しょうがん》するのみでなく、人に演ぜしめて御覧じて興じ、また自らも進んで芸能に携わり興ずる王の姿がうかびあがる。院は進んで新たな神社を創始し、祭礼を催すことまで行った。上皇となって程ない平治《へいじ》元年（一一五九）には、洛中の疫病鎮めのため橘逸勢《たちばなのはやなり》社を祀り、盛大な祭礼を興行し風流を尽くさせた（『百練抄』）。また安元《あんげん》元年（一一七五）には蓮華王院の鎮守として惣社《そうじゃ》を建立、ここに諸国の有力神祇を勧請するにあたり各社に本地を尋ね、それにより御正躰《みしょうたい》を造り顕わし、その供養には施行と出家を行わしめた。翌二年に惣社祭を始め、馬長《めちょう》行列、里神楽、田楽、舞楽を演ぜしめる（『百練抄』）。それは、惣社という中世的な神祇の国家祭祀体制を中央において実現したものであり、同時に春日若宮祭（おん祭）などと並んで院政期に出現する中世祭礼芸能の典型を示すものであって、そこに組織された職能民ないし芸能者の集団（座）やネットワークの存在をうかがわせる。

九条兼実《くじょうかねざね》の伝えるところ、信西はかつて若年の後白河院を「暗主」と評し、しかも、敢えて人の制法にかかわらず（他人の制止など物ともせず）、これと思い定めたことは必ず成し遂げる強い意志をもち、しかも一度聞いたことは決して忘れず覚えている徳がある、という驚くべき両義的《アンビバレント》な人物像を語っている（加えて、信西はこの暗愚の君を諷諫するために

「長恨歌絵巻」を作って献上したとも伝える。院はこうした信西の方法を逆手に取って己がものとして駆使したといえよう。『玉葉《ぎょくよう》』寿永三年三月十六日条）。

兼実の弟の慈円《じえん》は、『愚管抄《ぐかんしょう》』に院のことを回顧して、次のように述べる。

　故院は下臈《げろう》近く候《さぶらい》て、世の中の狂ひ者《くるもの》と申《もうし》て、巫女《みこ》・覡《こうなぎ》・舞《まい》・猿楽の輩《ともがら》、又、銅細《あかがねざい》工《く》何かと申候ともがらの、これ（院の霊託）を取り成し参らせ候はんずる様《よう》、見る心地《ここち》こそし候へ。

「これ」とは、後白河院崩御の後、その近臣・近従の妻女に故院の霊が憑《つ》いて託宣と称し、自分を祝《いわ》い社を建てろと要求した事件をさす（建久《けんきゅう》七年の橘兼仲妻への霊託、建永《けんえい》元年の仲国妻への霊託など）。それらは何れも狂惑《きょうわく》（偽り）と判定され、処罰されたり、退けられたりしたのだが、興味ふかいのは、院の死後もなおその許で祭祀の利権を目あてに群がり画策する連中が、慈円の眼には巫覡《ふげき》のたぐい、芸能者や職人たちが院の霊を口寄せするように振る舞っていると映っていることである。慈円はまた、これを狐や天狗などにたぶらかされた物狂いと判じているが、その狐憑《つ》きや天狗憑きの如きシャーマニスティックな狂躁が、たしかに院の周囲には取り巻いていたのであった。

銅細工の輩という職能民のことが言及されたついでに、想起される逸事《いつじ》がある。後白河院はある日、洛中の蒔絵《まきえ》師の家に突如訪れ、その仕事ぶりをとくと見物した挙げ句に、彼に引出物を進上せよ、と命じて立ち去る。この戯れを真に受けた蒔絵師は、おおいに喜んで美麗な蒔絵手筥《てばこ》を完成させて院御所へ持参したが、そんなことは知らぬとあしらわれたうえに手筥を召し上げられ、追い返されてしまったという（『玉葉』元暦《げんりゃく》元年六月十七日条）。兼実は、この噂を書きとめたうえで、「昔、陽成《ようぜい》・花山《かざん》の狂といえども、いまだかくのごとき事を聞かず」と結ぶ。この芸能王のふるまいは、かの銀《シロガネ》鍛冶延正《のぶまさ》に大音声で罵《のの》られた花山院の姿と、たしかに二重写しにみえるようである。

第二章　芸能王の確立――琵琶の帝王・後鳥羽院

1　天皇による芸能の場

御遊と御所作

中世において、天皇が自ら「管絃」すなわち楽器を演奏し、また「音曲」つまり声をもって歌いいだす、それを宮廷行事の晴《ハレ》の場で行うことを「御所作《おんしょさ》」と呼んだ。その舞台を「御《ぎょ》遊《ゆう》」という。それは、音楽に堪能な堂上《どうしょう》貴族が天皇や上皇の主催もしくは臨席する行事の宴遊において演者として得意の楽を奏し歌う機会でもあり、それ自体が朝儀の一環として営まれ、中世王権の政治過程の一部を成すのであった。

源氏の音楽（郢曲《えいきょく》）の家を継承する綾小路有俊《あやのこうじありとし》の編になる『御遊抄』には、こうした朝儀における御遊の記録が整理類聚され、平安から南北朝にかけて、中世の音楽の興宴に勤仕した歴代の宮廷管絃――音曲者の名寄せというべく、その変遷を見渡すことができる。全五巻に構成されたその部類からは、御遊を催す朝儀の全貌が示される。

［巻一］清暑堂御神楽《せいしょどうみかぐら》／内宴／中殿御会《ちゅうでんぎょかい》

［巻二］朝覲行幸《ちょうきんぎょうこう》／御賀／御産
［巻三］御元服　主上　親王　春宮《とうぐう》／御著袴／御書始
［巻四］御会始／臨時御会始／臨時行幸幷御幸
［巻五］立后／任大臣／臨時客

それらは、天皇にとって一代一度の最も重い神事に伴うものから、晴の御会、人生儀礼であり、加えて摂関家の重要儀礼（饗宴を伴う）も位置付けられる。およそ、これらの宮廷儀礼が御遊の場であった。このうち清暑堂御神楽は、古代の琴歌神宴を前身とした神楽を中心とする代替わりの神事であり、ここから内侍所御神楽《ないしどころみかぐら》が展開する、天皇にとって芸能の基盤となる御遊であった。但し『御遊抄』ではそこでの天皇の御所作は見えない。時を遡《さかのぼ》って、琴歌（和琴《わごん》や箏《そう》および唱歌）の天皇による御所作としては、古く醍醐《だいご》天皇が和琴などを奏したことがあり、この時代に貞保《さだやす》親王により勅撰『新撰横笛譜』が編まれ、村上天皇も琴と箏の弾奏をよくしたという。この時には源博雅《ひろまさ》により同じく勅撰として『新撰楽譜』が定められている。『禁秘抄《きんぴしょう》』が延喜《えんぎ》・天暦《てんりやく》を管絃における聖代とする根拠はたしかである。

　以降、たとえば円融《えんゆう》上皇は、後世の語り草となった紫野の子日《ねのひ》御遊（九八五年）や大井川三船御会御遊（九八二年）を催したが、そこに天皇や上皇の御所作は見えない。あの花山院《かざん》についても、記録されることはない。

　一転して、一条《いちじょう》天皇は、大江匡房《おおえのまさふさ》が『続本朝往生伝』で、その才学を讃えて「糸竹《しちく》管絃、音曲絶倫」と評したように、一〇歳で殿上御遊に笛を所作（永祚《えいそ》元年〈九八九〉）して父円融院の御感を蒙り、御笛を賜わり、一一歳にして父院への朝覲行幸に「自ら龍笛《りゅうてき》を吹き、以て震遊に備」えて廷臣らを感歎させ、翌年正月の元服御遊をはじめとする御所作をつとめるように、天皇が名実ともに御遊の主役を演ずるようになる。その後、摂関期の数代にわたっては殊に御所作の事例は見えないが、堀河《ほりかわ》天皇に至り、再び帝が主役となる音楽の時代が到来する。それを象《かたど》る出来事が、寛治《かんじ》二年（一〇八八）、一〇歳で源政長を御笛師として、史上初めて「御笛始」の儀を行ったことである。これは「御楽始」とも称し、読書始と同じく帝徳を涵養《かんよう》する人生儀礼の節目として、天皇もしくは東宮が管絃を習い始める儀であり、それは音楽、とりわけ管絃が帝王学に欠かせない芸能となったことを示すだろう。

笛の時代から琵琶の時代へ

二九歳で在位中に崩御し、主なき塗籠《ぬりごめ》の壁には笛譜の貼り跡が残されていたと『讃岐典侍《さぬきのすけ》日記』に哀惜の思いを込めて記される堀河天皇の、音楽の道すべてにわたる好尚は、中世の楽書、歴史物語、説話集などに、さまざまなエピソードを通して記憶されている。たとえば神楽において、その最秘曲である弓立《ゆだて》・宮人《みやびと》を、地下《じげ》の楽人である多資忠《おおのすけただ》が殺害されてその相承が絶えてしまうのを惜しみ、自ら習い伝えた曲を後継の多近方《ちかかた》に相伝する「返し伝授」を行うまでに、その道に通達していたのであった。

堀河天皇の後の時代、前章で扱った声わざの帝王後白河院の前後は、管絃において笛から琵琶へと天皇の楽器が移る、一種の転換期といえるだろう。父後白河院と対立した二条《にじょう》天皇は琵琶を好み（保元四年〈一一五九〉の朝覲行幸では琵琶を所作し、その後の内宴では玄上《げんじょう》を自ら弾じている）、その傾倒ぶりは御師であった中原有安《なかはらのありやす》の所談を記した『胡琴教録』に窺われる。同じく後白河の御子である高倉《たかくら》天皇は笛を習得し（安元《あんげん》元年〈一一七五〉の朝観行幸で所作する）、両楽器は並存していた。以後も亀山《かめやま》天皇が笛を主として学ぶように、なお王の楽器としての笛の伝統は生き続ける。

琵琶が天皇の音楽の中心を占めるようになるのは、高倉天皇の子孫の時代、治承《じしょう》・寿永《じゅえい》内乱期を経て後の鎌倉時代である。その消息は、この伝統を受け継いだ後伏見《ごふしみ》院によって、次のように簡潔にまとめられている（『代々琵琶秘曲御伝受事』所引「後伏見院御記」正和《しょうわ》二年〈一三一三〉十二月二十二日条）。

凡《およ》そ四絃（琵琶）の道、上において御沙汰の事、清和天皇、天暦聖主（村上）、殊にこの道を極めらる。然《しか》るに上古の事は幽玄にして、所見詳《つまび》らかならざるか。近くは顕徳院《けんとくいん》（後鳥羽）と順徳院の二代、殊に御沙汰あり。このほか、二条院、後高倉院。また、後深草院、亀山院、法皇（伏見）、皆な御伝業の儀あり。（各天皇の下の伝受に関する注記は省略）

ここに近代の画期となった後鳥羽院と順徳院二代の「御沙汰」を特筆する。この父子二代の王によって、中世を代表する「帝器」としての琵琶とその音楽の道が確立したといえよう。本章では、主としてこの二人の王による「御伝業」、すなわち王にたいする琵琶の秘曲伝受と、その芸能としての「当道」の形成過程を追跡しよう。

2　帝器としての琵琶の確立と秘曲伝受

後鳥羽天皇の管絃——笛から琵琶へ

義仲《よしなか》に追われ、安徳《あんとく》天皇を奉じて都落ちした平家一門は、神器と共に累代宝物である琵琶玄上《げんじょう》（玄象）や和琴鈴鹿《すずか》なども持ち去ったが、これらの楽器は程なく発見され内裏に戻った。帝位の不在を埋めるべく、後白河院に択《えら》ばれて践祚《せんそ》したのが高倉天皇の四宮尊成《たかひら》である。神器を備えず（しかもそのうち宝剱は遂に戻らなかった）即位した後鳥羽天皇は、父に倣って、まず笛を御能とし、建久《けんきゅう》元年（一一九〇）一一歳の時に御笛始が行われた。御師は後白河院の近臣藤原実教《さねのり》（院の今様の弟子として『口伝集』に見える）であり、用いられた御笛は「宝蔵御笛箱」つまり蓮華《れんげ》王院《おういん》宝蔵の納物から院が取り出して与えたという（『主上御笛始記』）。それは院への朝覲行幸《ちょうきんぎょうこう》での御遊に披露すべく期されたのであるが、建久三年には院が不予となって実現せず、病床を見舞った天皇が笛を奏して慰め、臥っていた院は応えて今様を歌った。病みながらもその声はなお平生の如くであったという。しかし後白河院の崩御と共に天皇の笛は棄てられ、代わって択ばれたのが琵琶であった。

ここに注意したいのは、皇兄の守貞《もりさだ》親王（後年の後高倉院）が既に建久二年、大宮実宗《おおみやさねむね》（西園寺家の祖）を師として琵琶始を行い、建久五年には同じく実宗より石上流泉《せきじょうりゅうせん》を、正治《しょうじ》二年（一二〇〇）には啄木《たくぼく》を伝受しており、琵琶においては先達として、後述する秘曲伝受を得て、その道を究めていたことである。これが後鳥羽の選択に影響を及ぼしていたかと察せられる。

『文机《ぶんき》談《だん》』は、後鳥羽天皇の十二、三歳頃に「御琵琶始」の儀が行われるのに際して、その御師をめぐっての競望が喧《かまびす》しかったことを伝える。希望する者は多かったが、結局、二条定輔《さだすけ》の愁訴が効を奏して御師に定まる。これには定輔が天皇の生母七条院の従弟である縁も有利にはたらいた。これに落胆した九《く》条兼実《じょうかねざね》は爪を切って琵琶の道を捨てた、という。実宗も「棄此道」（『冷泉相国（公相）記』）と伝える。天皇の琵琶上達はめざましく、ついに上皇となった後の元久《げんきゅう》二年（一二〇五）には、その奥儀である秘曲伝受を定輔から授かるまでになる。

秘曲伝受について——三曲および啄木

秘曲伝受とは、音楽の道をそれぞれに習学した上で奥儀を極めるために弟子が師匠から授かる大事の曲の相伝である。この、師資相承により伝えられる古典芸能の方法の特徴は、ただその演奏法を教授するだけでなく、それと共に譜を授与し、これに師が奥書を加えることが必要であった。つまり、きわめて文書主義的なテクストを介した儀礼なのである。琵琶においては、これを「三曲」、すなわち上原石上《じょうげんせきじょう》、楊真操《ようしんそう》、啄木の曲を授けることをもってした。のちに上原石上流泉の曲が加わって四曲となるが、それも含め三曲と称された。これらの秘曲は、いずれも本朝に琵琶の音楽を伝えた藤原貞敏《さだとし》が唐において師である廉承武《れんしょうぶ》より伝えられたものとするが、その伝え残した一曲を時空を超えて仙界より霊となって源高明《たかあきら》の許に推参して伝授したという（『文机談』）ような、秘曲伝受縁起説話までも生まれた。殊に啄木は最高の秘曲とされ、その奏法は譜にも再現できない口伝として格別の大事となって伝承されるに至る。

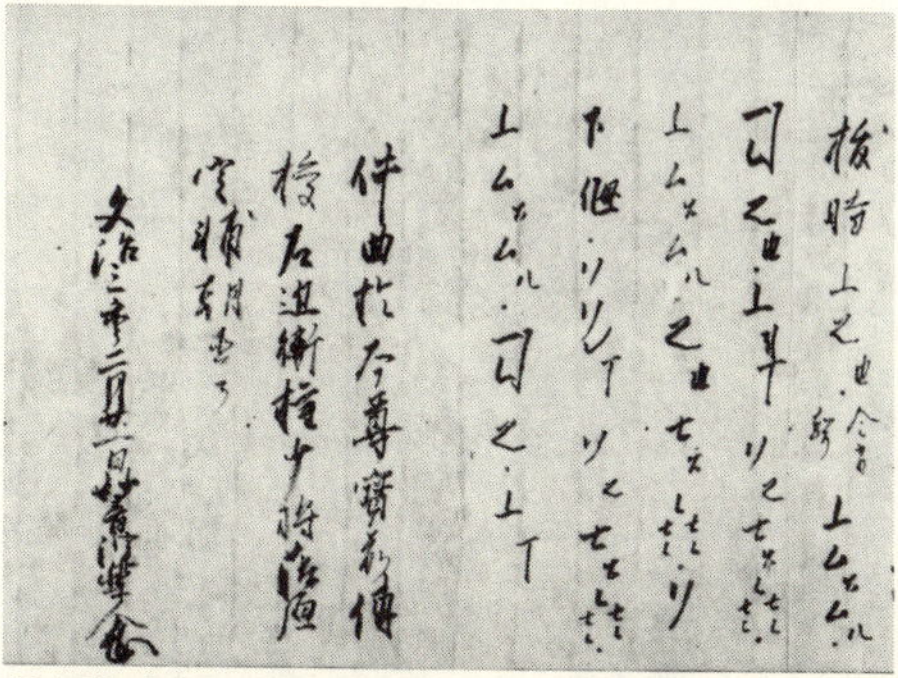

啄木譜　奥書　文治３年２月21日、妙音院師長から二条（藤原）定輔に秘曲「啄木」が伝授されたことを示す。宮内庁書陵部蔵

　帝師となった二条定輔は、既に文治《ぶんじ》三年（一一八七）、妙音院師長《もろなが》から啄木を伝受している（伏見宮楽書『啄木譜』奥書、『伏見宮旧蔵楽書集成三』所収）。『文机談』は、守貞親王の師でもあった大宮実宗が自分こそ「当道」を付嘱《ふしょく》されるにふさわしいと思っていたのに末弟子の定輔に超えられたことを口惜しがり、琵琶を捨てたという（但し、実宗は師長の死の直前、建久三年に師長から啄木を伝受している）。また同

書は、定輔への啄木伝授を琵琶西流の担い手、地下楽人の藤原孝道《たかみち》も憤《いきどお》り、飲食《おんじき》を停めて師長に抗議したという。そのうえで孝道は、この定輔から習った後鳥羽院の琵琶を評して、「君は御束帯《そくたい》に折烏帽子《おりえぼし》召されたる御琵琶にてわたらせ給ふ（貴人の身柄にはそぐわぬ卑しい琵琶の音色であられます）」と言い放った。この悪口《あっこう》は院の耳にも入ったが、常ならば逆鱗《げきりん》する筈のところ苦笑いして済ませた、と伝える（『古今著聞集』も）。これらの逸話からは、当代に帝王の管絃――音楽の頂点となった琵琶の伝受ということに、いかに大きな価値が与えられていたか、その重さがうかがえよう。

秘曲伝受儀礼の成立

中世宮廷音楽の諸領域を、後白河院の創りあげた今様の声わざの道も含めて一身に集約した藤原師長は、その統合を琵琶譜というテクストの次元において成し遂げた。琵琶こそは、稀代の音楽家師長にとって音楽の根本であった。彼は治承《じしょう》三年（一一七九）の政変で解官・配流されたのを契機に出家し、妙音院と号した。妙音天とは琵琶の本尊である弁才天の異名であり、この妙音天を本尊とする持仏堂を寿永《じゅえい》二年（一一八三）東山に建立、その供養には後白河院も臨幸した（『百練抄』）。その師長によって作られた琵琶の秘曲伝受のための式次第が『楽家伝業式』である（『伏見宮旧蔵楽書集成一』所収）。これは、その妙音院金堂を道場とする「伝業」、つまり琵琶の道を伝授するための仏教儀礼のプログラムで、導師が本尊に諷誦《ふじゅ》文を捧げ、師と受者が礼拝の後に秘曲を奏し譜を授受する式が漢文の次第の形式で整然と記される。注意されるのは、この次第が前述した建久三年（一一九二）に大宮実宗《おおみやさねむね》が、師長より秘曲啄木を伝受した時の記録『六条入道内府記』とほぼ等しいことである。『伝業式』は、殆《ほとん》どその具体名を省いたばかりと見え、逆にいえば、『伝業式』にもとづいて実修されたのが師長逝去の年に行われた西園寺家初代実宗への伝授ということになるだろう。この、仏事と等しい儀式の大きな特徴は、秘曲を授受する師弟は身分の上下を問わない、あくまで師資相承の原則によって規定されていることである。おそらく、同じく「妙音院楽人」師長から啄木を伝受した定輔も、この式に則《のっと》って後鳥羽院に伝授したであろう。

孝道の『琵琶灌頂次第』

一層注目されるのは、後鳥羽院が定輔から伝受した（『御琵琶御伝業宸記』によれば、三曲のうち最後の啄木については「御灌頂《ごかんじょう》」という）元久《げんきゅう》二年の三月下旬という日付で、琵琶西流の楽人孝道により『琵琶灌頂次第』が作られていること（『伏見宮旧蔵楽書集成一』所収）である。その冒頭は「先、帝王御灌頂次第」とあり、第一に天皇ないし上皇への伝授を「御灌頂」としてその作法を記す。道場については「御殿」とあり、御所を想定する。これは「至極晴《ハレ》の御儀式」であり、その故は「大日如来最秘密灌頂」として妙音天を拝し（帝の）心中に思惟すべきものであるからという。次に琵琶を、次に「管絃のしゅくん（宿神）」たる賀茂大明神を拝す、という具合に、楽器を本尊として芸能神を祈る作法が示されることも興味ふかい。

これを「御灌頂」という意義は、「三曲伝受は皆、灌頂と申す。真言の三部灌頂（と）同（じ）事なる故なり」とあるように、三曲を三部（金胎《こんたい》両部と蘇悉地《そしつじ》の三部秘法）に准《なぞら》えて密教により意味付けていることが大きな特徴である。同じく「琵琶は妙音天（の）三摩耶形《さまやぎよう》なり、曲（は）また本尊の三摩地《さんまじ》なり。大日如来最秘密の深法なるがゆへに」と、琵琶の楽器と音楽を密教のシンボリズムに重ねて解釈している。何より妙音天とは密教上の尊格なのである。

このような孝道の『琵琶灌頂次第』の密教的性格は、師長の『楽家伝業式』における導師を招いて本尊に啓白し諷誦文を読み上げるような、いわば顕教《けんきよう》（経典解釈を中心とする仏教の側面）的な仏事次第とは対照的である。しかも孝道のこの次第は仮名交じりで書かれており、次第と言いながら故実口伝の書きぶりである。帝王御次第の後は凡下《ぼんげ》（その他一般）の伝受について述べ、受者の身分について王を念頭に置きつつ、それ以外と区別する、身分意識を鮮明にしたテクストといえる。こうした孝道の特異な次第述作は、前述した『文机談《ぶんきだん》』の、定輔が帝師となるべく後鳥羽院に働きかけた場面を見てきたもののように再現してみせ、その栄光に較べて彼に琵琶の技を伝える子孫が無かったことなど、殊更《ことさら》におとしめていることを考えあわせるなら、元久二年の当時にまさに行われていた、定輔による後鳥羽院への伝授を強く意識したものであったことが察せられる。すなわち孝道の密教的な『灌頂次第』とは、定輔の秘曲伝受に対抗し、自らこそ真正な妙音院の秘曲伝受作法を担い帝師たりうることを主張するための擬作（現実に行われなくとも、あるべきものとして作ったテクスト）ではなかったか。

順徳天皇の琵琶伝流の正統認識

孝道が望む帝師の夢が叶わず、その代償として『琵琶灌頂次第』が作られた背景をより詳らかに示すのは、後に同じく定輔を御師として秘曲を伝受し、これを自ら催した中殿御会の御遊において披露した後鳥羽院の後継者、順徳天皇による「琵琶相承」の本流・正統についての記述（『代々琵琶秘曲御伝受事』所引「順徳院御記」）である。その要を取って述べれば、琵琶の伝統は、源経信《つねのぶ》の桂《かつら》流と、（孝道の祖父にあたる）孝博《たかひろ》の西流の両派に岐《わか》れ、この両派を師長が習い、定輔や後鳥羽院も粗々《あらあら》それを伝えた、とする。更に順徳自身も孝博の流を学んだが、「但、孝博方は本流凡卑之輩《やから》也」とし、呂律の二曲のうち律の曲は伝えていない。そして「琵琶両道は本《もと》一流也」と、両流に岐《わか》れながらすべて師長により統合されたのであり、「（対立する）定輔・孝道已下、惣《すべて》一天（の）琵琶（は）皆《みな》妙音院流也」と結論する。ここに示された順徳天皇の認識からすれば、地下《じげ》楽人である孝道はあくまで「凡卑之輩」であり、その身分からして公卿の定輔に帝師の座を譲らざるを得なかったのである。それは、第一章の始めに述べた彼の『禁秘抄』「御侍読事」とも確かに呼応する認識であった。

後鳥羽院の権威を体現する琵琶

こうした背景を承知したうえで、あらためて後鳥羽院の秘曲伝受について、その経緯を位置付けてみよう。注目すべきことは、その最初の伝受から三日後に、土御門《つちみかど》天皇の朝覲行幸《ちょうきんぎょうこう》を迎えた御遊において、院自ら玄上を所作していることである。通例では、玄上は天皇が所作すべきであるのに、礼を受ける上皇が逆に主《あるじ》となって弾奏するという、前代未聞の主客転倒である。しかも本来は内裏で天皇のみが用いるべき宝物の玄上を上皇御所へ持ち出しての所為である。なお翌々年の承元《じようげん》元年（一二〇七）の再度の朝覲行幸では（玄上に次ぐ名器）牧馬《ぼくば》を自ら所作し、更に建暦《けんりやく》元年（一二一一）の順徳天皇による朝覲行幸でも再び玄上を弾くのである。このように後鳥羽院は、進んで琵琶の音楽を奏す主体となって自ら王権を荘厳し、示威するのであった。

かくして後鳥羽院が秘曲伝受して玄上を所作する。逆にいえば、玄上を所作する資格を得るために秘曲を伝受したのである。その画期が元久二年の正月という時点であることは興味ふかい。それは院が企て、推し進めた勅撰集『新古今和歌集』の奏覧を迎え、竟宴《きょうえん》が催された時でもある。院において、和歌と琵琶とは互いに響きあう芸能の道なのである。

累代宝物玄上の生成——霊物から帝器へ

後鳥羽院から順徳天皇にかけて表舞台に登場し、重い意義を担うことになった秘曲伝受は、これを得た王が王権儀礼に臨んで自ら演奏することを得る資格ということができる。その際に用いられるべき楽器が玄上（玄象）であった。つまり玄上こそは、王権を表象する音《おん》声《じよう》の器《うつわ》である。

玄上は、平安朝以来、宮中の名物であった。『枕草子』に「御前にさぶらふ物」として挙げる珍しい名の楽器の筆頭が玄上である。大江匡房の『江談抄』「名物宝物等名」にも玄上が挙げられ、同書には、これが失せて公家で修法したところ朱雀門の楼上より縄に付けて下ろされ、鬼の盗み取ったものと知られた、という逸話を収める。これは『今昔物語集』で、羅城門を舞台として博雅三位《ひろまささんみ》が鬼の弾奏する音《こえ》を聞き、尋ね問いかけて取り返したという怪異譚となっている。そこで「玄象」は、「此ハ世ノ伝ハリ物ニテ、極《イミジ》キ公《オオヤケ》ノ財《タカラ》ニテ有《アリ》」という宝物で、「生《イキ》タル者ノ様」に、拙く弾けば腹を立てて鳴らず、内裏の焼亡に遭っては自ら庭上に飛び出した、と伝承するように、鬼神と関わる霊性ある器物であった。

平安時代には、いわゆる神器（神璽・宝剱および内侍所の神鏡など）と共に、天皇の王権を象徴する器物として、清涼殿に起居する天皇の身辺に備えられる物具《もののぐ》（文具・調度・威儀具および歴代の御日記など）の筆頭に、楽器が位置付けられるようになった。院政期には、その楽器として琵琶は玄上、和琴を鈴鹿として笛を納めた筥《はこ》と一具として名を挙げられるようになる。内裏炎上という非常時でも「玄上、鈴鹿、御笛筥一合」（『兵範記』仁安二年記）が取り出され、天皇の代替わりに際して新たな主上の許へ移動する宝物、道具類にも必ず伴うものであった。こうした「累代宝物」（レガリア）としての楽器の頂点に、玄上が位置付けられていたのである。

『禁秘抄』の玄象

ここにまた『禁秘抄』が参照される。その冒頭、殿上における天皇の祀り備えるべき重宝として、賢所《かしこどころ》（神鏡）、大刀契《たいとけい》、神璽宝剱に続いて、「玄象」が挙げられる。およそ四ヵ条から構成されるその記述は、平安朝の玄上伝承を集成し、中世に展開していく結節点の趣きを呈している。その伝来は、藤原貞敏《さだとし》が唐から持ち帰ったものとし、琵琶の音楽の伝来と等しい楽器である。その名については、「玄上《はるかみ》」の宰相の琵琶であったという説と、玄《くろ》い象を描くことに由来するという異説を挙げる。楽器の特徴は、撥面《ばち》に不分明であるが何かの絵が描かれていることである。最後に特記されるのが、その霊物性である。さきに触れたごとく、内裏焼亡に自ら飛び出した霊異に加え、その霊が出現することを特筆する。

順徳天皇が列挙した玄上（玄象）をめぐる由緒や霊異譚は、中世の音楽説話を代表する伝承として、楽書のみならず、むしろ説話集（『古事談』、『十訓抄』、『古今著聞集』）や『平家物語』など、諸領域にまたがって広がっていく。そのなかで注目されるのは、玄上を弾奏する貴人（源高明《たかあきら》もしくは村上天皇）の前に霊が現われて己れの執心を訴える、という説話である。それは琵琶の祖師、唐の廉承武の霊であり、貞敏になお伝え残した秘曲があり、これを授けようと推参したというのである。やがて能「絃上」の本説ともなるこの説話は、秘曲伝受の縁起というべき伝承であり、だからこそ霊は玄上を弾奏する天皇の前に出現する必要があったのだろう。

この玄上を弾奏するために、順徳天皇は秘曲楊真操《ようしんそう》を後鳥羽院と同じく二条定輔から伝受した。その際の『御記』（『代々琵琶秘曲御伝受事』）には先例として前述の後鳥羽院による玄上弾奏に言い及びつつ、次のように説く。

凡《およ》そ玄象を弾ずる事は、此の道の至極なり。他の管絃には此の如《かく》くの儀あらず。鈴鹿は累代霊物なれど、玄象の如く人を撰ぶの儀なし。浅才、尤《もっと》も恐るべし。当世に（玄象を）弾ずる人、ただ三人なり。上皇（後鳥羽）は、先例なしといへども弾じ給ふ故に、朝覲行幸に両度弾じ給ふ。他の人の朝覲に行幸すとも未だこれを弾ぜず。ただ禁中の宴ばかりにこれを用いよ（下略）。

そこには、玄上を弾くことが、他の楽器／音楽に超越して、王者の至上の特権であり、それを後鳥羽院が空前絶後のかたちで行使したことが、端的に示されている。そして、後継者である順徳天皇自身においては、中殿御会に臨んでこれを弾くのである。

「中殿御会図」の象る琵琶の王権

中殿御会《ちゅうでんぎょかい》とは、天皇が清涼殿（中殿）にて催す晴《ハレ》の御会、公卿のうち当代の歌人・文人を集めて和歌会・詩会そして管絃者による御遊を行わせる宴である。三席御会としても、歌会か詩会いずれかの両席御会としても、必ず御遊が伴う。その歴史は、二条良基《よしもと》の『貞治六年中殿御会記（別名『雲井の花』）』仮名記に述べられている。後冷泉《ごれいぜい》天皇の天喜《てんき》四年（一〇五六)、摂政「師房《もろふさ》に題新成桜花《あらたにさくらのはなをなす》を献ぜしめ、清涼殿に群臣を率ゐて御製を加へられ、糸竹の宴遊ありしより以来《このかた》」、白河、堀河、崇徳の三代に催され、やや時を隔てて順徳天皇の建保《けんぽう》の御会、近くは後醍醐《ごだいご》天皇の元徳《げんとく》二年(一三三〇)および建武《けんむ》二年(一三三五)に催されたことを先例として挙げている(これらの記録は『晴御会部類記』にも収められる)。

建保《けんぽう》六年(一二一八)八月十三日に行われた順徳天皇の中殿御会については、この盛儀を藤原信実《のぶざね》が似絵《にせえ》をもって描き、絵巻とした「中殿御会図」一巻(出光美術館蔵)が遺されている。その詞書でもある記によって次第を述べれば、先ず御遊があり、主上(順徳)は戌時に昼御座《ひるのおまし》に出御《しゅつぎょ》、公卿《くぎょう》が召され、伶人《れいじん》(楽人)が参着する。その座には、右大臣道家《みちいえ》(応製和歌幷序作者)、右近大将源通光《みちみつ》、権帥《ごんのそち》定輔(琵琶御師)、権大納言公経《きんつね》(琵琶)、九条良平、中納言隆衡《たかひら》(笙)、前右兵衛督有雅《ありまさ》(拍子)、源資雅《すけまさ》(付歌)、修理大夫信実(笛)、右近衛中将家嗣《いえつぐ》(和琴)、左近衛中将基良《もとよし》(箏)、右兵衛督雅経《まさつね》(篳篥)以上が殿上人であった。次に五位殿上人が御遊の具を置き、頭中将《とうのちゅうじょう》が御琵琶(玄上)と笛を持参、右大臣の前に置き、大臣は取って御前に参り進めたうえで「糸竹発音」。呂の曲は安名尊《あなとうと》、鳥の破、席田《むしろだ》、鳥の急、律の曲は万歳楽、更衣《きさらぎ》、三台急が奏された。事了《おわ》って伶人が退下し、御遊の具を撤して、文台《ぶんだい》を置き、切燈台《きりとうだい》を立て、講師定家が参入し、和歌会が始まる。そこで御詠が詠《よ》み上げられ、各《おのおの》の歌が奏進されて、満座が吟詠するのである。「中殿御会図」の絵は、まさにその御遊に臨んだ順徳天皇が琵琶玄上を弾奏する姿に焦点があてられ、居並ぶ伶人の公卿たちの面貌が活写されている。なお、この清涼殿上の場面では、御遊に所作する公卿ばかり

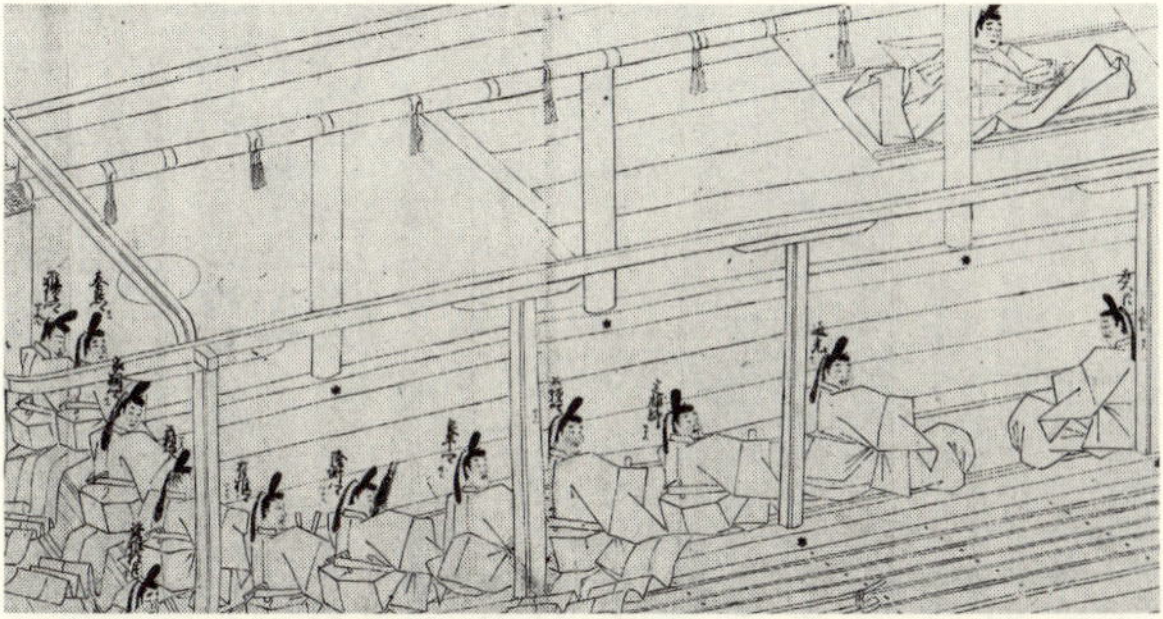

名器・玄上を弾く順徳天皇（右上）と殿上人　下段右より右大臣・九条道家、源通光、二条定輔、西園寺公経、九条良平、四条隆衡らが並ぶ。「中殿御会図」より。出光美術館蔵

か、後の歌会に参仕した定家をはじめとする公卿も同座しており、いわば異時同図で描かれて、御会の晴の場をひとつに集約していることが注目される。

道家が奏進したその「序」には、明主を讃える詞に続いて、この御遊を、「方《まさ》に今、糸竹は時を得て、筆硯は遇《たまた》ま開宴の場に逢ひ、聖操は未だ必ずしも玄象を弾かずといへども、これを兼ぬるは此の夜なり。好文の主《あるじ》、和語は未だ素鵞《そが》（和歌の道）に慣れずといへども、これを兼ぬるは我が君なり」と称賛してみせる。すなわち和歌と管絃と、音楽と文道を一身に兼ね備える若き君主の徳を言祝《ことほ》ぐのである。それは何より、御会の主催者として晴の座に臨んだ順徳天皇が自ら玄上を弾いて御所作したことに象徴される。後鳥羽院の前例なき新儀としての玄上弾奏と併せて、ここに、帝器としての玄上の響きと共に〝琵琶の王権〟というべきものが誕生したのである。

3 琵琶の王権の絶頂と「亡国の声」

御琵琶合の経緯

後鳥羽院が（順徳天皇と共に）己れの許に諸芸能・諸道の主催者として、そのすべてを支配しようとした営みの行きついた果てに企てたのは、琵琶合《あわせ》という催しであった。それは前章に述べた、後白河院の今様合に照応するだろう。その契機は、またしても『文机談《ぶんきだん》』の語るところである。巻四、二条定輔のくだりによれば、承久《じょうきゅう》二年（一二二〇）春、久我通光《こがみちみつ》秘蔵の琵琶黄菊の「音勢《おんぜい》」秀れたることが院の知るところとなり、これら諸所に秘蔵される名器の音を尋ねようということになった。

（院）「されば古き物共召し出して弾き合せて聞こしめさばや」と思し召されて、宝蔵三ケ所、蓮華王院、鳥羽（勝光明院）などには預《あづかり》・弁などを遣はして召し出さる。平等院（宇治の宝蔵）をば殿（道家）へ申されて、古き御物共を集めさせ給。玄上・牧馬をはじめとして、禁裏・仙洞の御物、所々の名物、ありとしあるほどは一面も残らず。白河院の御時作られたりける十六面の御琵琶のうち、人々の給《きう》（賜与品）になりぬるのみぞ、少々は失せにける。さてこの内に、さもはかばかしき物共を撰び定められて、十三番のつが《つが》へに定めぬ。仙洞、嘉陽院《かやのいん》殿にて番ひ定められて、定輔卿、孝道召されて、各々弾き試みて勝劣を定む。但し、勝負《かちまけ》をばつけられず。

この御琵琶合については、十三番の名物琵琶の名と材、形状のみを仮名で注《しる》した本（『群書類従』所収）と、各番毎にそれぞれの琵琶について、その音勢と音色および伝来由緒などを詳しく注記した本の二種が伝わる（後者の伝本である宮内庁書陵部本の甲本は文永《ぶんえい》六年〈一二六九〉西園寺《さいおんじ》実兼《さねかね》のものと思しい識語が付され、乙本には仁治《にんじ》三年〈一二四二〉の書写識語に「上皇宸筆」と注《しる》される。『伏見宮旧蔵楽書集成一』所収）。後者には後人の加筆かと思われる部分もあるが、その基本は後鳥羽院自身の評注とみて矛盾はないだろう。そこに目指されたのは、本朝を代表する名物琵琶を諸家の宝蔵からよりすぐって自分の許に聚《あつ》めた上で、それらを名人（しかも定輔と孝道は公卿《くぎょう》と地下《じげ》を代表する楽人というだけでなく、自らの「御師」の座をめぐって宿命のライヴァル同士である）に弾かせて聞き較べ、その素材と形状、由緒を勘《かん》えあわせ、音の勝劣を品定めする。それを悉くテクスト化しようとする点で、歌合に倣ったものという以上に画期的で前代未聞の企てであった。

その評注では、琵琶の発する音勢音色《こわいろ》について、仮名と真名の両様の表現を用いて可能な限りその音声を再現しようとする。たとえば平等院宝蔵にあった元興寺《がんごうじ》（つまり摂関家の宝物琵琶である）についてみれば、「こはいろことにいさぎよくもろし、りやうめきこゑ在此琵琶、以大珠小珠落玉盤」という。そこには、和歌とはまた異なる次元で、音楽と音声の美の審判者としての後鳥羽院が、一貫して君臨している。

『琵琶合記』の結び、最後に番《つが》われるのが、かの帝器「玄象」とこれと並ぶ名器牧馬《ぼくば》である。牧馬は勝光明院つまり鳥羽の宝蔵にあった。他に超越すべくこの一番は、格別として「勝劣の沙汰に及ばざるにより、音の次第は同じく之を注《しる》さず」とされ、以下に記されるのは、既に評注の域を越えて、この累代楽器ひいては玄上に体現される音楽の徳と権威を讃える言説となっている。

凡《およ》そ、我朝の宝物 区《まちまち》なりといへども、或ひは時代久しく積り、当《まさ》に要に叶ふなし。或ひは短慮及ばざるの間、善悪を弁《わきま》えがたし。今、玄象は、名器の中《うち》にその徳尤《もっと》も勝れたり。天地を感ぜしめ、以て和を致す。蚑《き》行《こう》の衆類もなお之《これ》に帰すべし。誠に是れ、古今の貴《たっと》むところ、天下の至宝なり。

かく論じたうえで、結論として「二つの霊物と称するは是なり。りやうめく声《こえ》をもちて琵琶の至極とする事、この二つの霊物より起《おこ》れり。今日《こんにち》、依って勝負を決さず、楽を弾ずるに及ばず」と定め、しかし纔《わず》かに軸を転《てん》じ（捻《ねじ》って）絃を撥《はじ》いてその音《こえ》を聴いた。そこに聞こえたのは「物より破《やぶ》れ出《いで》たる如きの音」であり、「所謂《いわゆる》、銀瓶《ギンビョウ》閉破《ヘイハ》水漿《スイショウ》迸《ホトバシル》、即ちこの音の姿なり」という華麗な音声のイメージであった。名器の頂点に立ち、それらを超越した「霊物」の発する至高の響きこそ王権が独占するべき荘厳であり、それを如何に構築するかが、この琵琶合の儀とそのテクスト化に求められていた。後鳥羽院はそれらを領導することで、己が音楽(世界の諧調《ハルモニア・ムンディ》)を司《つかさど》る帝王であることを誇示したのだろう。

孝道「亡国の声」を聴く

それでは、この王による音声の興宴を当の伶人《れいじん》はどう聴いたのか。この盛儀に琵琶の弾奏という重要な役割をつとめた楽所預の孝道は、『文机談』(巻五)によると、「承久第二の春は、天下に亡国のこゑあり」と聴いたという。彼は「世、如何あらんとあまた朝臣に申給へりけれども」誰も奏上する者なく、「果して兵乱いできて洛陽上を下に反《かえ》す」。やがて承久の乱が起こり一天が覆ったことを、独り察知したのだという。この「亡国の声」とは時節からすれば他ならぬ琵琶合のことを指す。ここで孝道は、王の企てに未然の凶兆を聴きとる伶倫(楽人)として、あの熒惑星《けいわくせい》(火星)と歌い交わした土師連八嶋《はじのむらじやしま》と等しい役割を演じている。『続古事談』には妙音院師長が流行する白拍子を聴いてこれを「亡国の音《こえ》」と判じたという話が見え、その典拠は遠く古典の『毛詩』大序に見えるところだが、それは後世にも、後小《ごこ》松《まつ》院が与八という曲舞《くせまい》を召したがその音曲を「亡国の音」として以後召すことはなかった(『東野州聞書』)という逸話に見るように、中世を貫く音楽と国家を一体とする認識の発露なのである。ただし、ここで注意したいのは、そうした音楽および音声の吉凶の判定者は、王であるかもしくはそれを支える権威者である筈だろうが、その役目を地下の楽人が、それも王者の催した嘉儀を批判する文脈で果たしたと伝えられるところにある。それゆえになお、孝道の聴いた「亡国の声」の特異さが際立つのである。

第三章　両統迭立のなかの芸能――後深草院と後醍醐天皇

1　後深草院と亀山天皇兄弟の秘曲伝受

秘曲伝受競争

文永《ぶんえい》四年（一二六七）十月二十三日、時に二五歳であった後深草院《ごふかくさいん》は、琵琶の師でもある女房博子《ひろこ》から驚くべき出来事を聞く。それは権大納言師継《もろつぐ》から博子にもたらされた報せであった。今日、主上すなわち弟の亀山《かめやま》天皇が秘曲伝受を遂げた、というのである。後深草は正元《しょうげん》元年（一二五九）同母弟の亀山に譲位し、父である後嵯峨《ごさが》院の治天《ちてん》下で新院となる。亀山天皇は時に一九歳、その秘曲伝受の御師は楽人藤原孝経（孝道の末子で、孝道が嫡男の孝時を出家せしめ家を相承させた孝行のこと）であった。公卿であるべき伝受の帝師を、敢えて地下《じげ》を昇殿させてまでして行ったのも異例であったが、何より後深草院の胸中に去来した思いは、次のような異色の述懐となって書きつけられる（『代々琵琶秘曲御伝受事』「後深草院御記」）。

自《みずか》らへ先に（伝受の）御沙汰あるべきに、何に因《よ》りて今に朕に無沙汰なるや。尤《もっと》も忩《いそ》がる

琵琶の秘曲伝受を争った後深草院（左）と亀山天皇（右）「天子摂関御影」より。宮内庁三の丸尚蔵館蔵

べきか。

すなわちこの秘曲伝受は、治天である後嵯峨院の「御沙汰」として、長子である自分をさしおいて行われたのであり、それは彼にとってまことに不本意な仕儀であった。続けて「御記」に書かれるのは、主上（亀山）の琵琶修習は僅かここ四、五年のことであり（むしろ天皇は笛を主たる楽器としていた）、しかも帝師たるべき西園寺公相《きんすけ》は既に死去し、代わりに孝経が召されていた。それに比して、自分は既に一八年間も習練を経ているにもかかわらず、いまだ伝受を果たしていない（公相を御師とすべきであり、また孝時にも秘説を受くべきところ、「両様」について思い煩い、かつは父上皇の許しを得る必要もあるとして滞っているうちに、両者は死去してしまい、伝受が叶わなかったとの事情が明かされる）。そこに弟に先を越されてしまったことの衝撃と焦躁が生々しく伝わってくる。

追って十二月五日に、天皇が最秘曲である啄木《たくぼく》を孝経より伝受することが知らされた。この事態に対し、院はただちに自らの伝受の日取りを定め、これを後鳥羽院の先例に倣い、元久《げんきゆう》の例を「一巻秘抄」により確認し、また禅林寺に滞在していた上皇に伝受の可否を尋ね許しを得た。その間、五日は内裏において主上の啄木伝受が行われた。その時亀山が用いたのは、帝器である玄上であった。

十二月十二日、後白河院以来の持仏堂であった六条長講堂で、後深草院は長年の師である博子を御師として、まず石上流泉《せきじようりゆうせん》を伝受した。この儀を了《お》えた院は、その感慨を「歓悦太《はなは》だ深きものなり」と吐露するついでに、「博子も、朕の師匠となりしことは面目に非ずや。就中《なかんずく》、女身としてかくのごとき（御師となること）、未だ先例を聞かず、道の冥加《みようが》、至りて深く尊むべき事なり」と、異例の、女性を御師としての伝受を自讃する。また、この儀式の間、琵琶を取り上げたところに「一瑞《いちずい》」（良い兆候）があり、これを院は「本願聖霊」後白河院が秘曲伝受を哀愍《あいみん》する兆《きざ》しか、また「此道太祖」妙音院の秘曲繁昌を随喜する徴《しる》しかと喜ぶのである。そこには、自らの伝受を正統・真正なものとしようと欲する思いが溢れている。

翌年正月十五日には、富小路御所の寝殿において、同じく博子を師として上原《じようげん》石上流泉の伝受を、同月二十三日に、今度は孝頼（孝時の嫡子、ここで彼が御師となる事情は後述）を御師として楊真操《ようしんそう》の伝受を同所で行った。その上で改めて啄木伝受について上皇に問い合わせ、その許可を得て行うことを確かめた。本来は続けて春にも行うべきであったが、「蒙古事」により後嵯峨院の五十御賀も停止となり、延引したのだった。それはモンゴルからの最初の国書到来と、それに対処するための院評定《いんのひょうじょう》などによる賀宴の停止であり、こののち、文永《ぶんえい》・弘安《こうあん》の役に至る一連の〝国難〟の先触れが、この伝受にも影をおとしていたのである。

文永五年六月二十五日、院は六条仙洞《せんとう》御所において、再び博子を御師として念願の啄木伝受を行った。開始に先立ち（西園寺の）妙音堂に馬一疋を献じ、まず（長講堂）本堂、定朝堂、御影堂を巡礼、妙音天に祈念を致した。儀を了えて、院は再度の感動（「歓悦」）を銘記し、延引した結果としての六月の伝受は、元久の後鳥羽院の伝受の嘉例に連なるものであり、その時の後鳥羽と同じく自分も二六歳であることなど彼此相応することを喜ぶ。こうしたささやかな符合でさえ、自らを鼓舞するものであったのだろう。博子は女院（大宮院）より御衣を賞として賜わり、翌日は秘説（口伝）を院に授けた。

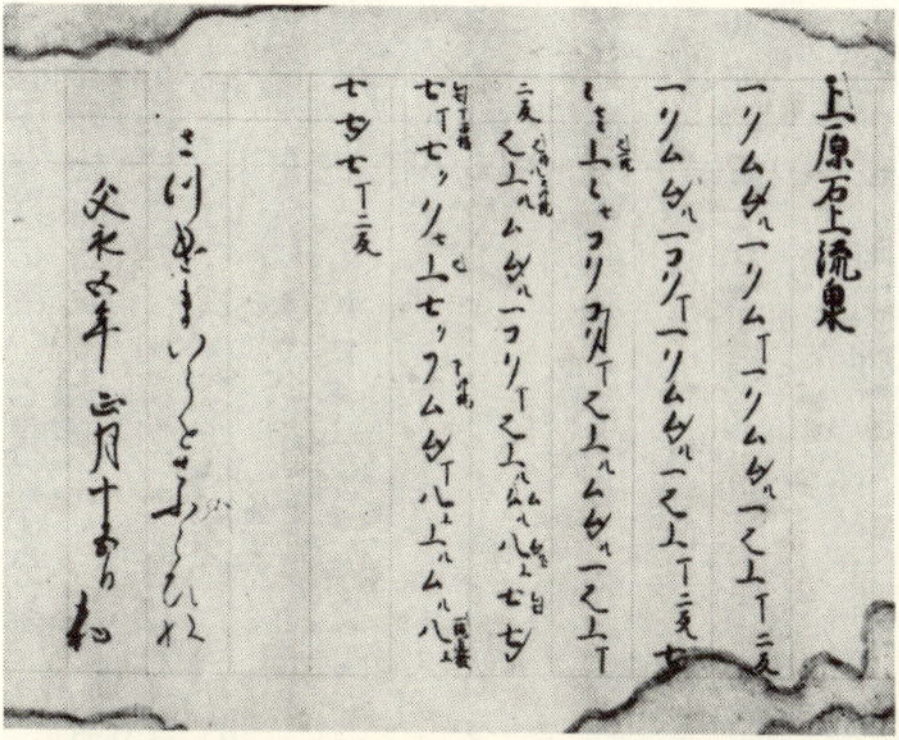

上原石上流泉　譜と奥書　文永５年正月15日、博子（花押がある）を師とし後深草院が伝受したことを示す。宮内庁書陵部蔵

後深草院の闘いと皇統の分裂

この秘曲伝受の顚末《てんまつ》は、いかにも示唆的に、この後に生起する二人の兄弟から発する皇統の分裂、やがて両統迭立《てつりつ》と呼ばれる中世王権の抗争の根源を照らしだすようである。文永九年（一二七二）、後嵯峨法皇は自らの後継について明らかにしないまま崩御、しかしその遺志は大宮院により亀山の治天《ちてん》と定められ、東宮《とうぐう》（皇太子・春宮）に立てられた世仁《よひと》が後宇多《ごうだ》天皇として文永十一年（一二七四）に即位すると共に、亀山の院政が開始された。この事態に、自身にも継嗣熙仁《ひろひと》が生まれていた後深草院は抗議の意図を込めて院号を返上し、出家籠居の構えを示す。この不満を宥《なだ》めるため、幕府は熙仁を後宇多の東宮に立てることを決定し、建治《けんじ》元年（一二七五）立坊させた。後深草は皇太子の将来の即位と自身の治天の望みを繫いだのである。その後、永い東宮時代を経て、ついに弘安《こうあん》十年（一二八七）、幕府は伏見《ふしみ》天皇を即位させ、後深草院は正応《しょうおう》三年（一二九〇）に伏見に政務を譲るまで、治天として君臨することを得た。それは二度にわたるモンゴルの侵寇という、未曾有《みぞう》の危難の時代の間のことであった。

この後、持明院《じみょういん》統と大覚寺《だいかくじ》統、つまり後深草と亀山それぞれの子孫による皇統が、皇位とそれに伴う治天を競望し、その座を獲得するための権謀術策が巧まれた。それは、それぞれを支え、かつ利益を蒙る無数の宮廷社会の上下諸人の欲望と打算が絡み合い、錯綜し、目まぐるしく遷り替わる時代となった。その果てに、後醍醐《ごだいご》天皇が登場する。父後宇多院に「一代の主」と定められていた後醍醐の、自らの皇統を正統《しょうとう》としようとする野望は、ついに幕府の滅亡を招き、しかも樹立された王権は忽ち崩壊して、更なる戦乱と南北両朝の分立をもたらした。抗争の渦中での琵琶を中心とする音楽の芸能と秘曲伝受は、この時期の歴代の王たちの多くにとって、王権の存続に欠くことのできない要諦であり秘密であるようである。

『代々琵琶秘曲御伝受事』と持明院統の琵琶

両統迭立に至る過程のなかで、後深草院は弘安九年（一二八六）に東宮熙仁（時に二二歳）の為に、西園寺実兼《さねかね》を師として秘曲伝受を沙汰する。それは元久の後鳥羽院と文永の亀山天皇の例を准拠としつつ、それを皇太子の伝受として行うものであった。六月十八日に楊《よう》真操《しんそう》を「内々儀《うちうちのぎ》」で伝受、同月二十日には、内裏清涼殿の昼御座《ひるのおまし》（この時点で熙仁は未だ即位していないにもかかわらず、このように称することは不審であるが、或いは天皇に擬して行ったものか）で啄木を伝受した。これらについての後深草院の御記は、自身と東宮の、いずれも単なる人生儀礼という以上の重みを付与した、むしろ即位儀礼のような王権の儀式として営まれているような書きぶりである。果たして即位後の正応元年（一二八八）、伏見天皇は啄木を重ねて伝受している。この重伝受は、翌年正月に行われる代始の内裏三席御会に琵琶を御所作するための儀であった。

これら「後深草院御記」を含む、中世の歴代の天皇・上皇が自他の秘曲伝受を記録した御記類を集成した部類記が、これまでも度々参照した『代々琵琶秘曲御伝受事』（『伏見宮旧蔵楽書集成一』所収）である。そこには順徳天皇から崇光《すこう》天皇まで五人の御記が収められてい

御記名	記述年	伝受の内容
順徳院御記	建保6年（1218）	楊真操伝受、師二条定輔　※第二章参照
後深草院御記	文永4､5年(1267､68)	三曲伝受、師藤原博子・藤原孝頼
同	弘安9年（1286）	楊真操・啄木伝受、師西園寺実兼　※受者は東宮熙仁
伏見天皇御記	正応元年（1288）	啄木重伝受、師右衛門督局（孝道曾孫、譜外口伝）
後伏見院御記	延慶2年（1309）	楊真操伝受、師西園寺公顕
同	同4年（1311）	流泉・石上流泉・上原石上流泉伝受、師公顕　※内々儀
同	正和2年（1313）	啄木伝受、師公顕　※北山西園寺御幸、妙音院作成本を用う
同	元亨2年（1322）	啄木譜外口伝、師孝重　※実兼代理、同年後醍醐天皇伝受
同	嘉暦3年（1328）	受者後醍醐天皇、啄木譜外口伝、師兼季　※兼季の伝聞により記す
崇光院御記	暦応2年（1339）	啄木伝受、受者光厳上皇、師孝重
同	延文元年（1356）	授者光厳法皇、受者崇光上皇　※南山行宮にて啄木伝受
同	延文3年（1358）	授者崇光院、受者正親町忠季
同	貞治5年（1366）	授者崇光院、受者今出川公直
同	永徳元年（1381）	授者崇光院、受者栄仁親王　※伝業灌頂

『代々琵琶秘曲御伝受事』に収められる秘曲伝受記録　順徳院〜崇光院

る。

上の表の御記は、後深草院以降については、いずれも歴代の持明院統の嫡流が秘曲伝受を行った記録である。そのあいだでの大きな変化は、伏見院までは王は伝受するのみであったのが、後伏見院からは王自身が師となって伝授するようになったことであろう。王が御師を兼ね、直接に秘曲伝受の授受を担って琵琶伝業に携わる、いわば芸能の家元化というべき行動である。その変化は、南北朝以降の持明院統（北朝）の置かれた政治的状況が大きく影響している。とくに文和《ぶんな》の政変、いわゆる観応《かんのう》の擾乱《じょうらん》によって持明院統の三上皇が揃って南朝方へ拉致幽閉されたことは、決定的な打撃であった。この時、京都宮廷は崇光上皇の弟である後《ご》光厳《こうごん》天皇を即位させて朝廷を維持した為に、持明院統の嫡流は復帰できなかった。この結果、それまでの王権の権威の源であった琵琶伝業・秘曲伝受は、崇光院の流れのみに受け継がれ、その子栄仁《よしひと》親王を祖とする伏見宮《ふしみのみや》家に伝えられることになる。伏見宮記録として遺された『代々御伝受事』は、そのような皇室の転変の下で親王家の家職相伝と化した由緒を記憶するテクストでもあったのである。

なお伏見宮記録中には、『後光厳天皇御琵琶始并御伝受記』があり、このあらたな皇統の祖たる後光厳天皇が延文《えんぶん》二年（一三五七）、二〇歳にて孝守を御師として御琵琶始を行い、また同四、五年に秘曲伝受を行った記録である。だが三曲の伝受には至っておらず、後光厳はむしろ笙《しょう》を愛好したこと、そしてこの流の歴代天皇（後円融、後小松、称光）はもっぱら笙と箏を管絃の中心としたことは、よく知られるところである。

『琵琶秘曲伝受記』と西園寺家の琵琶

王による伝受記録『代々琵琶秘曲御伝受事』を補うものが、臣下および帝師の立場から秘曲伝受の記録を聚めた『琵琶秘曲伝受記』（『伏見宮旧蔵楽書集成一』所収）である。これを併せて参照することにより、中世王権における琵琶の音楽の果たした役割は多角的にうかびあがり、秘曲伝受という儀礼の権能を伝授する側から窺うことができる。その中には、後鳥羽院に伝授した二条定輔《さだすけ》の記もあるが、何より中心をなすのは、師長《もろなが》の妙音堂を継承した琵琶の家でもある西園寺家の後深草院時代の当主、実兼《さねかね》による伝授記録である。

実兼の記録中には、正応四年（一二九一）十一月、伏見天皇に流泉・石上流泉ならびに清調を伝授した時の記も含まれ『代々御伝受事』にない天皇の伝受事績を補う分もある。この

西園寺実兼　「天子摂関御影」より。宮内庁三の丸尚蔵館蔵

儀は、さきに触れた弘安九年の東宮の時の啄木伝受の前に伝えるべき秘曲であったのを、即位後にあらためて内裏において伝授したものという（すなわち、これによって先の異例な伝受の不審が多少解消される）。

『琵琶秘曲伝受記』の実兼記の中でとりわけ興味深いのは、琵琶の家としての西園寺と西流琵琶楽人（孝道流）との関係をものがたる、文永九年（一二七二）五月に孝頼が実兼に伝授した際の伝受記である（実兼はこの時点でまだ三曲を完全に伝受せず、楊真操は父公相より伝受したが譜を焼失し、流泉以上は未伝受であった）。この伝受は博子の家で行われたが、その式は建久の例（先祖大宮実宗が師長より授かった際の『伝業式』）を模すという。伝受に先立って西園寺妙音堂に諷誦《ふじゅ》が奉られ、宝蔵からは法枕《ほうちん》（師に奉る謝礼の引出物）として名物琵琶一面が出された。この記には、その諷誦文が収められており、琵琶の徳用を讃え、受者の志と旨趣を述べて妙音天に祈請する、伝受に通底する宗教的世界観や思想を読みとることができるが、その肝要は次の琵琶の音声を象《かたど》った一節に集約されるだろう。

　大絃小絃の調べを送るや、春鶯和して以って嘈嘈《ソウソウ》。

半月陰月の曲を伝ふるや、寒泉咽びて以って窃窃《セッセツ》。
治世の音、帰せざるべからざるものか。

実兼はその後、続いて孝頼より秘曲をすべて伝受し、また他への伝授も沙汰することにより、琵琶の家の主《あるじ》としての地位を固めた上で、前述の如く自ら御師として東宮熙仁《ひろひと》に啄木を伝授するに至る。弘安九年の実兼記は、伝授を了えたのち、西園寺家の琵琶の家としての歴史が誇らしく書き留められる。それは、曾祖公経以来の関東申次《かんとうもうしつぎ》として朝幕の要《かなめ》となる絶大な権勢と、祖父実氏の女である二代国母大宮院と中宮東二条院を出した家としての栄華を支える装置としてはたらくようになっていた。

抑《そもそも》、四絃（琵琶）においては、已《すで》に累葉の芸たりといへども、天子・上皇の御師匠たりて、秘曲を授け奉る事、当家には一度その例《ためし》あり。但し、時に親王なり。故六条入道内大臣殿（実宗）、後高倉院（守貞親王）の御師たりて、啄木の曲を授け奉る。（中略）
故太政大臣殿（公相）、また両上皇（後深草・亀山）の御師匠の儀たりといへども、かれこれ遂に秘曲を授け申されず。ここに予（実兼）、啻《ただ》に御師匠の名を黷《けが》し、両箇の秘曲を授け奉ること、已に父祖の遺恨を謝するのみならず、豈《あ》に当道の高運にあらずや。これ併《しかしながら》妙音天の冥助の至り（下略）

西園寺家が「当道」（琵琶の芸道）においても帝師となる宿望を遂げる必要があった、実兼の側でも東宮に逸早く伝授するべき動機が存在したのである。この後、前述したように、即位して天皇となった伏見にたいして、正応四年に流泉を伝授して三曲をすべて伝え、また一家の内では、永仁《えいにん》五年（一二九七）に嫡子公顕《きんあき》に啄木を伝授する。この公顕がやがて後伏見《ごふしみ》天皇に伝授することになる。かくして、秘曲伝受を司《つかさど》り「当道」の頂きに立つことを以て自らの権威を築いた実兼であるが、その意義は、この公顕への伝授の記録中にやはり全文を収める諷誦文（菅原在嗣草）の一節によく象《かたど》られている。それは既に西園寺家こそ「当道」の正統を伝えるものと誇る、自負に満ちた言である。

ここに、高祖内府（実宗）よりこのかた、妙音の遺流を斟《く》みてより後、三才を象り、三光を象つて、治世の音を奏す。龍闕《りゆうけつ》の師となり、龍棲の師となつて、累代の芸を継ぐ。

更に実兼は、徳治《とくじ》二年（一三〇七）に、西流琵琶師範家の嫡子である孝章《たかあき》に自ら伝授する。これは「当道」のため、つまり成人した当主に家芸の継承を図るためであった。それこそ一種の〝返し伝授〟といえようが、西園寺の妙音堂において行うその儀のため「次第」を新たに作り、また自らへの法枕として孝道以来の家の重宝である象丸《ぞうまる》を出させた。記録には、これを「自他数代の本意」を遂げるものとして、西園寺家こそが「当道」を扶持すべき務めを負うことを両家の当主が契約した事情を明かし、ここに伝授をなし得たことを「我道の安堵なり」と銘記する。『毛詩』に由来する琵琶の理想の音声である「治世の音」を担う西園寺当主の面目躍如というべきであろう。

『文机談』の成立契機

話題を少し前に戻すと、後深草院と亀山天皇の兄弟間での秘曲伝受競争がもたらした影響のひとつに、これまでも度々引いた、「当道」たる琵琶の芸能の歴史を叙《しる》した『文机談《ぶんきだん》』の成立がある。その際、亀山は孝経（孝行）を、後深草は博子と孝頼を御師として伝受した。それは、前代に後鳥羽の帝師となるべく皆が競望し、遂に二条定輔と定まった際、それを最も切に望んだであろう孝道が「凡卑之流」として斥《しりぞ》けられたことを想起すれば、驚くべき変化である。たしかに西園寺公相など然るべき公卿の不在は否めないのだが、そうした諸事情や先例を越えて、あえて地下楽人や女房を師としてでも伝受に突きすすむ強いうながしが、王たちの側にはあった。

ただし、西流師範家の一門にとって、この状況は一見したところ「当道」興隆が招来されたかに思われるが、その内実は憂うべきものであった。この後、文永九年に孝頼が没し、嫡子孝秀はいまだ若輩で家を支えるに足らず、しかも重代の口伝や秘譜などが、後深草の伝受の如く女子を通じて他門へ流出してしまう事態となっていた（ちなみに、この時の博子よりもたらされた秘曲譜は、伏見宮楽書の中に現存する）。末子孝行を偏愛した孝道から度々勘当を蒙りながら、その実力を以て宮廷楽界の重鎮となり多数の門弟を輩出したのが孝時（法深）であった。その弟子の一人であると共に右筆としてこの嫡流を支え、記録によってその正統を主張する役割を負ったのが『文机談』の著者隆円《りゅうえん》である。

文机房と称す隆円は、この著作において、孝道から孝時そして孝頼とその子孫へと正統な男系において継承されるべき秘曲伝受が、沈淪する孝経に突如御師範の命が下った幸運を皮肉な調子で描き、また後深草院の幼少からの師範であった博子が御師をつとめ、ついに啄木伝授まで遂げることを、多分に批判的に記している。これらの出来事こそが、中世の音楽の流れとその担い手の姿を数多の逸話を交えて叙す稀有な書物である『文机談』の執筆動機であり、またそこに至る過程を述べるうちに正しかるべき流れを説き示すことが眼目であった。

『文机談』の構想

『文机談』の伝本は、欠脱部分は多いが五冊六巻の輪郭を存す菊亭本と、巻二の零本である伏見宮本の二種がある。いま、全体の概要が読みとれる菊亭本によってその構成を述べるなら、某寺の仁王堂（「仁王堂」が在るのは、たとえば清水寺である）において著者隆円と参り合わせて通夜した尼たちとの問答物語の態《てい》によって展開する、『大鏡』以来のいわゆる鏡物の筆法（私にいう〝対話様式〟）で書かれた、琵琶の道の歴史物語である。

その巻一は、序において音楽・管絃の功徳から語り始め、上代の音楽以降、歴代天皇による音楽興隆の事績を述べつつ本院（後深草）と新院（亀山）の当代に至る。巻二では、遡《さかのぼ》って琵琶の音楽が我朝に伝来して以降、歴代の王ないし親王と臣下による琵琶伝流の系譜が述べられる。ここに秘曲伝受や帝王灌頂の始まりが説かれ、玄上の霊験譚や秘曲伝受縁起というべき説話が言及され、桂流と西流に岐《わか》れたその伝を師長が統合するまでを述べる。以上がいわば〝帝紀〟に相当し、以下にこの両流に連なる貴賤の楽人・管絃者たちの〝列伝〟というべき物語が巻六まで展開される。

それらの叙述は、琵琶とその音楽をめぐる楽人たちの興味ふかい数多の逸話に満ちており、それこそ物語の興にまかせてとめどなく錯綜し、一読して脈絡を辿ることは難しい。ただ大きな筋道は、孝道から孝時とその子孫に至る一族の琵琶相承の系譜を明らかにし、それが宮廷における音楽の正統となる妙音院の流れを汲む管絃者たちの間に占める位置を確認することにある。何より歴代の帝師に伍して、亀山天皇と後深草院に伝授した御師範となるに至る、その経緯を叙すことが焦点となる。その叙述は一面で、師長の流れに連なり、かつ孝道・孝時父子の一門として伝受を遂げた弟子たちの名寄せでもあり、その師弟関係を明らかにするものでもある。それはまるで、琵琶相承系譜『琵琶血脈』を物語として文章化したと言ってよいテクストなのである。『文机談』は、単なる楽書ではなく、まして音楽説話集なども分類することはできない。作中の尼が隆円に「公《おおやけ》の御尋ねにも曇りなき鏡にて侍らめ、教へ給へ」と語りを誘《いざな》うように、「鏡」によって琵琶の歴史とその相承の正しい流れを天皇に対して示すべき物語として巧まれた、他に類を見ない著述なのであった。

橘成季と『古今著聞集』

『文机談』が挙げる琵琶楽人列伝のうち、孝時の弟子に、『古今著聞集《ここんちょもんじゅう》』の編者である橘成《なり》季《すえ》の名が見える。『古今著聞集』二十巻は、これも単なる説話集ではない。平安期から後嵯峨院時代に至る王朝の宮廷文化とそれを担う貴賤上下の人々のはたらきを、日記諸記録等から抄出した百科全書の如き類聚である。その部立ては、神祇・釈教に始まり魚虫禽獣に至る諸道芸能の全般を含むが、その中核を成すのが音楽であり、とりわけ琵琶であった。跋によれば、建長六年（一二五四）の完成を祝し成季は竟宴を催すのだが、それは詩歌と管絃の、いわゆる三席御会と御遊を模す儀だった。その「管絃歌舞」部に限らず全体に、孝道や孝時たちの興味ふかい逸話を多く収めており、とりわけ「宿執」と題する部には、あの『文机談』の語る孝道が後鳥羽院の帝師の座を定輔と争った際の話も見える。この一話は、「道の執心面目をほどこすにつけても、罪ふかき事也」と結ぶのである。また、「管絃歌舞」には、知足院忠実が祀りだしたダキニ天が「福天神」として妙音院（堂）の護法祠《ほこら》に祀られており、この神霊が或る男に憑《つ》いて孝時を喚《よ》び楽を所望し、奏してみせると満足して昇った、という縁起を伴う奇妙な霊験語りがあり、そこには妙音天という琵琶の神の中世的尊格がリアルに発現している。

なお『琵琶血脈』には、孝時の弟子として隆円と並んだ成季の名の下に、「不当《ふとう》の事によりて弟子を放《はな》たる」と注記される。これは、或いは『著聞集』の右に述べたような特色、孝道の一族に関する多くの逸話の存在と無関係ではないかも知れない。

女房帝師、藤原博子

『文机談』からうかびあがるのは、中世の天皇の秘曲伝受をめぐって、その主役となり、初めて女性として御師をつとめた藤原博子の存在の大きさである。孝時の二女、孝弟御前《たかおと》と呼ばれた博子は、後深草天皇に仕えた勾当内侍《こうとうのないし》であった。「御幼主の御時より、手を動かし御臂《ひぢ》をかがめて多年、事《こと》の由《よし》を奏聞せられにき。旧労といひ堪能《かんのう》といひ、兄弟（孝頼・孝経）に劣らせ給べき仁にをはせざりければ、加様《かよう》に何事も女房ながら父孝時も一重《ひとえ》に相頼みて申《もうし》置《お》かれけるなるべし。さて（院の）御灌頂には猶、我こそ参らめと申させ給ける」と、院に奉仕した功労は、一門の女性に対して批判的である著者からも一目置かれる存在であった。この、自分こそ院の御灌頂（伝受）をつとめようと宣言する彼女の意欲は、その前に見える、孝頼が博子の御師となることに異を唱えた抗議に反論する、堂々たる申状に根拠付けられるところである。

この身は七歳より女院（後深草院生母大宮院）の御方に候《さぶら》ひて、片時も宮中を去る事なし。既に両御所（大宮院と東二条院の姉妹）の御師として年序多く積めり。たとひ本朝に例難《ためしかた》くとも、旧労更に黙止せられんや（昔の功労《キャリア》を無視することはできないでしょう）。その上、例《ためし》無きに非《あら》ず。（上古には命婦石川色子が宇多天皇に箏を、また源高明の女《むすめ》は一条院に上原を教え、宗輔女わか御尼は、二条院に慈尊万秋楽を奉った）女婦の師範たる、親王大臣の家、その数を知らず、いはんや他道において哉《をや》。

その巻一に『文机談』は、当道について「いかにいみじき器量なれども女子などの伝ふる事はなき」としながら、「代々いみじかりし女楽知らせ給はざりけるこそ、口惜くは聞こえ侍れ」と、その伝統を一方では認知しており、なお「女房帝師たる事、常には稀なりといへども、詳しく勘《かんが》へみればその例《ためし》なきに非ず。細《こま》かに尋ね記すべきなり」と言って、博子が御師をつとめた事実を受けて説明しようとする。それが右の博子の陳弁に投影されているといえよう。それは「女房帝師」の先例・根拠を示す勘文なのである。

現実でも、博子は琵琶の芸能において傑出した技倆をもった演奏家であったことが、父孝時が彼女に与えた秘曲伝受の楽譜『三曲秘譜』(『伏見宮旧蔵楽書集成三』所収)の奥書によってあざやかに描き出される。そこには、七歳で大宮院の琵琶の師として参上した際、懸命に演奏して思わず琵琶に涙をこぼした姿が宮中の感動を喚《よ》びおこした(「それ拭《のご》ひ捨つな、穴太《あなを》の観音の、矢目《やめ》より血の流れたる痕《あと》をば、人に拝《おが》ませんとて昔より未だ拭はぬやうに、世の末に不思議を人に見せん料《れう》ぞ、など候し」、その涙の痕を穴太観音の身替わりの矢疵になぞらえて拭わず取っておこう、と評判したという)など、幼くより名誉した天才少女であったこと、また、鳥羽の宝蔵の名物琵琶(牧馬や良道など)を後嵯峨院の御前で奏したことなど、「全て女房の御身に、かかる例《ため》しは、昔を伝へ聞き候も、今も候はず」であった。

後嵯峨院の時代、後深草天皇の宮廷に活躍する博子の姿は、同僚の女房の筆になる『弁内侍日記』にも書きとどめられ、琵琶や箏の名手ぶりが伝えられる。そして自らも後嵯峨院の寵を蒙り、覚助《かくじょ》法親王や懌子《えきし》内親王などを生んだ。やがて後深草院に秘曲伝受を行うに至る充分な実力と、後宮での地位を獲得した女房であったのである。

後深草院二条の琵琶と『とはずがたり』

琵琶の才芸により華やかな表舞台を歩み、皇子女を儲けた御局としても重んぜられた博子とは対照的に、あの秘曲伝受より数年を経て後深草院の寵愛を得、その皇子を生みながらやがて宮廷より追放され、史料にその名を遺すことのなかった女房がいた。久我《こが》雅忠《まさただ》の女であり、母は四条隆親女（大宮院の従妹）という高い出自を誇った彼女は、その美貌と才気を、院のみならずその廷臣や法親王（院の異母弟）、更にはライヴァルの亀山院にまで愛された。院の近臣、「雪の曙《あけぼの》」と隠名《かくしな》を付けられた貴公子とは密かに女子を儲け、彼はこの児を自分の姫として養育し后《きさき》がねとした。その「雪の曙」こそ西園寺実兼であり、院女房二条の生んだ娘は後の亀山院妃、昭訓門院と推測されている。

『とはずがたり』は、数奇な生涯を送ったこの後深草院二条の自伝として中世宮廷にひそかに伝えられた書物である。作者は、幼少より院の御所に育ち、院より手ずから琵琶を習い、これを己れの芸能とした。その技倆にも自信があり、それは彼女の誇りと一体であった。後嵯峨院からもその御賀の試楽で弾奏した功によって見事な琵琶を賜わったという。そうした二条の芸能を披露すべき晴の舞台で、その運命は暗転し、宮中を失踪し「行方知らず」となる。彼女は四絃の緒を断ち切ってこの道を捨て去り、なお出家遁世しようと思い定めたのであった。

巻二には、後深草院と亀山院の両宮廷が華やかな遊戯と芸能の応酬をくり返す様が叙される。それは、煕仁が東宮に定まり後深草の治天への途が開けた建治《けんじ》三年（一二七七）の頃、関東に両院の仲悪しき噂が聞こえ、これを打ち消して両者の友誼を示すための催しであった。優雅な競い合いの外見の下で、強烈な対抗意識を秘めた、それは兄弟の王権のデモンストレーション合戦でもあった。たとえば小弓の遊びの負けわざとして、後深草は院の女房たちに蹴鞠をさせる。鞠足《まりあし》の童姿《わらわ》に装わせて鞠を上げさせるのだが、その趣向をこらし風流を尽くす遊びは、異性装の強制とあいまっていささかならず倒錯的な感がつきまとう。その披露の後は必ず酒宴が用意され歓楽が待っていた。その目的のひとつは、互いの御所の女房たちを観賞することにあり、いわば〝女房合《あわせ》〟でもあった。その中で二条の美しさは（実兼が傅《めのと》として衣装を提供したこともあり）際立っていたのである。

最後の負けわざとして後深草院が催したのは女楽《おんながく》、すなわち『源氏物語』の六条院の女楽を学ぶ（真似ぶ）御遊の会であった。それは太上天皇《だいじょうてんのう》となった光源氏の栄華を象徴する世界を再現しようとする企てであろう。亀山院と競う院の欲望が託された趣向である。二条はそこで明石の上の琵琶の役を宛てられた。「人より殊《こと》に落端《おちは》なる」（日陰の身の上である）明石の上では不本意ながら、得意の芸能を発揮できる機会であり、院の後宮として位置付けられる役割でもあった。ところが、その場に臨んで座を検分した二条の祖父隆親は、自分の娘

（後深草の后妃の一人となった鷲尾三位）今参《いままい》りの局より二条が上座なるは「悪《わろ》し」と、あからさまに彼女の座を下げさせる。この公然の恥辱に耐えられず、二条はただちに御所を退出、ただ一首の歌と切った琵琶の緒を遺して跡をくらましたのである。ここに、二条は自らの後宮での道が閉ざされたことを思い知った。それは彼女が琵琶の道を捨てるのと等しいことであった。

この女楽に臨んで、二条は己れの琵琶修習を「三曲まではなけれども」という。秘曲伝受までには至らずとも、蘇合や万秋楽など大曲はみな弾じており、その上達は何より後深草院から直接教わったところに根ざしていた。そうした彼女は、院の御師であった博子のことはよく承知していたに違いない。その地下身分から立身した女房と、大臣家の出自ながら後宮からこぼれ落ちた自身とを、琵琶をはさんで強く意識したであろう。かくして当道を思い切った二条であったが、なお院との想い出のよすがである手馴れた撥《ばち》だけは身を離たず、はるか後年、尼となって諸国修行するなかで讃岐の崇徳院法華堂に供養として手むけている。

二条から見た後深草院の芸能空間

『とはずがたり』の他に類を見ない特色は、二条という（ただ仕えるだけでなく王の寵を蒙る）女房の立場から、院をめぐる諸芸能と芸能者の姿が描き出されるところにある。巻二には、女楽事件に続いて、雪の曙の奔走により院の許に戻った二条が更に辛《から》い仕打ちを受ける顚末が語られる。院の許に「近衛大殿」鷹司兼平《たかつかさかねひら》が訪れ、二条の潔《いさぎよ》いふるまいを賞めちぎりながら子息の兼忠《かねただ》に「今様伝受」を望む。院は承諾し、伏見御所で伝授することになり、彼女も同道する。後白河院によって創められた今様の道を、後深草院も継承し、これを伝授する権能を備えていたのである。

他の記録には見ることのできない、院による今様伝授のことそのものは、しかし『とはずがたり』では詳しく記されることはない。むしろ伝授の前後の「九献《くこん》（酒宴）」と、その宴座に白拍子《しらびょうし》が参入し芸能を披露するところが、宴席に奉仕する二条の眼を通して活写される。春菊、若菊と名のる姉妹の白拍子は、二条の後見《うしろみ》だった四条隆顕が連れてきた。隆顕は自ら鼓打をつとめ、院の所望で姉妹は舞を「数《かぞ》える」（白拍子の歌舞芸能の形態を示す表現）ところは、『平家物語』「祇王」に語られるのと並んで「遊《あそ》び者」としての白拍子芸の様子がよく知られるところである。これに興じた後深草院は、既に芸を捨てて久しいと辞退するのも構わず、姉春菊にも無理に立たせて舞わせた。王の賞翫《しょうがん》する雑芸の場に同席しながら、二条は彼女たちの境遇にいたく同情するようである。その宴の果てた晩、二条は院の黙許のうえで、賓客近衛大殿の意のままにされてしまい、遊女同然の扱いを受けるのである。その翌日も院は白拍子を帰さず、数えさせるのは「柿木《かきのもと》の紀僧正、一《い》端《たん》の妄執や残りけん」という「相応和尚の割れ不動」の曲舞《くせまい》であった。后妃を犯し取り憑く紺青鬼説話による物語は、二条に恋慕する余り妄念の虜《とりこ》となった御室《おむろ》法親王有明《ありあけ》の月の影を彼女に喚《よ》びおこした。彼此の二条を取り巻く男たちの欲望が交錯する裡《うち》に、王による今様伝授の儀が営まれた。そこに遊芸者の芸能が絡んで、中世宮廷における芸能と芸能者のありようが象徴的に描き出されている。

歌謡についてみれば、『とはずがたり』には、後深草院が大宮院の所望に応えて宴の当座で今様を歌いだす場面が複数仕組まれている。そこで女院は、十善帝王の生母としての権威をわが子に強調し、その報恩として「肴《さかな》」の今様を披露しろと命ずる。そこで歌われる院の祝言の今様は、座興の雑芸ながら互いの支配関係の確認に他ならない。それは、嘗《かつ》て後白河院が遊芸民たちの〈外部〉の芸能を摂り込んで創りあげた〝道〟が閉ざされた宮廷社会のなかで辿った果ての姿であった。

妙音堂の声を移す――中世宮廷の光と影

二条の宮廷生活の幕を閉じる最後の舞台が、弘安八年（一二八五）春に北山第西園寺で催された北山准后《じゅごう》貞子九十賀の盛大な祝宴であった。西園寺実氏《さねうじ》の妻であり二代国母たる大宮院の母として、四条家出身ながら当時の皇室のグランドマザーとなり長寿を誇った貞子の賀は、大法会として行われた。仏経供養の形式の下で舞楽や和歌御会など数々の御遊が打ち続き、それは後嵯峨院時代の北山一切経会（正元元年〈一二五九〉）にも増して、西園寺家の栄華の絶頂を飾る盛儀だった。既に宮廷を追われ籠居していた二条であったが、大宮院からの要請により、心ならずも出仕する。『とはずがたり』巻三の最後は、この二条による〝北山准后九十賀記〟というべき記録のように叙《しる》されるが、そのなかに一人孤独な彼女の寄る辺ない立場と想いがうかびあがる。

賀の行事の初日は終日舞楽がくりひろげられ、次の日は御遊として主上の笛は柯亭《かてい》、東宮(煕仁)の琵琶は玄上で御所作(但し、これは前述の弘安九年の啄木伝受以前のことであり、玄上所作は不審である)、和歌御会となり、御鞠あって還御となる。又の日は西園寺の諸堂を巡礼し、妙音堂へ参り、ここで御遊を催す。ここでも東宮は琵琶で曲を尽くす。この華やかな奏楽の間、二条の「かきくらす心の中《うち》は、差し出でつらむも悔しき心地して、妙音堂の御声、名残悲しきままに……」ただ一人その音色を悔しくも悲しく聴きなすのである。やがて御鞠のあいだに院より文が遣わされ、御舟遊びに召される。同船し舟上の御遊を共にするが、ここでも東宮は琵琶を御所作し、その音楽は「妙音堂の昼の調子を移」すものであった。御遊の響きの余韻のなかで、一同は連歌を付け合い、そこに二条の述懐が織り込まれて「辛《から》き浮き寝の床に浮き沈みたる身の思ひは、余所《よそ》にも推《お》し量《はか》られぬべきを」と独語するうちに宴の幕が下りる。この二条による北山准后九十賀のくだりは、やがて歴史物語『増《ます》鏡《かがみ》』「老いのなみ」に姿を変えて用いられ、鎌倉宮廷の輝かしい栄光の記憶を映しだすことになるが、その背後には、まるで通奏低音のように西園寺妙音堂の声が響きわたっていたのである。

2　収奪される秘曲——後醍醐天皇

後醍醐天皇の秘曲伝受

両皇統の皇位の争奪はなおくり返され、後伏見《ごふしみ》から大覚寺統の後二条《ごにじょう》、そして後伏見の皇弟花園《はなぞの》へと代は遷《うつ》り、そして文保《ぶんぽう》二年（一三一八）に後宇多《ごうだ》院の皇子尊治《たかはる》が即位した。後醍《ごだい》醐《ご》天皇である。これは持明院統の花園の場合と同じく、大覚寺統の正嫡と期する後二条の一宮邦良《くによし》親王を東宮《とうぐう》に立てるべく、尊治をその中継ぎの「一代の主」として即位させた、後宇多の周到な布石であった。しかし後醍醐は、やがて独自の道を走りだすようになる。その転機が元亨《げんこう》元年（一三二一）である。その十二月に後宇多法皇は天皇に政務を譲り、親政となるが、天皇としての後醍醐の意欲的な行動は、それより暫く前に始まっていた。

後醍醐天皇　「天子摂関御影」より。宮内庁三の丸尚蔵館蔵

六月、後醍醐天皇は北山西園寺に行幸し、そのまま滞在を延引して、当時病床に臥せっていた実兼《さねかね》（時に七三歳）に強《あなが》ちに秘曲伝受を望む。実兼の『秘曲御伝受記』は、その経緯を生々しく伝える。「時々刻々心神不快」でとても伝授に堪えない、と頻《しき》りに辞退する彼に、「此の事、日来《ひごろ》の御本意なり。相い構えて猶も片時《へんじ》扶《たす》け参るべし」と命じて無理矢理に実現させた。寝殿を道場とし、実兼は子の兼季らに支えられて座に臨み、天皇を迎える。何と天皇は既に宝蔵の琵琶をすべて取り出して叡覧《えいらん》しており、その中の名器良道を己れの伝受に備えた。主導権は全く天皇が握っているのである。

　この時は上原石上《じょうげんせきじょう》を授けたのだが、御譜を進ずるにあたり、慈尊万秋楽の譜も副えた。先に文保三年正月行幸のついでに伝授したのであったが、譜を調進しておらず、ここに併せて進《まい》らせたのである。それだけではない。本体の譜は一巻に三曲を書き連ねており、このうち楊真操《ようしんそう》は文保三年の時、万秋楽と共に伝えたものであり、これに流泉の両曲を続けて奥書を加えている（なお、この譜の奥には更に啄木譜も書いてあり、これは「始終御伝受あるべきによりてなり」としてあらかじめ用意されたもので、檀紙をもって譜面を覆い糸で綴じ付けて未習の音が見えぬようにしてあり、やがて期される伝授のために奥書は加えていない。このような譜の仕立てについての詳細な記述は、伝受の証《あかし》となる譜というテクストに付与された価値が如何なるものであったかを示して余りある）。すなわち、この伝受にあたり、後醍醐天皇は三曲すべての譜を一挙に手に入れたことになる。

　そこで既に約束された啄木伝受は、翌元亨二年五月、北山への方違行幸《かたたがえ》のついでに、病臥する実兼の代わりに兼季を師として行われた。この時の兼季による「啄木御伝受記」も伝えられる。同じく寝殿を道場とし、この時は妙音天画像を本尊として懸けて灌頂《かんじょう》の儀となる。受者である天皇の御琵琶は玄上《げんじょう》である（玄上は正和五年に内裏より盗まれ、文保三年五月に発見された。『文保三年記』）。妙音天を礼し、伝受の儀があって御譜を進上する。ここには既に実兼の自筆で奥書が書かれてある（これは先年の綴じられていた三曲の譜であろう）。秘曲とその譜、証明としての奥書まで、伝受を完遂し十全のものとしようとする天皇の強い意志が伝わってくる。その結果、翌元亨三年六月の中殿御会《ちゅうでんぎょかい》の御遊に天皇は玄上を用いて御所作あり、帝としての王威を示したのである。

一方、元亨二年八月、後伏見院は実兼の代理として孝重を召し、啄木の「譜外口伝」を問う。あきらかに後醍醐天皇の啄木伝受に対抗してのことであろう。その意図は、次のような院の「譜外口伝」とそのテクスト化へのこだわりを表明する『代々琵琶秘曲御伝受事』の「愚記」に詳らかに表明される。

凡《およ》そ此等《これら》の口伝、伝業の人といへども悉くこれを授くることこれなし。「只一トヲリヲ伝受マデ之由」を孝重これを申す。また、譜外口伝等、先達注《しる》し置くことこれなし。ただ詞《ことば》を以つてこれを授く。しかるに孝道、窃《ひそか》に此等の口伝を子孫に注し置けり（これを孝頼が実兼に伝授した折〈一五〇頁参照〉、一巻を密かに書写し、これに委細の口伝を書き加えた本がある。これを孝重は持参し、口伝を一事残らず申し上げたが、なお不審を晴らすためこの一巻を叡覧《えいらん》に備えた等々という）。

その上で院は、「秘事口伝更に残るところなく殆《ほとん》ど手に取るが如し、誠に末学のため稀有の秘書にして無双の重宝《ちょうほう》なり」と感激し、その一巻を当座に写し、元の本は孝重に返した。なお、病床にあった実兼より院に宛てて消息あり、伝業の上での口伝は稀なことであるとの旨が示され、院はこれを奥書に代わるものとして、自身の道への志の至すところと、殊に感慨をこめて書き留めるのである。ここに、当今後醍醐天皇と後伏見院、それぞれ大覚寺統と持

後伏見院　「天子摂関御影」より。宮内庁三の丸尚蔵館蔵

明院統の当主となった二人の王が、秘曲伝受をめぐってはげしい角逐をくりひろげていたこと、その焦点が既に最秘事である口伝の領域に踏みこんでいたことが知られる。そして老いて病躰ながら実兼がなおその要諦を秘蔵していたこともうかがわれる。

後伏見院が優位に在ったのも、さして長い間ではない。やがて嘉暦《かりやく》三年（一三二八）、後醍醐天皇は兼季から啄木の譜外口伝の秘事をついに伝受した。このことはただちに後伏見院に当の兼季より報ぜられ、これを聞いた院は強い衝撃を受ける。あの元亨の啄木伝受の後、更に授けることの無かったのは、実兼の遺命として、「件《くだんの》奥秘」譜外口伝は貴賤によらず志の深さと手《しゅ》操《そう》の堪能によって授くべきものであり、「仰下旨《おおせくだすむね》」つまり勅命でなければこちらから申し入れて伝授するな、と固く秘していた。それが去冬より「被仰下旨」あって遂にこの儀に至った、という。ここに持明院統が後深草院以来、琵琶の芸能において築いていた優越はついに無化された。それを果たした後醍醐天皇の意志、芸能において道を極めようとするその尋常ならざる行動力を、院は次のように評する。

今、主上、当道の御沙汰天下に喧《かまびす》し、御手操は定めて珍重か。左右《ともかく》も不能《かなわず》〃〃〃。

そこに幾分か皮肉を込めながらも、究極の秘事をも奪い取られてしまった院の無力感が端的に吐露されている。

後醍醐天皇の諸楽伝受と御所作

琵琶の「当道」に限らず、後醍醐天皇が伝受した音楽は実に多岐にわたる。笛は秘曲「荒序《こうじょ》」を伝受し、舞御覧においても荒序を好み演ぜしめた。本来荒序は舞楽の最秘曲であったが、伴奏の笛や笙《しょう》の秘曲ともなり、とりわけ笙ではその伝受を琵琶と同じく灌頂と称したのである。天皇は『舞御覧記』によれば、元徳《げんとく》三年（一三三一）の北山第の舞御覧に自ら名器柯亭《かてい》を用いて荒序の御所作を行った。この、自らの近臣で奏者を固めた御遊は、かつて承久《じょうきゅう》二年に後鳥羽院が水無瀬《みなせ》離宮で行った荒序の先蹤《せんしょう》に倣うものであったと指摘される。

催馬楽《さいばら》では、嘉暦三年（一三二八）に綾小路有頼《あやのこうじありより》から前代未聞の「御灌頂」を受けた。これに関わって、その子息敦有《あつあり》に「当道」の秘曲や重代の文書相伝を許している。神楽でも、元徳二年（一三三〇）に二条資親《すけちか》より「宮人」（堀河天皇以来、唱えるに勅許を要し、世の乱を鎮め宮中静謐《せいひつ》を祈る大曲）を伝受した。建武三年三月の内侍所御神楽《ないしどころみかぐら》（同年正月の尊氏叛逆により内裏を焼失した後、内侍所神鏡が還御した際の儀）に自ら拍子役をつとめており、ここで宮人が歌われた可能性もある。琵琶についてみれば、元弘《げんこう》四（建武元）年（一三三四）正月、「禁裏御会始」としての三席御会において、天皇は自ら御所作している。このように、後醍醐天皇は、諸家に相承される音楽を秘曲伝受を通じて獲得することで己れの権威を高め、それぞれの道の相承に関与するばかりか、自ら進んで所作し披露することによって公然と顕示した。これらの営みのすべてにおいて、彼は誰よりも貪欲なまでに積極的であり、必ずや成し遂げずにおかない強靱な行動力を発揮したのである。

後醍醐天皇による名物楽器の蒐集

鎌倉時代の後年には、既に『禁秘抄《きんぴしょう》』に累代楽器として位置付けられた玄上や鈴鹿に加えて、笙（キサキヱ）や笛（柯亭）、あるいは箏（鬼丸）などの名物楽器が宮廷の重宝として記録に挙げられるようになる。累代楽器は神器はじめ他の重宝や調度、威儀具などと共に、天皇の代替わりに伴って新帝の許に遷《うつ》る「渡物《わたしもの》」（つまり天皇の職掌により相伝される器物）であったが、それはいつしか天皇家（あるいは皇統）に属する所有物としての霊威《アウラ》を帯びるようになっていく。それは累代楽器を中心に名物を加えた管絃具が、天皇の一代一度の晴儀などの御遊に、自ら所作することも含めて用いるべきものとなったことも影響していよう。そうした変化は、中世に徐々に進行していたのだが、それを決定的に推し進め、しかも一挙に瓦解させてしまったのが後醍醐天皇であった。

彼は名器の蒐集――むしろ収奪というべきか――を盛んに行った。琵琶についてみれば、前述した元亨元年の実兼からの秘曲伝受の際に、西園寺宝蔵の琵琶を悉く取り出して検分したとき、そのうち「良道」（忠実から鳥羽院へ贈られ勝光明院宝蔵に納められ、やがて西園寺家の重宝となった）を御琵琶と定めて伝受に用いた。つまり己がものとしたのである。自ら笛を所作した元亨四年の中殿御会では、琵琶は関白冬平に名器「元興寺」を所作せしめた（『冬平公記』）。これはもと平等院経蔵に伝来した摂関家の重宝であるが、既に元亨二年に取り出して御所に置き、替わりに「木絵」を納めて強引に接収した。宇治の宝蔵の中核となる宝物を召し上げたのである。更には、仏物たるべき東大寺正倉院宝物中の琵琶までも出蔵したまま返納せず、宮中に留めていたらしい（『東大寺衆徒僉議事書』）。

法宝物を蒐集する後醍醐

こうした後醍醐天皇の宝物マニアというべき蒐集活動は、音楽の分野の名器に限ったことではない。その渇望の対象は、諸宗大寺の秘宝として仏法の領域の中核を成すような象徴としての宝物に焦点が結ばれる。たとえば、その最大の標的であり獲物であったのが空海の請来した東寺宝蔵の仏舎利である。国家と天皇護持の秘法、後七日御修法《ごしちにちのみしほ》の本尊となるこの舎利は、歴代天皇・院の命により奉請《ぶじょう》され、その都度、東寺長者によりその数を勘計されてきた。後醍醐天皇による奉請は一五回にも及び、その度に召された舎利も多数に及ぶ。元亨四年（正中《しょうちゅう》元年）に二度にわたって奉請され、合わせて三七粒も召され、以降の奉請を制限する定めまで下している。この後、嘉暦《かりゃく》四年（一三二九）に東寺舎利は盗難に遭い、それが取り戻されて一時、内裏に安置されていたことがある。やがて元弘《げんこう》の変により天皇が配流された後、内裏から運ばれたこの舎利は後伏見院の許で勘計されたが、そこで残余の舎利が内裏五節所の「愛染明王帳《あいぜんみょうおうちょう》」前の水晶壺中に納められていたことが発覚した。後醍醐は、幕府が打倒され、隠岐から還幸する途次に、書写山円教寺に登り秘仏如意輪を拝見したついでに、性空《しょうくう》上人作の赤栴檀《しゃくせんだん》五大尊を所望し懐中する。これは寺僧の献上という形をとるが実態は召し上げに他ならず、こうした例は枚挙にいとまない。還京後の元弘三年九月に東寺舎利の奉請を禁ずる制誡を下しながら、自分のみは建武二年に一七粒を奉請するなど特権を行使する。舎利や仏像に限らず、仏法のテクストにおいても太子や大師の御自筆縁起、御遺告など王法仏法の始源となる根拠のテクストを自ら書写して宝物に加えるため、正本に奥書を付したり、写本に己の手印を加えるなど、一宗一寺の法宝物の価値をより高め再構築する営みをますますエスカレートさせていったのである。

時を遡《さかのぼ》って元弘元年春、倒幕の企てが露見し、内裏を蒙塵《もうじん》して笠置《かさぎ》に遁れ、合戦の末に捕らえられた際も、後醍醐は神器をはじめ宮中の重宝を楽器（キサキヱや柯亭など）を含めて持ち出している。主の去った富小路内裏からは、さきの舎利を含めて天皇の蒐めた宝物があまた見いだされた。驚いた花園院が早速に勝光明院宝蔵や蓮華王院宝蔵を検知させると、後者などはその重宝が悉く運び出され、殆《ほとん》ど空《から》も同然というありさまであり、その中には、承久の御琵琶合のために召し出された琵琶も含まれていた（『花園院日記』）。この後、践祚《せんそ》した光厳天皇の許で回収された楽器によって清暑堂御《せいしょどうみ》神楽《かぐら》が執り行われる。しかし、これを最後として、建武争乱の渦中、再び後醍醐天皇が遁れた後の内裏炎上によって、玄上をはじめとする中核的な累代楽器の多くは他の宝物と共に焼失し、永遠に喪《うしな》われてしまったのである。

『建武年中行事』に仮想された天皇の儀礼空間

聖俗にまたがって理想の王権を追い求めた後醍醐天皇の親撰になる朝廷儀式の故実書が、『建武年中行事』である。これには天皇をめぐる殿上の一日の作法を記す『日中行事』も一具として伝わり、この他に臨時公事の部と指図があったらしい。その序には、宮中に二〇年を経て「今もかつ見る内の事共は、覚束なかるべきにもあらぬ（不確かなものであって良いわけではない）」ので、「折りに触れ時に付けたる公事《おおやけごと》ども、行末の鏡」として記しつけ、後世に伝えるために「その世にはかくこそあれ、などやうの物語の便りに」すべく著したもの、と明確に著作の意図が示される。その宸筆正本は転写されて譲位直後の後花園《ごはなぞの》上皇により寛正《かんしょう》五年（一四六四）に写されてのち新帝後土御門《ごつちみかど》天皇に進呈され、これが更に同天皇によって文明十三年（一四八一）に校合されたものが流布する。

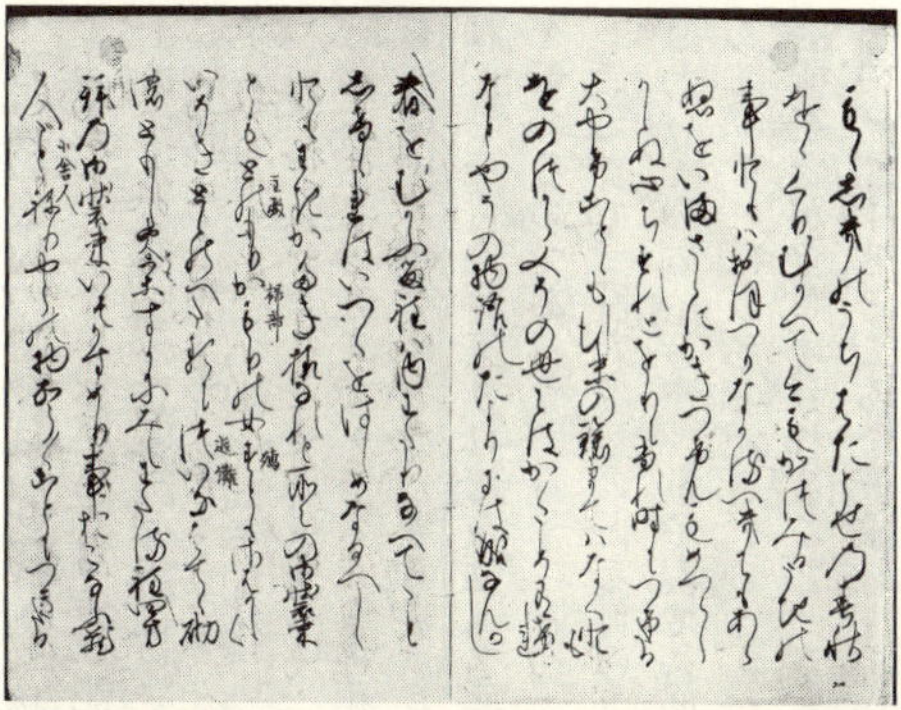

『建武年中行事』　後花園天皇宸筆。東山御文庫　御物

本書の最大の特徴は、儀式が「物語」の文体すなわち仮名の和文で書かれることである。『江家次第《ごうけしだい》』はじめ歴代天皇の御記や『禁秘抄《きんぴしょう》』を典拠として書かれた儀式書が、まるで主上に仕える女房の立場から語られるように、「行末の鏡」として記しづけられる。本文中に「今の世は、皆実《まこと》なきことなれど、後《のち》にまかせて作り置けり」というように、本書は一貫して古《いにしえ》の「本義」としての朝儀から違い廃《すた》れるに至った「近頃」ないし「今」の世の様を引き較べ、そのうえで、あるべき理想の儀を興そうとする意志を随所に示す。まさに建武中興を体現するテクストなのである。そこには後醍醐の期した理想の宮廷世界が紙上に現《うつ》しださ れ、おそらく蒐集された宝物、名器はみな、この儀礼空間に配置されて立ちはたらき、音声を奏でるのであろう。もうひとつの、その大きな特徴は、それぞれの公事において主上から下仕えまで、役人はその振る舞いと所作を克明に女房によって眺められるように語られ、とりわけその詞や音声、歌や奏でる曲など、彼らの芸能のありさまが詳細に再現されることである。それは仮名で記されることで、なおのこと鮮やかに、仮想された王朝の儀礼としての芸能空間が立ち現われることになる。本書こそは、これまで述べてきた後醍醐天皇の行動とその意図するところを表象し、統合することを期したテクストといえよう。

おわりに　芸能王の終焉――最後の芸能王・後崇光院

伏見宮貞成の秘曲伝受

『代々琵琶秘曲御伝受事』の最後は、永徳《えいとく》元年（一三八一）に崇光《すこう》院がその子栄仁《よしひと》親王に啄《たく》木《ぼく》を伝授した「伝業灌頂《でんぎょうかんじょう》」の記録である。ここに伝受を得た持明院統の嫡流たる栄仁は、しかし、ついに立太子し東宮として即位の資格を得ることはなかった。観応《かんのう》の擾乱《じょうらん》にあって唯一都に残った崇光院の弟が後光厳《ごこうごん》天皇として立てられ、以降、その子孫が後円融《ごえんゆう》、後小松《ごこまつ》と帝位を継承し、歴代の室町殿（義詮《よしあきら》―義満《よしみつ》―義持《よしもち》）もまたこれを支えた。更にその管絃は、義満が殊に愛好した笙《しょう》が択ばれた。これに対し、（伏見宮《ふしみのみや》と称した）栄仁親王は、父祖以来の芸能である琵琶を己れの正統《しょうとう》たるべき証拠として、むしろ固く恃《たの》むところである。

この栄仁が自身の長子であり正嫡である治仁《はるひと》王に秘曲啄木を伝授したのがその没年にあたる応永《おうえい》二十三年（一四一六）であるが、皮肉なことにその翌年、治仁は急逝してしまう。宮家の家督は次男の貞成《さだふさ》が継承することになった。西園寺の音楽の流れを汲む菊亭家の今出川《いまでがわ》公直《きんなお》の許で養育された貞成は、応永十八年（一四一一）に四〇歳にして漸く元服を果たすが、興味ふかいことにその儀は、栄仁親王より公直の子公行《きんゆき》に秘曲啄木を伝授するのと同時に行われたのであった（『今出川右大臣公行公琵琶秘曲自大通院御伝受事』）。その後、貞成も続いて父より数曲を伝受したが、父と兄の相次ぐ死によって、当主となった貞成は、更に応永二十七年にこの公行より流泉《りゅうせん》両曲を伝受（『両流泉御伝受記』）、また楊真操《ようしんそう》も伝受したのだが、なお啄木は未伝受であった。この時、後小松院の下問に答えて、公行の死によって三曲までは伝受したが遂に灌頂に至らず、口惜しくも「つゐに伝受仕《つかまつ》らず候」と告げざるを得なかった。やがて応永三十二年（一四二五）に宿願の親王宣下《せんげ》があり、ここに伏見宮家が立てられることが叶った（この間、院に名器柯亭《かてい》を進上するなど無念を耐え忍んでのことである）。その直前のことであるが、貞成は仙洞御八講結縁《みはっこうけちえん》の為に写経の勧行《ごんぎょう》をするうち、夢中に栄仁から「四絃灌頂」を授けられた。その調べは、かねてより想像していた通りであり、「妙音天の加護」に随喜《ずいき》極まり感激する。かくして、夢中伝受という超越的な方法によって貞成は充たされずにいた琵琶の権威を身に付けることとなった。しかし、その直後に後小松院の圧力により出家入道に追い込まれ、自身の登極の望みは潰えたのである。

やがて正長《しょうちょう》元年（一四二八）、称光《しょうこう》天皇が子孫なく崩御したため、己れの皇統の断絶に直面した後小松院は、貞成親王の長子彦仁《ひこひと》を猶子《ゆうし》として皇太子とし、名分上は後光厳《ごこうごん》流に連なる後花園《ごはなぞの》天皇が即位した。ここに実質は持明院の正統なるべき崇光院流の復活が果たされた。それは、天皇の実父たる貞成に太上天皇の尊号が宣下されることをもって名実ともに遂げられるのであるが、その成就は、後小松院の崩御後一四年を経た文安《ぶんあん》四年（一四四七）、貞成が七六歳に至ってのことである。

この無冠の王、貞成親王が、吾が子の登極を見届けてから、ひそかに主上に奏覧すべき一巻の書を草し始めた。はじめ「正統興廃記」と呼ばれていたその草案は、清書されて『椿葉記《ちんようき》』と題された。永享《えいきょう》六年（一四三四）に後花園天皇に進上されたこの手記の説くところは、崇光院一流とその嫡流たる伏見宮こそ正しい皇統であることを示し、加えて自らに太上天皇の尊号が宣下されるべき理《ことわり》に至る。そのメッセージは、この流れから出た天皇の体得すべき御学問、諸芸能のことに及ぶのであるが、その第一に学ぶべきは、学問・和歌ではなく他ならぬ管絃なのである。

そもそも楽の道の事、代々は十歳よりうちにこそ御沙汰ありしに、既に御成人になるまでその儀もなき、心得なく覚え侍《はべ》る。（主上には）御笛遊ばさるべしと聞こゆれば、院の御例《ためし》めでたき御事なるべし。

後花園に対し、天皇として音楽——管絃修習の儀が漸く行われることになったのを慶びつつ、その上に重要なメッセージ（要請）を重ねて付け加えるのを忘れない（実はそれこそが目的である）。それは、琵琶の家としての持明院統の歴史を確認することであった。

管絃を（各種）相並べて遊ばさるる先例のみこそあれ、相構へて御琵琶を遊ばさるべきなり。上古の例は置きぬ、中古以来、後深草院、伏見の院、後伏見の院、光厳院、崇光院、故親王（栄仁）など、殊更に御沙汰ありつる事なれば、いかにも遊ばさるべきなり。（中

天皇の秘曲伝受と奏楽（作成・猪瀬千尋）

啄木伝受と二代一度の儀礼での奏楽を中心に記した（全ての伝受記事を網羅してはいない）

□＝秘曲を受く　■＝秘曲を授く
○＝御遊での奏楽（□■○内に年齢を記す）
黒線で時系列を、破線で血脈を示す

高倉

後鳥羽
- [11] 建久元年1190.10.22 藤原（山科）実教より御笛始
- (26) 元久二年1205.1.19 朝覲行幸にて琵琶「玄上」所作
- [26] 元久二年1205.6.18 二条定輔より「啄木」を受く
- (32) 建暦元年1211.1.19 朝覲行幸にて琵琶「玄上」所作

守貞親王（後高倉院）
- [13] 建久二年1191.2.14 大宮実宗より御琵琶始
- [22] 正治二年1200.3.14 大宮実宗より「啄木」を受く

順徳
- [22] 建保六年1218.8.7 二条定輔より「楊真操」を受く
- (22) 建保六年1218.8.13 中殿和歌御会にて琵琶「玄上」所作

土御門　後嵯峨

持明院統

後深草
- [10] 建長四年1252.4.21 西園寺公相より御琵琶始
- (17) 正元元年1259.3.6 北山第舞御覧にて琵琶「荻花」所作
- [26] 文永五年1268.6.25 藤原博子より「啄木」を受く

伏見
- [14] 弘安元年1278.8.23 二条良教より御笛始
- (21) 弘安八年1285.3.1 北山第舞御覧にて琵琶「牧馬」所作
- [22] 弘安九年1286.6.20 西園寺実兼より「啄木」を受く

後伏見
- [11] 永仁六年1298.7.3 西園寺公顕より御琵琶始
- [26] 正和二年1313.12.22 西園寺公顕より「啄木」を受く
- (27) 正和三年1314.1.2 朝覲行幸にて琵琶「玄上」所作

北朝

（次ページに続く）

大覚寺統

亀山
- (11) 正元元年1259.3.6 北山第舞御覧にて笛「青竹」所作
- [19] 文永四年1267.12.5 藤原（孝経）孝行より「啄木」を受く

後宇多
- (19) 弘安八年1285.3.1 北山第舞御覧にて笛「柯亭」所作

花園
- [15] 応長元年1311.4.22 今出川兼季より御笛始

後醍醐
- [35] 元亨二年1322.5.26 今出川兼季より「啄木」を受く
- (36) 元亨三年1323.6.20 中殿作文御会にて「玄上」所作
- (44) 元弘元年1331.3.6 北山第舞御覧にて「柯亭」所作

南朝

（次ページに続く）

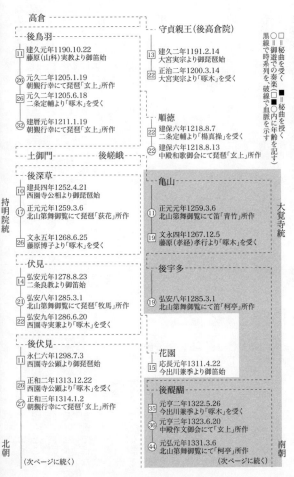

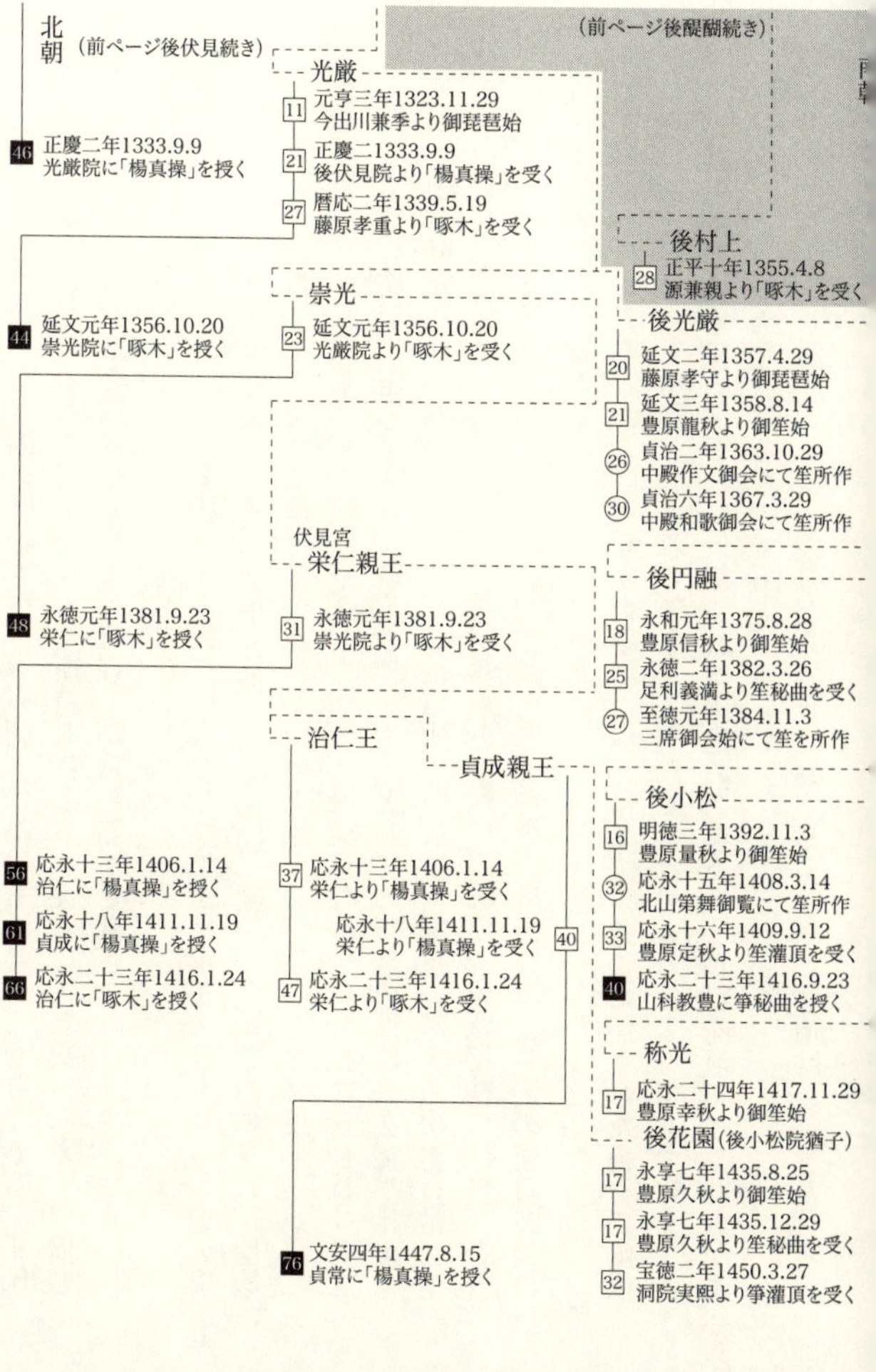
北朝
（前ページ後伏見続き）
46 正慶二年1333.9.9
光厳院に「楊真操」を授く
44 延文元年1356.10.20
崇光院に「啄木」を授く
48 永徳元年1381.9.23
栄仁に「啄木」を授く
56 応永十三年1406.1.14
治仁に「楊真操」を授く
61 応永十八年1411.11.19
貞成に「楊真操」を授く
66 応永二十三年1416.1.24
治仁に「啄木」を授く
光厳
11 元亨三年1323.11.29
今出川兼季より御琵琶始
21 正慶二1333.9.9
後伏見院より「楊真操」を受く
27 暦応二年1339.5.19
藤原孝重より「啄木」を受く
崇光
23 延文元年1356.10.20
光厳院より「啄木」を受く
伏見宮
栄仁親王
31 永徳元年1381.9.23
崇光院より「啄木」を受く
治仁王
貞成親王
37 応永十三年1406.1.14
栄仁より「楊真操」を受く
40 応永十八年1411.11.19
栄仁より「楊真操」を受く
47 応永二十三年1416.1.24
栄仁より「啄木」を受く
76 文安四年1447.8.15
貞常に「楊真操」を授く
（前ページ後醍醐続き）
後村上
28 正平十年1355.4.8
源兼親より「啄木」を受く
後光厳
20 延文二年1357.4.29
藤原孝守より御琵琶始
21 延文三年1358.8.14
豊原龍秋より御笙始
26 貞治二年1363.10.29
中殿作文御会にて笙所作
30 貞治六年1367.3.29
中殿和歌御会にて笙所作
後円融
18 永和元年1375.8.28
豊原信秋より御笙始
25 永徳二年1382.3.26
足利義満より笙秘曲を受く
27 至徳元年1384.11.3
三席御会始にて笙を所作
後小松
16 明徳三年1392.11.3
豊原量秋より御笙始
32 応永十五年1408.3.14
北山第舞御覧にて笙所作
33 応永十六年1409.9.12
豊原定秋より笙灌頂を受く
40 応永二十三年1416.9.23
山科教豊に箏秘曲を授く
称光
17 応永二十四年1417.11.29
豊原幸秋より御笙始
後花園（後小松院猶子）
17 永享七年1435.8.25
豊原久秋より御笙始
17 永享七年1435.12.29
豊原久秋より笙秘曲を受く
32 宝徳二年1450.3.27
洞院実熙より箏灌頂を受く

略）今の様は、四の絃の道、始終断絶すべき事、朝家の為にも心憂き事なり。妙音院相国（師長）、孝道朝臣以来の本譜以下の秘抄ども所持し侍《はべ》るも、徒《いたず》らに朽ち果つべき、口惜しき事なり。いかにも此道を残さるる様に、時宜にかけらるべき御事なり。

ここに危ぶまれているのは、この現状（今の様）にあって歴代が相承してきた琵琶の道の廃れることであり、秘曲伝受によって築いてきた彼らの王権の拠《よりどころ》が、蔑《ないがし》ろにされ、崩壊してしまう事態である。その再興には、新帝自身が琵琶を第一の管絃として伝受する以外にないと懇望する。だがしかし、その願いも空しく、後花園天皇はついに琵琶を御沙汰することは無かった。彼の楽器は笙《しょう》と定まり、帝王の管絃主座としての琵琶の地位（芸能）はもはや復活することは叶わなかったのである。ここに貞成は、伏見宮家を継承する次男貞常《さだつね》親王に琵琶を伝授し、「本譜以下の秘抄ども」等の楽書も、後白河院の『梁塵秘抄口伝集』を含めてまたこの家が受け継いでいく。これを、芸能王としての中世の天皇と芸能の蜜月時代の終焉と捉えても誤りではなかろう。

後花園天皇は、自ら書写した『建武年中行事』に注を付して、そこに記された種々の朝儀故実に「今は絶えたり」と中絶し廃されることを余儀なくされていることを書きつける。それは、後醍醐天皇の見果てぬ夢として仮想された天皇の芸能空間の消滅を証言する注釈であり、また、芸能王の終焉を告げるものでもあった。

中世の天皇たちに寄り添うように、彼らが芸能へ傾倒するありさまを追跡してきた。そのうえで、あらためて最初の問いに立ち戻ろう。彼らにとって、芸能とは何であったのか。今様の声わざも伝授の儀となり、とりわけ琵琶は、妙音天という尊格の祭祀をはじめ宗教的な楽理と秘儀伝授が複合した高度な体系を築きあげ、王の権威を荘厳する装置《システム》としてふさわしい芸能であった。その秘曲を伝受し「灌頂」を授かることが、中世の王に備わるべき権能として必須の習いとなり、それはやがて、自らの子孫に継承させ、皇統を支える「職」ともいうべき条件となった。それは仏法の領域で顕密僧と摂籙《せつろく》(摂政)から伝受される即位灌頂の秘事と等しい、中世王権を成り立たせる装置と化した。更にこの運動は、口伝や伝受記など、王自らが伝受し伝授する芸能をさながらテクスト化する営為となって現われる。そして、その芸能を書くことを支えるのは、天皇自身があるべき宮廷世界の時空を記述した『禁《きん》秘《ぴ》抄《しょう》』と『建武年中行事』である。それは王自らの世界を象《かたど》る規範であると共に、天皇という「職」をいわば芸能として対象化する座標でもあった。王による芸能とは、このようにしてテクストの上に表象され、それによって、天皇という職位自体も一箇の芸能と化していったのではなかろうか。

【学術文庫版の付記】

第二部では、天皇の文化史において、芸能を天皇自身がいかに認識し、かつ実践したのかをめぐり、中世の天皇と音楽との関係について、とくに帝王の楽器の代表であった琵琶に焦点を絞って考察を試みた。それは、天皇にとって芸能とは何か、という根本的な問いに発する課題であり、また、王権と芸能という角度からの芸能論であり、芸能史の企てでもあった。

この課題をめぐって、本書刊行以降に、特筆すべき研究が二つの著書として公刊された。一つは、豊永聡美氏『天皇の音楽史』(吉川弘文館、二〇一七年)である。前著『中世の天皇と音楽』に続き、音楽史全般の広い視野から、中世に限らず天皇の音楽への積極的な関与について、要を得た位置づけと叙述がなされており、展望するためにきわめて有益である。琵琶伝授についても、持明院統の正統を支えるものとして認められ、大覚寺統の笛や後光厳流の笙を含めた天皇の楽器と音楽との関係が明快に描き出されている。

もう一つは、猪瀬千尋氏『中世王権の音楽と儀礼』(笠間書院、二〇一八年)である。第二部が扱った中世の王と音楽との関係を、むしろ中世王権を成り立たせる儀礼の中心として正面からとらえることを企てた研究で、天皇の御遊やその御所作を網羅することから、帝器となる琵琶について、その焦点となる秘曲伝授を王権儀礼として多面的に考察し、本尊である妙音天の尊格や図像と伝来、そして伝授される秘譜の分析、とりわけ啄木《たくぼく》など秘曲(三曲）の弾奏法などの詳細を、本文の紹介と共に明らかにしたことは、大きな功績である。また、唱導と音楽との思想を含めた密接な関係にも論は及び、とりわけ後白河院について声わざを介した宗教儀礼共同体というべき国家像が志向されていた、と論ずるところは、後白河論としても注目される。王権儀礼としての秘曲伝授は、琵琶灌頂という秘儀を生み出したのだが、その背景には、後白河院の時代前後に姿をあらわす即位灌頂という顕密仏教の秘伝が存在した。両者の関係もあらためて注目したいところである。

これらの新たな成果を得て、更に探究すべき課題は多いが、あらためて注目したいのは、中世が、天皇自らが芸能について規定する書物を遺し、そこに天皇が学び行うべきものとして芸能、それも「管絃」を「学問」に次いで挙げ、かつ進んで実践するような主体となる、稀有な時代であったことである。それは言うまでもなく、天皇のつとめとしての祭祀儀礼と分かちがたい営みであったが、院となってからの御幸や仏事への傾倒と併せて、むしろ芸能に突出して没頭する、逸脱というべき過剰なふるまいをこそ注視すべきだろう。

〝芸能王〟というべき中世の王たちが希求し実現しようとした王権のありかた、つまり天皇や院自身が芸能者であり、芸能の主宰者であり、芸能者集団に載かれる存在となる。そうした天皇と芸能との深い紐帯を示す社会の様態こそが、改めて注目される。

そこに想起されるのが、順徳天皇と後鳥羽院の時代の『東北院職人歌合』（建保二年）にはじまり、『鶴岡《つるがおか》放生会《ほうじょうえ》職人歌合』（弘長元年）を経て、室町時代半ばに相次いで制作された『三十二番』と『七十一番』の両歌合に至る、中世の職人歌合絵巻である。それらは、天皇（公庭）の許に集う、寺社や貴族権門の本所に属し活動していた諸職の「道々の者」である中世社会の芸能者の姿を、歌と絵を以て象り、まなざしている。まさに天皇と芸能との関係を記念し、表象する文化遺産なのである。

ひるがえって、現代に至る近代の天皇についてみれば、そうした芸能への傾倒や主体的な関わりは喪われた。唯一、「御学問」として生物学や歴史学を公務の傍らに〝研究〟され、諸分野の学者の進講を受けることだけが許されている。一方で、宮内庁には今も楽部が属し、雅楽など古典音楽に携わる楽師たちが音楽を伝承しているが、それは書陵部の御陵《みささぎ》と古典籍のアーカイヴスと並んで設置される機関として存在するばかりである。そこには芸能者を招き、ともに興ずるような光景は、スポーツ観戦を除いては、もはや見られない。ただ、皇室と皇族のゴシップとしての記事が、芸能者たちと同様なメディアに扱われるだけになってしまった。それは、あの中世の輝かしい芸能の時代とは、もはや遠く隔たった世界である。現代は、芸能のありかたや範疇じたいが既に大きく変貌している。その変化に即して、未来の天皇は、芸能とのあらたな関わりを生み出すことができるであろうか。

第三部　近世の天皇と和歌

鈴木健一

はじめに――古典の復権

中世の天皇と近世の天皇

後鳥羽《ごとば》天皇や後醍醐《ごだいご》天皇らが生きた中世は動乱の時代であり、天皇と政治権力の距離は近かったと言えるだろう。

対して、近世の天皇はどうか。

時代全体としては平和が持続し、安定した社会が生まれる。そして、徳川幕府が天皇に対して政治に関わる力を殺ごうとした結果、天皇と政治権力の間に距離が生じる。それと連動して、天皇は文化の頂点にのみ君臨する存在となった。なかでも、文事に長じていたのは後《ご》水尾《みずのお》天皇、次いでその皇子霊元《れいげん》天皇である。彼らは和歌や学問に心を砕き、幕府との確執もまま見られたものの、中世の天皇のように激しい抗争は生じなかった。

そして、近世初期に後水尾天皇らが歌壇を活性化させたことで、和歌史の命脈が保たれたと言っても過言ではない。

二一番目の勅撰和歌集『新続古今和歌集《しんしよくこきんわかしゆう》』が編まれたのが永享《えいきよう》十一年(一四三九)。このあと、勅撰和歌集の伝統は途絶える。和歌史の存続という点では、ここに大きな困難が生じた。しかし、その時にも、室町時代の後柏原《ごかしわばら》天皇、安土桃山時代の後陽成《ごようぜい》天皇、そして近世初期の後水尾天皇、近世前期の霊元天皇らによる宮廷歌壇が存続し、和歌を詠む営みが保証され続けたことで、和歌文学の歴史は途絶えることなく続いた。それは、天皇という文化の価値を体現する存在があったからこそ可能になったものなのである。

近世後期には香川景樹《かがわかげき》や加藤千蔭《かとうちかげ》ら地下《じげ》歌人によって和歌は再びさかんになり、大衆化する。そして明治時代になると、正岡子規・与謝野晶子・石川啄木・斎藤茂吉らによって近代短歌の伝統が形作られることになる。今日のわれわれが五七五七七の短詩文芸の豊かさを享受できているのは、万葉・古今・新古今及び明治の隆盛によるところが大きいわけだが、室町から近世初期までの和歌史における危機的状況が乗り越えられて、和歌史という一筋の道が切断されなかったことの意義も小さくない。

もし、この時期に宮廷歌壇がなかったなら、特に後水尾天皇の歌壇の活動が活発化していなかったなら、現代人は五七五七七のうたを詠んでいなかったかもしれないのである。

では、彼らの試みとは具体的にどのようなものであったのか。後水尾天皇を中心として、その前後の後陽成天皇・霊元天皇の和歌活動について見ていきたい。

後陽成天皇と学問・和歌の奨励

後陽成天皇は、元亀《げんき》二年（一五七一）に誠仁《さねひと》親王（正親町《おおぎまち》天皇皇子）の第一王子として誕生した。即位するのは、天正《てんしょう》十四年（一五八六）、一六歳の時で、このころになると豊臣秀吉の天下統一も完成に近づき、京都には平和が戻ってくる。それと軌を一にして、後陽成天皇も学問や和歌に積極的な姿勢を発揮するようになる。戦国時代も終焉を迎え、文化的に不毛な状況から抜け出そうとする試みが宮中でもなされたのである。それは、権威としての古典が復権することでもあった。

その一つに印刷事業がある。文禄《ぶんろく》二年（一五九三）に秀吉から朝鮮出兵の戦利品として持ち帰った銅活字を献上されると、年内に『古文孝経《こぶんこうきょう》』を勅命により印刷させている（ただし、現存しない）他、慶長《けいちょう》二年（一五九七）には『錦繍段《きんしゅうだん》』『勧学文《かんがくもん》』、同四年には『日本書紀神代巻』『四書』『古文孝経』『職原抄《しょくげんしょう》』、同八年には『白氏《はくし》五《ご》妃《ひ》曲《きょく》』を刊行させている。これらは、文禄・慶長勅版と称されている。右の書名からは、基礎的な漢籍や有職・歴史書によって、当時の公家たちが学問に入っていったことが知られるのである。

宮中では古典講義も熱心に行われ、歌会もしばしば行われた。その回数は前代の正親町天皇の時代に比べても飛躍的に増加している。

後陽成天皇は慶長十六年、四一歳で後水尾天皇に譲位するが、その六年前、慶長十年に慶長千首という大規模な営みを行う。結果的に、これが後陽成天皇の歌壇の集大成と言うべき催しとなった。

山科言経《やましなときつね》『言経《けいめい》卿記』や舟橋秀賢《ふなはしひでかた》『慶長日件録』、西洞院時慶《にしのとういんときよし》『時慶卿記』によれば、九月十六日に鶏鳴と同時に詠み始め、同日亥刻《いのこく》（午後一〇時ごろ）に詠み終えたという。一日で千首を詠むのは相当な知力と労力を要する作業である。後陽成天皇・近衛《このえ》信尹《のぶただ》・中院通《なかのいんみち》勝《かつ》・飛鳥井《あすかい》雅庸《まさつね》・冷泉為満《れいぜいためみつ》・智仁《としひと》親王ら当時の宮廷歌壇で重きをなした歌人たちを中心に三六名が出詠している。
巻頭歌は、後陽成天皇の、

立春朝
さほ姫の霞の衣立ちかへる春とはしるき朝ぼらけ哉

である。春の女神佐保姫の霞の衣も新年になって改まる春だということがはっきりと知られる、そんな今日の夜明け方であることだ。「霞の衣」は、霞が山にかかっているさまを衣服に見立てた表現。「（霞が）立ち」に「裁ち」が掛かり、「衣」と縁語《えんご》になる。立春が訪れ霞がかかっているさまを見ると、新しい一年の始まりが実感されるということ。ただし、そのような自然の光景だけが詠み込まれているのではないかもしれない。われわれも新しい時代の衣をまとって、再び文化的成熟をこの手に摑みたい。そのような宣言とも取れる一首から千首は始まったのである。

中世には数多くの千首が詠まれているが、慶長千首はその掉尾《とうび》を飾るものと言える。

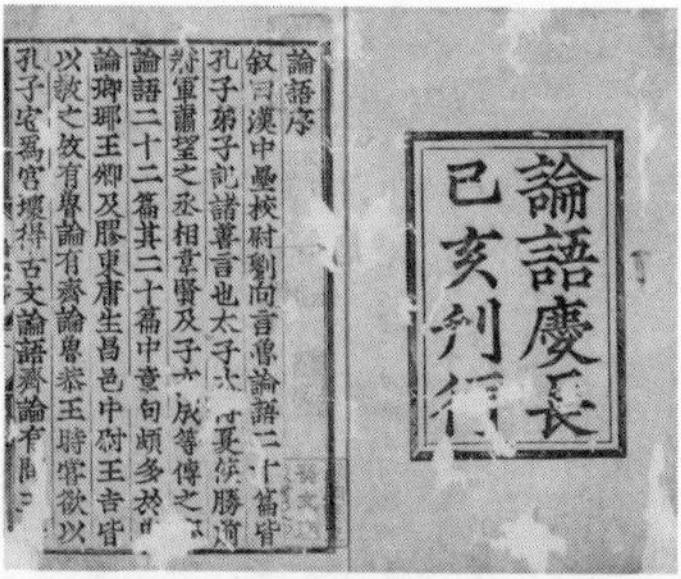

慶長勅版『論語』序　静岡県立中央図書館蔵

細川幽斎像　天授庵蔵

後陽成天皇の時代は、それ以前の戦乱の時代に比べれば、学問や和歌に専心できる状況が格段に整ったと言えるだろう。しかし、まだ安定した社会になってから日も浅く、文化的な環境としては不十分なところが多かった。やはり次世代の後水尾天皇の登場を待たないと、和歌を中心とする宮廷文化の充実は得られなかったのである。

細川幽斎からの古今伝受

後陽成天皇と和歌をめぐる印象的な逸話を紹介しておこう。

慶長五年（一六〇〇）、関ヶ原の合戦の年のことである。この年の三月に、細川幽斎《ほそかわゆうさい》から智仁親王への古今伝受《こきんでんじゅ》が開始された。古今伝受とは、最も重要な歌道伝授であり、中世に始まった。『古今和歌集』の語句についての秘伝などを師から弟子へと伝え授ける行為によって、その人物が歌道の正統を継ぐ者であることを正式に証明する儀礼なのである。この時、幽斎は六七歳、智仁親王は二二歳であった。

細川幽斎について少しだけ説明しておくと、彼は戦国時代を生きた武将だが、文芸にも詳しかった。そこで、正統的な伝授継承者の三条西実枝《さんじょうにしさねき》は、子の公国《きんくに》がまだ幼かったため、元《げん》亀《き》三年（一五七二）から天正《てんしょう》四年（一五七六）にかけて古今伝受を幽斎に授けた。子に伝えるべき秘伝を信頼する第三者に一時的に預けたということなのである。このことからも、幽斎が人物と和歌の実力の両面においていかに評価されていたかが知られよう。その後、幽斎は公国に伝授し、さらに公国が没した後では、その子の実条《さねえだ》に伝授している。そのようにして、古今伝受の系譜を絶やさぬよう努力して、幽斎は乱世の古今伝受継承の立役者となったのである。

さて、その幽斎から智仁親王へは、『古今和歌集』の講釈が行われるなど、伝授は着々と進んでいたのだが、幽斎のいた丹後の田辺《たなべ》城が石田《いしだ》三成《みつなり》の軍勢によって包囲され、籠城を余儀なくされた。そのため、伝授も中断することになってしまった。公国が没し、実条にはまだ授けていないこの時点で、幽斎は唯一の伝授継承者だった。このまま自分が戦死したり自害することになれば、歌道の伝統も途絶えてしまうことになる。そのことを危惧した幽斎は、古今伝受の箱と相伝証明状を使者に託して智仁親王に渡すことにした。その時に添えられた和歌は、

慶長五年七月廿七日、丹後国籠城せし時、古今集証明の状式部卿智仁親王へ奉るとて
いにしへも今もかはらぬ世の中に心の種をのこす言の葉（衆妙集）

というものである。

この歌は、『古今和歌集』の仮名序の冒頭、「やまとうたは、人の心を種として、よろづの言の葉とぞなれりける（日本の歌である和歌は、人の心をもとにして、多くの言葉となったものである）」を、表現的にも内容的にも踏まえている。

まず表現に着目してみると、「心の種」「言の葉」がそのまま詠み込まれている。そして、「いにしへも今も」は「古今」ということだから、ここも『古今和歌集』が意識されているわけである。

宮廷歌人たちにとって、平安時代の前期に成立し、その後の和歌の規範となった『古今和歌集』は、聖典としてすべての歌集の頂点に位置していた。その古今集歌を中心に先人の表現を取り入れることは後代の歌人たちにとって歌を詠む際の常套的《じょうとうてき》な手法であったのである。

和歌の意味を簡単に取ってみると、古も今も変わらない世の中に、すぐれた言葉が残って人々の思いを伝えている、ということ。この「世の中」は天皇の御代。「言の葉」は和歌。そして、「心の種」には、詠歌内容を規定するもろもろの感情ということ以外に、歌道を継承する歌人たちの思いという意味がこめられているのだろう。

そうすると、一首の意味はこんな感じだろうか。

『古今和歌集』の時代も、それから七〇〇年経って歌道が衰えたかに見える今も、変わることなく天皇の御代は続いている。歌道もそのように絶えることなく伝えられていってほしいという私の願いを託して、古今伝受をあなたに伝えましょう。

和歌は、一人一人の歌人の思いに支えられて、今日まで生き延びてきたのだ。この幽斎の歌からは、そのことを強く感じさせられる。

では、この時後陽成天皇はどうしていたのだろうか。天皇もやはり伝授の中断を深く憂慮して、なんとか幽斎の命を助けたいと願っていた。右の歌が詠まれてから一ヵ月少しが経った九月十二日、中院通勝《なかのいんみちかつ》らを勅使として向かわせて、田辺城を開城させたのである。後陽成天皇も、若い頃古今伝受を受けたいと願ったと伝えられるが、結局それは実現しなかった。しかし、このようにして歌道伝授の継続に貢献していたのである。当事者の熱意のみならず、それを取り巻く人々の支える気持ちがあってこそ、伝統は継続していく。幽斎が智仁親王に伝えたものが後水尾天皇に受け継がれるに至って、今度は代々の天皇らによって継承される御所伝授《ごしょでんじゅ》となっていくのである。

第一章　宮廷歌壇の充実

1　後水尾天皇の古今伝受まで

詠歌指導を受ける

本章では、近世の宮廷文化の隆盛に最も貢献した後《ご》水尾《みずのお》天皇を中心に記述していきたい。

後水尾天皇は、後陽成《ごようぜい》天皇の第三皇子として、慶長《けいちょう》元年（一五九六）に誕生した。同十六年には後陽成天皇の譲位に伴い、第一〇八代の天皇として即位する。在位中の同十八年には公家《くげ》衆法度《しゅうはっと》、元和《げんな》元年（一六一五）には禁中《きんちゅう》幷《ならびに》公家《くげ》中諸法度《ちゅうしょはっと》が制定され、後者の第一条には「天子諸芸能之事、第一御学問也」とあり、天皇の行動に規制が加えられている。そのようにして、朝廷に対する幕府の圧力が次第に強まっていった。元和六年には、徳川秀忠《ひでただ》の娘和子《まさこ》が女御として入内する。これも幕府の対朝廷政策の一環である。同九年には、和子が皇女（興子《おきこ》内親王）を出産した。後水尾天皇譲位後を継いで明正《めいしょう》天皇となる皇女である。

即位した慶長十六年から、譲位する寛永《かんえい》六年（一六二九）まで、すなわち一六歳から三四歳までの在位時代は、後水尾天皇の和歌にとっては修業期とも言うべき時期であり、譲位以後の和歌活動の基盤作りがなされた期間である。この時期には、いわゆる「禁中御学問講」

という、和歌・連歌・聯句《れんく》・有職・手習・楽・読書などの諸芸稽古も行われた。天皇として基礎的な教養を広く身に付けることが目指されたわけである。そこでは宮廷文化を象徴する和歌文学が重視されていた。

後水尾天皇の和歌の指導には、十代後半では近衛《このえ》信尹《のぶただ》が当たっていた。信尹の父は近衛前《さき》久《ひさ》。後水尾天皇の母も、前久を父とする前子（中和門院《ちゅうかもんいん》）であるから、つまり信尹は後水尾天皇にとって伯父に当たる人物なのである。それ以前には父後陽成院や祖父の前久が教えたこともあったようだ。まず近親者で歌道に通じていた人物が手ほどきをしたことになる。肉親に対する親しみの気持ちによって、若い天皇の学習が容易に進められたことが想像される。

後水尾天皇が一九歳の慶長十九年に信尹は五〇歳で没しており、その後、公式の場では智《とし》仁《ひと》親王が指導したが、内々には三条西実条《さんじょうにしさねえだ》と中院通村《なかのいんみちむら》が天皇の和歌指導を担当したと考えられる。この時、実条は四〇歳。すでに細川幽斎《ほそかわゆうさい》から古今伝受《こきんでんじゅ》を授かっており、宮廷歌壇で重きをなしていた。一方の通村は、もう少し若くて二八歳。ただし、後述するように、後水尾天皇は内々衆《ないないしゅう》として近侍した通村の方により親近感を感じていたろう。つまり、歌人として定評があり権威をともなっていた実条と、彼よりは年若くまだ権威にはなっていないものの、お側近くで親しく接しており年齢も近くて若い天皇が安心感を抱ける通村が指導を行ったわけである。信尹が没していなくても、二〇歳を過ぎたあたりで指導者の交代はあったのかもしれない。『中院通村日記』によれば、信尹が存命のうちから、通村が天皇の和歌について意見を述べることもあったようであり、実力をつけるためには、近親者ではない人物による、より専門的で厳格な教育が必要だったはずである。このの ち烏丸光広《からすまるみつひろ》も指導に加わった。

多くの修練を経て、寛永二年（一六二五）、三〇歳の年の冬に、後水尾天皇は智仁親王から古今伝受を受ける。智仁親王は、先に述べたように幽斎から古今伝受を受けており、歌人としても評価が高く、また、後陽成天皇の弟なので、後水尾天皇にとって叔父に当たる。親王という身分も大きい。つまり智仁親王は、高位、有力歌人、近親者という、あらゆる条件を完備した存在なのであった。

その智仁親王から最も重要な歌道伝授を授けられたことで、後水尾天皇は歌人として独り立ちしたのである。

古今伝受、その喜びの歌

古今伝受を受けた翌年の正月に後水尾天皇が詠んだ歌は、次のようなものである。

試筆

時しありと聞くも嬉しき百千鳥さへづる春を今日は待ちえて（後水尾院御集）

いつかいつかと待ち望んでいた古今伝受の時がまさにやってきたと鳴くかのような鳥の声

が聞こえてくる。実に嬉しいことだ。さまざまな鳥が鳴く春を待っていて、今日ようやく出会うことができた、と詠む。「試筆」は、その年の最初に作る歌である。春を待つと同時に、古今伝受されることをも待っていて、その両方が叶ったという喜びに満ちた歌なのである。「百千鳥」は、『古今和歌集』に収められた、

百千鳥さへづる春はものごとにあらたまれども我ぞふりゆく（春上・読人不知）

という歌に出てくる。古今伝受では秘伝の鳥とされており、ある時は鶯とされたり、また鶯を中心とする数多くの鳥とされたりした。現在では、特定の種類の鳥を指すとは考えられていない。いずれにしても、古今伝受ゆかりの鳥の名を詠み込むことで、その喜びをいっそう強く表現しているわけである。

ところで、後水尾天皇は後鳥羽《ごとば》天皇を尊敬し、また意識もしていたと考えられる（後述）が、後鳥羽天皇にも、

百千鳥さへづる春のあさみどり野べの霞ににほふ梅が枝（後鳥羽院御集）

という歌がある。もちろん、この歌の「百千鳥さへづる春」も『古今集』の歌から摂取されている。後水尾天皇は、自分が大切に思っている古今伝受が授けられた記念の歌を詠むに際

して、『古今集』にあるだけではなく、後鳥羽天皇の歌でもそれが取り込まれていることを念頭に置いて、「百千鳥さへづる春」という表現を選んだと想像されるのである。つまり、これから『古今集』を頂点とする歌道の世界に対して自分が立ち向かっていくに当たって、歴代の天皇の中でも和歌に長じており敬愛する天皇も用いた『古今集』の表現を踏襲することで、自分も厚い伝統を形作る歌人の一人になるのだという決意を表明した、とも取れるのではないだろうか。

2　譲位まで

二条城行幸

寛永《かんえい》三年（一六二六）九月、後水尾天皇は二条城に行幸し、徳川秀忠・家光《いえみつ》父子らの饗応を受ける。かつて全盛期の豊臣秀吉が後陽成天皇を聚楽第《じゅらくてい》に迎えたことにならったものとされている。

これは、幕府が天皇の権威を借りて、自らの政治権力を強化させるためのものだったと考えられる。このの ち江戸時代において、将軍私第への行幸は行われることはなかったという事実からも、幕藩体制が強固に築かれていったこの時期、特に幕府側が天皇の権威を必要としたことがわかる。

禁裏まで家光が天皇を迎えに行く行列には、江戸に警護のため残っていた以外の大名のほとんどが加わっていた。つまり、この行幸には大名統制の目的もあったわけである。その迎えを受けて、後水尾天皇は鳳輦《ほうれん》に乗り、多くの公卿《くぎょう》が後に続いて二条城に入った。沿道は多くの見物人でごった返し、行列の様子は今日でも多くの絵巻類によってうかがい知ることができる。『寛永行幸記』という書物も刊行され、幾度も版を重ねた。新しい時代の到来を象徴する記念的行事として人々の注目を集めたわけである。

九月六日に祝いの膳が出され、以後七日は舞楽、八日は和歌と管弦、九日は能楽が行われた。後水尾天皇は二条城に四泊五日して、還御した。

幕府側からは莫大な進物が贈られた。それに対して、行幸から戻った天皇は、秀忠を太政大臣《だじょうだいじん》、家光を左大臣に任じる。翌日、そのお礼として秀忠・家光が参内した。こうして公武融和を演出する大掛かりな催しは終了したのである。

さて、その歌会の席で詠まれた後水尾天皇の歌は次のようなものであった。

竹契遐年《ちくけいかねん》

もろこしの鳥も住むべく呉竹のすぐなる世こそ限り知られね　（後水尾院御集）

「竹契遐年」は、歌会に参加した全員が共通して詠んだ歌題。竹は常緑樹で、節が数多く連なるところから、和歌では永遠を寿《ことほ》ぐめでたいものとされた。「遐年」は長寿のことなので、「竹は遐年を契る」は竹が不老長寿を約束するという意味なのである。

「もろこしの鳥」とは、鳳凰《ほうおう》。徳の高い天子が世に出た時に現れるとされる鳥である。「呉竹の」は、「世」に掛かる枕詞《まくらことば》。「世」に「節」がきかせてあって、「呉竹」と縁語になる。この場合、「呉竹の」が「すぐなる」に直接つながって、竹のように真っ直ぐなという意味もこめていると見てよい。「すぐなる世」とは、正しい道が行われている世の中。

一首は、鳳凰も現れるような真っ直ぐで正しい道が行われている今の世は、尽きることなくすばらしい、ということなのである。竹の長寿にあやかって、今の世の永遠性を寿ごうとしている。

ところで、この場合の「世」とは、天皇の御代なのか、それとも徳川の世のことなのだろうか。和歌の伝統が天皇文化や権力を称えることと密接に関わり合いながら展開していったことを考えれば、天皇の御代の意味がないとは考えにくい。まして、詠者は在位中の天皇なのである。しかし、この時、後水尾天皇は招待されて二条城にいるわけだから、主催者に対する謝辞もこめられているはずだ。そういう点では徳川の世の意も含まれているはずである。つまり、双方の世の価値とその永続性に触れることで、その場の祝意を高めたと見るのが妥当なのであろう。深読みすれば、徳川の世の繁栄も天皇の権威をないがしろにしては成り立ちませんよという自負の表明とも取れるだろう。

それに対して、秀忠は、

呉竹の万代《よろづよ》までと契る哉仰《かな》ぐに飽かぬ君が行幸を（内閣文庫蔵『近代御会和歌集』）

というふうに詠んだ。「呉竹の」はやはり枕詞で、「万代」に掛かる。後水尾天皇の歌と同様、「代」には「節」がきかせてあり「呉竹」と縁語になる。いつまでも続くめでたい世を誓うことだ、いくら仰ぎ見ても飽き足りることはない、そのくらい帝の行幸はすばらしいものである、という意味であろう。下句ははっきりと天皇への礼賛なので、ここでの「万代」は天皇の御代を指す。臣下として天皇権力の永遠性を寿ぐ、かつて征夷大将軍であった者として天皇をお守りする気持ちを表す、といったところか。そもそも秀忠は招待した側なのだから、主賓に対して最大級の賛辞を捧げて当然なのである。これも深読みすれば、天皇の権威を借りて、われわれ徳川家もこの日本をずっと統治させていただきたいものだという期待がこめられていると見てよいだろう。

両者の応酬は、竹の慶賀性という型に則ったきわめて伝統的なものと言える。しかし、規範に基づきながら、相手やその場を賞賛することで、晴れの舞台が歴史的な厚みによって保証される。和歌の贈答は、そのようにして公武の紐帯を強めていく機能を発揮したと言えるだろう。

歌会のありかた

二条城行幸の時以外にも、後水尾天皇在位当時、さまざまな歌会が行われていた。『後水尾院当時年中行事』によれば、正月十九日の御会始、二月二十二日の水無瀬宮《みなせのみやご》御法《ほう》楽《らく》、二月二十五日の聖廟《せいびょう》御法楽、七月七日の七夕御会、九月九日の重陽《ちょうよう》御会が恒例となっていた。

御会始は、今で言うところの歌会始である。清涼殿《せいりょうでん》で行われ、最も多くの人数が参加する。逆に言うと、あまり和歌に熟達していない人物も晴れの儀式であるため義務的に参加しなくてはならない。そのため、事前に有力な歌人に自分の和歌を添削してもらうというようなことも行われた。

歌題はあらかじめ各自に伝えられた。これを「兼題」と言う。各自が事前に歌を用意しておくわけである。だからこそ、自信のない者は直してもらうこともできたわけだ。

御会始の歌題は、めでたい春の景物が選ばれることが多い。寛永元年には「柳臨池水」、同二年には「水石契久」、同三年には「毎年愛梅」、同四年には「初春松」、同五年には「鶯入新年語」、同六年には「多年翫梅」が選ばれている。

会の式次第も細かく定められており、たとえば宮方・摂家方という身分の高い人々が着座したのち、読師《どくし》、講師《こうじ》、発声《はっせい》、講頌《こうしょう》の順に着座していく。読師とは、各自の歌が書かれた懐《かい》紙《し》を披講する順に重ねて講師に渡す役。身分の高い者が担当する。それに対して、講師は、懐紙に書かれた端作《はしづくり》・作者・和歌を読み上げる役。和歌の実力に秀でた若手が担当する。さらに、発声が、講師の後を受けて、節を付け歌を読み上げる。その発声が歌い上げた初句に引き続いて、二句目からを発声と同様に合唱する数名の者が講頌である。歌を披露する際にも実に細かく役割分担がなされているのである。

このような様式化は、議事進行のためのたんなる決まりではない。常に規範通りに儀式を執り行うことが、和歌的伝統との一体感やその場で歌を詠む人々の連帯意識を高めていくことにつながるのである。形式の中に精神が凝縮されている。会の終了後は、酒を飲み、謡《うたい》を諷《うた》ったりする。

なお、恒例化している他の四つの歌会のうち、水無瀬宮御法楽とは、後鳥羽《ごとば》天皇の離宮水無瀬殿にちなみ、それへ和歌を手向ける行事。二月二十二日が後鳥羽天皇の祥月命日だから、この日に行われるわけだが、場合によっては、他の月の二十二日にも催される。後水尾天皇にとって後鳥羽天皇がいかに大事な存在であったかが知られる。

聖廟は、菅原道真《すがわらのみちざね》を祀った廟。特に、北野天満宮を指す。詩歌と学問の成就を祈願して行われる。道真の祥月命日は二月二十五日なのである。これも、他の月の二十五日に行われることがある。

恒例化しているもの以外にも、しばしば歌会は行われた。ここでは、宮内庁書陵部蔵『内裏御会和歌』から、寛永二年に催された歌会を挙げてみよう。

正月　十九日（御会始）
二月　六日（月次《つきなみ》）　十三日（公宴《こうえん》）　二十日（御会）　二十二日（水無瀬宮御法楽）
　　　二十四日（不明）　二十五日（聖廟御法楽）
六月　二十三日（公宴）　二十五日（聖廟御法楽）

七月　七日（七夕）二十四日（御会）
八月　二十四日（御会）
九月　九日（重陽）二十四日（御会）
十月　二十四日（公宴月次）

一年に一五回も開催されているが、すべてが均質というわけではない。御会始のように晴れの要素が強いもの以外に、二月十三日は一〇人、二月二十日は一二人というような小規模のものもある。後者は、内々の楽しみや修練を目指して行われたものと考えられる。いずれにしても、月に一回以上という頻度からはやはり並々ならぬ熱意が感じられるのである。

譲位

後水尾天皇が在位していた一八年の間には、父帝との確執、和子の入内、それによる最愛のおよつ御寮人《ごりようにん》との別れ、また譲位直前の紫衣《しえ》事件、春日局《かすがのつぼね》拝謁事件など、主として幕府との関係によって生じた危機が数多くあったわけだが、寛永六年、天皇は、突然譲位してしまう。

直前の二つの事件は譲位の理由ともされたわけだが、このうち、僧侶への紫衣の許可については天皇の権限によって行えるはずなのに幕府の横槍が入ったというものであり、また家光の乳母《めのと》として権勢を振るった春日局（拝謁前は「ふく」）も天皇からすれば無位無官の人物に過ぎず、その拝謁についてはやはり幕府の横暴と受けとめられた。天皇が持ち出したその他の理由としては、譲位の半年前に表明された、持病の痔の治療のためということがある。基本的に玉体には傷を付けてはならないわけだが、譲位すれば灸を据えられるからだ。しかし、やはり紫衣事件、春日局拝謁事件の方が直接的な原因と言えるのだろう。

譲位の時の歌として人口に膾炙《かいしや》しているのは、

葦原《あしはら》やしげらばしげれおのがままとても道ある世とは思はず（後水尾院御集拾遺）

である。「葦原」は日本国の意もきかせている。葦が生い茂っている原よ、茂りたいなら好きなだけ茂るがよい、どうせ正しい政治が行われている世の中ではないのだから。吐き捨てるような口吻《こうふん》が、譲位の無念さを伝えているとも取れる。なお、後鳥羽天皇にも、

奥山のおどろが下もふみわけて道ある世ぞと人に知らせん（新古今集・雑中）

という歌がある。奥深い山の茨《いばら》が乱れ茂っているその下までも踏み分けて行き、正しい道が行われているのだということを人々に知らせねばならない。正しい政治を行おうとする後鳥羽天皇の決意が表明された一首である。後水尾天皇の歌もこの歌の「道ある世」ということばを踏襲しており、明らかに意識していよう。承久《じようきゆう》の乱で武士との戦いに敗れた後鳥羽天

皇はかつてこの国を治めようとする天皇としての意志を強く表されたけれども、さらに武家の力が強まった今の時代においてはそのようなことを宣言することすらむなしいという後水尾天皇の感慨がこめられているとも言えよう。

もっとも、この「葦原や」の歌は後水尾天皇が詠んだものかどうか疑わしい。『後水尾院御集』にも収められていないのである。しかし、〈幕府の専横に怒れる天皇〉というイメージと連動して、巷間に流布してしまった。

そして、本当のところ、幕府との軋轢《あつれき》によってのみ譲位したとも思われない。天皇の位には制約が多く、心の負担も大きい。それに比べて、上皇になってしまえば、自由度も高く、やりたいことが可能な範囲も拡大する。そのような地位を得て、文化的な達成を求めたいという気持ちの高まりが、この時の天皇にはあったと想像されるのである。もちろん、そう望む心の底には禁中并公家中諸法度に従って文事に専念せざるをえなかったという政治的な事情も存在している。政治的に挫折したため文化へと移行したのか、それとも文化を追い求めて政治から遠ざかったのか。いずれにしても、政治的な立場と決別し、文化的なものを積極的に追い求めていく気持ちが寛永初年に高まって、譲位につながったということではなかったか。

その結果が、秀歌を詠み、花道に力を入れ、離宮を造り、仏道に励む日々へとつながっていく。その際にも、この天皇が本来持っていた、文学的・文芸的志向、大局を見渡せる能力、根底にあるおおらかな性格などが大きく作用していくのである。

3　寛永の詠歌活動

御着到百首

寛永十四年（一六三七）には後水尾院が「御着到百首《ごちゃくとう》」を詠み、同十六年には後水尾院と有力歌人によって『仙洞三十六番歌合《せんとうさんじゅうろくばんうたあわせ》』が催されるなど、この時期の宮中では充実した詠歌活動がうかがえる。後水尾院も四〇代半ばとなり、譲位してから一〇年前後が経っていた。気力も漲《みなぎ》り、さまざまな試みに挑戦したいという気分が芽生えていたのであろう。

「御着到百首」は、後水尾院が四二歳の時に行われた。三月三日に「立春」の題で一首を詠じたのを皮切りに、以後毎日一首ずつ詠むという営みが五月十四日まで続けられた。一日一首とはいえ、それを百日続けるのである。そして、一首たりとも疎かにはできない。緊張した日々が続いていく、難しい詠歌行為である。しかし、心技体ともに備わったこの年齢なればこそ試みる価値もあった。今ここで一〇〇首すべてを読んでいくことはできないので、印象的な一首を挙げて、鑑賞してみたい。

田家

思へ世は玉しくとても秋の田の仮庵《かりいほ》ならぬ宿りやはある（後水尾院御集）

思ってみるがいい。この世では玉を敷いて家を美しく飾ったとしても、秋の田を守るため仮に造った庵のようではない家などあろうか。いや、ありはしない。

つまり、この世で生きていること自体、仮の庵に住んでいるに等しいという、無常観とも取れる内容なのである。「玉敷《たましき》の庭」は、宮中を表すことばであり、この一首は後水尾院自身の感慨を述べたとも考えられる。自分は天皇として宮中に君臨しているわけだが、所詮この世は借り物なのであり、むなしいことだ。「思へ」と命令口調なのは、自分の支配する世の人々すべてに向かって、自らの思いを知らしめようとする口吻が感じられて、帝王風と言えるかもしれない。

「秋の田の仮庵」は、百人一首の巻頭歌としても有名な、天智《てんじ》天皇の、

秋の田のかりほの庵の苫《とま》をあらみわが衣手《ころもで》は露に濡れつつ（後撰和歌集・秋中）

を踏まえている。秋の田のほとりにある仮庵の、その苫の編み目が粗いので、私の袖は露にしっとりと濡れてしまった、というこの歌は、天皇が農民の辛苦を思いやった帝王ぶりの歌として歴史的に享受されてきた。後水尾院もそれを十分意識しているはずである。天智天皇の歌のことばを自分の歌に取り込むことで、歴代の天皇の系譜に連なる自己の立場を改めて認識してもいよう。

もちろん、百首にはそのような慨嘆がこめられたものばかりが並んでいるわけではない。

しかし、そのように読める歌も含まれているところがおもしろいとも言えるだろう。

なお、この時、烏丸光広《からすまるみつひろ》・中院通村《なかのいんみちむら》・平松時庸《ひらまつときつね》ら臣下の人々も同時進行で同じ題を詠んでいる。三条西実条《さんじょうにしさねえだ》にもほぼ同じ題の百首があり、この時のものである可能性がある。そのような事実からは、君臣一体となって挑んだ歌壇の充実ぶりもうかがえる。

仙洞三十六番歌合

寛永十六年十月五日、後水尾院四四歳の時には、歌合が行われた。歌合とは左右に分かれて歌の優劣を競う遊戯的な営みで、九世紀後半頃に始まり、平安・鎌倉時代にさかんに行われた。文学的な営みであると同時に、晴れの儀式でもあり、歌壇の隆盛を象徴する催しと言えるだろう。

もっとも、歌合は南北朝以後衰退していたので、『仙洞三十六番歌合』が催されたこの時期にはほとんど試みられていなかった。逆に言えば、かつて歌合が活発に行われていた平安・鎌倉時代の和歌の勢いを取り戻そうという意気込みも感じられる。

さて、この歌合では、後水尾院にとって同腹の弟である近衛信尋《このえのぶひろ》や、内々衆《ないないしゅう》として後水尾院に近侍し、歌人としてもすぐれていた中院通村、のちに後水尾院から古今伝受を授けられる飛鳥井雅章《あすかいまさあき》・岩倉具起《いわくらともおき》ら、主だった歌人二四名が出詠している。

歌題は季節にちなんで「冬天象」「冬地儀」「冬植物」。それぞれについて二四首が詠まれ、二首ずつ番《つが》えられて、勝負が判定される。この時、勝負を裁定する判者という役割は、齢もすでに六五歳に達していた三条西実条が担った。老齢ということに加えて、幽斎から古今伝受を授けられ、後水尾院の和歌指導にも携わったという、申し分ない歌歴のあった実条であればこそ、歌のよしあしを判定する人物としてふさわしい。

後水尾院の一首を挙げておこう。

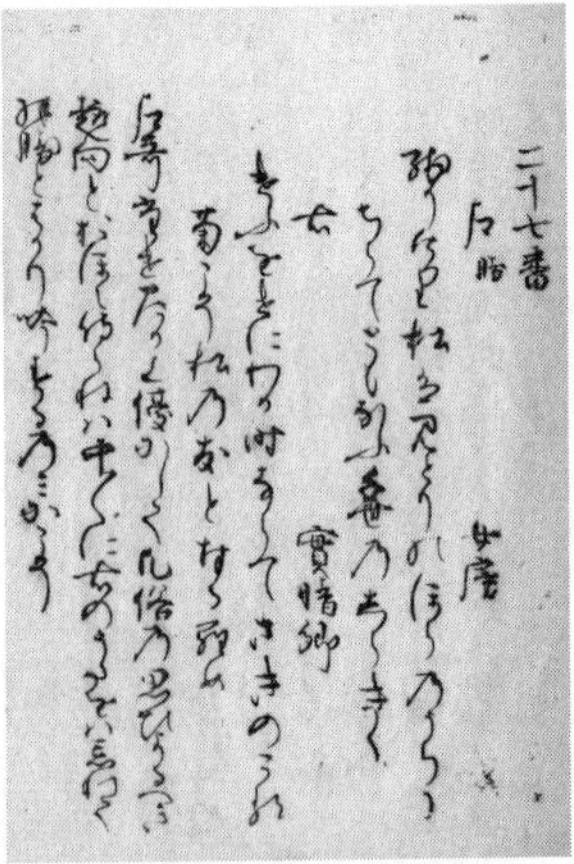

『仙洞三十六番歌合』「残りけり」で始まる後水尾院の歌と西園寺実晴の歌に続き、判詞が記されている。著者蔵

冬植物

残りけり松は緑の洞《ほら》の中に散らでともなふ千世の白菊　（後水尾院御集）

冬になっても残っていることだなあ、仙洞御所に緑色の松は。そして、千年の長寿を保証するとされる白菊も散らずにいっしょに咲いているのは実にめでたいことだ。「冬植物」という歌題に対して、万物が枯れる季節にもそうならない「松」「菊」を詠み込み、その永遠性を寿《ことほ》いでいる。「緑の洞」は、仙洞御所。「松は緑」と掛詞《かけことば》になっている。「仙洞」とは仙人の住む世界の意で、上皇・院をも表す。つまり、後水尾院が自らの住居について詠んだものなのである。

右の一首は西園寺《さいおんじ》実晴《さねはる》の歌と番えられ、勝とされる。この歌合では後水尾院はすべて勝を得ている。天皇であった人の歌を負と判定するのは憚られたという一般的な事情もあろうが、後水尾院の詠歌自体も充実していたのだと捉えておきたい。なお、この歌の判詞（判者による批評）に、

たけたかく優にして凡俗の思ひよるべき趣向とおぼえ侍らねば、中々に右の（実晴の）うたをば忘れて、殊勝とばかり吟ずるのみにこそ。

とある。「たけたかく（長高く）」「優に」は、それぞれ歌風を表す伝統的な専門用語で、用いる人物の価値観によって微妙な差異があり、定義するのは難しいが、最も単純に言えば、格調が高く優美だということ。「凡俗」は、並の人間で特にすぐれていない人のこと。ここでは、平凡な人間には思いもよらない詠み方で、実にすばらしいと絶賛しているわけだ。言い換えると、この評語からは、天皇ならではの詠風だという口吻が伝わってくると言えよう。それを表現面からあえて説明をつけるとすれば、「残りけり」とまず初句で歌い上げ、その内実を二句目以下で詠むという風格に、大らかでゆったりとした帝王ぶりを感じ取ったということだろうか。

なお、この歌合は、催された二年後に風月宗智という書肆《しょし》から出版されてもいる。当時、宮中の和歌の催しはめったに刊行されたりしない。おそらく自分たちの作品が多量に流布す

ることで権威が下がることを嫌ったためなのだろう。そういう意味では、この歌合の刊行は異例のことなのである。

功名心にはやった公家が独自の判断で情報を流したのだろうか。そこには金銭の授受もあったかもしれない。あるいは、後水尾院の許可を得て、歌壇の繁栄ぶりを世に広く知らしめるべくなされたものなのか。決定的な証拠はなく、どちらとも決め難い。

4　歴代天皇への思い

後鳥羽天皇追慕

さて、ここで目を転じて、後水尾院がそれ以前の天皇をどう意識していたかという点から、二人の天皇に焦点を当てて考えてみたい。

一人は、これまでも何度か言及してきた後鳥羽《ごとば》天皇である。後水尾院は第一〇八代天皇だが、後鳥羽天皇は第八二代、二六代前の天皇である。寿永《じゅえい》二年（一一八三）に四歳で即位し、一九歳の時から院政を行う。四二歳の時、承久《じょうきゅう》の乱によって敗北して隠岐《おき》に配流され、一八年後その地で崩御する。

後水尾院の場合は、禁中并公家中諸法度によって幕府から行動を規制されるなど軋轢は生じたものの、後鳥羽天皇ほどの大きな政治的挫折があったとは言えない。しかし、やはり自らの満たされない状況を後鳥羽天皇の境遇に重ね合わせて捉えようとするところがあったと考えられる。

また、文学的にも、後鳥羽天皇は『新古今和歌集』の成立に大きな影響を与え、その歌壇では藤原定家《ていか》・家隆《いえたか》・良経《よしつね》、慈円《じえん》らすぐれた歌人が活躍した。家集『後鳥羽院御集』、歌論書『後鳥羽院御口伝』も価値が高い。文学史に足跡を残した天皇としては、他にも勅撰漢詩集を編み自身も漢詩を詠じた嵯峨《さが》天皇や、『拾遺《しゅうい》和歌集』・『後拾遺《ごしゅうい》和歌集』の編纂に深く関わった花山《かざん》・白河《しらかわ》両天皇、歌論書『八雲御抄《やくもみしょう》』を著した後鳥羽天皇の子順徳《じゅんとく》天皇などが知られるものの、後鳥羽天皇の業績がやはり抜きん出ている。

同じく文芸的な志向の強かった後水尾院にとっては、憧れる気持ちも大きかったであろう。

そして、寛永《かんえい》十五年（一六三八）、まさに歌壇が充実していたその頃、後鳥羽天皇四百年忌の行事が宮中で催される。二月二十二日の水無瀬宮御法楽では、次のような歌が後水尾天皇によって詠まれた。

　　初春

ゆふべとは見しを幾世《いくよ》の光にて霞みそめたる春の山もと（後水尾院御集）

この歌の解釈をする前に、踏まえられている後鳥羽天皇の歌について、言及しておこう。それは、『新古今和歌集』春上部に収められている、

見わたせば山もと霞む水無瀬川ゆふべは秋となに思ひけむ

という一首である。遠くまで見渡してみると、向こうの山裾は霞んでおり、水無瀬川が流れている。『枕草子』が「秋は夕暮れ」（初段）と言ったけれども、なぜそう思ったのだろう。春の夕暮れもこんなにすばらしいではないか。だいたいの意味を取ってみると、そんな感じだろうか。後鳥羽天皇の代表歌の一つなのだが、丸谷才一『後鳥羽院』（筑摩書房、一九七三年）が「帝王として国見《くにみ》をしているのだという誇り、この眺望はすべて自分の所有するところだという満足」と指摘するように、いかにも帝王ぶりが感じられる作品である。

先に挙げた、後水尾院の歌はこれを本歌取りしている。「ゆふべとは見し」とは、後鳥羽天皇の歌の内容を指す。一首の意は、「秋は夕暮れ」という『枕草子』の美意識に異を唱えて、春の夕暮れを称揚した後鳥羽天皇の時代から、多くの年代にわたって続いたその威光によって、今また霞みはじめていることだ、この春の山裾は、となろう。「水無瀬川」ということばこそ詠み込まれていないものの、「ゆふべとは見し」「霞みそめたる春の山もと」という表現によって、後鳥羽天皇の歌が意識されていることは十分伝わってくる。

もう少し深読みしてみると、天皇家の威光が衰退したかに見えるこの世の中でも、私が憧れてやまない後鳥羽天皇ゆかりの水無瀬の地だけは、それがまだ残されているという、後水尾天皇の安堵感のようなものも掬い取れるのである。

天皇の威光が輝く過去と、そうなりたいと思ってもなかなか手の届かない現実との間を振り子運動のように往き来し、憧れとむなしさとが揺曳する中に、江戸時代の天皇の思いが透けて見えてくる。

後柏原天皇・三条西実隆の史的意義

もっとも、憧れの対象は後鳥羽天皇であっても、後水尾院が現実に手本としたのは、室町時代の後柏原《ごかしわばら》天皇の時代の歌壇のありかただった。その理由はどこにあるのか。それは、勅撰和歌集の歴史が絶えてしまったことと深い関わりがある。

『古今和歌集』を頂点とし、すぐれた作品を収録し権威ともなった二一の勅撰和歌集が、和歌史に及ぼした影響はきわめて大きかった。これは疑いようもない事実である。それが絶えたのは、最後の勅撰集『新続古今和歌集《しんしょくこきんわかしゅう》』が撰進された永享《えいきょう》十一年（一四三九）だった。だが、そのあとも営々と和歌は詠まれていく。

そして、勅撰和歌集なき室町時代の宮廷歌壇で最も栄えたのが、後柏原天皇の歌壇だったのである。後柏原天皇が在位していたのは、明応《めいおう》九年（一五〇〇）から大永《たいえい》六年（一五二六）。応仁《おうにん》の乱が起こったのは応仁元年（一四六七）で、その後も乱世が続き、皇室の財政は窮乏した。後水尾院の歌壇同様、多くの有力歌人が活躍し、活発に歌会が催されたものの、ついに勅撰和歌集が編まれることはなかった。

勅撰和歌集が存在しない時代を生きるのは、歌人たちにとって大きな欠落感を覚えることであったろう。それまで五〇〇年以上、勅撰和歌集が編纂されるということが上部構造にあって、和歌史は展開してきたのである。勅撰和歌集に選ばれるほどのすぐれた歌をいかに詠むかということを目標に、歌人たちは日々研鑽《けんさん》を積み重ねてきた。それがなくなった時代を歌人としてどう生きるのかは、彼らにとって大きな課題となった。

その対策として、後柏原天皇の歌壇では、どのように若手を育て優秀な歌人に成長させていくかを念頭に組織的に歌会が運営され、天皇を中心に親王や公家たちが技量を競い合っていった。後水尾院歌壇でもそれが大いに参考とされている。

そして、この歌壇には、三条西実隆《さんじようにしさねたか》というすぐれた歌人がいた。後柏原天皇よりもむしろこの実隆が後水尾院らに強い影響を与えたと言うべきかもしれない。

後水尾院がその子霊元《れいげん》天皇に対して和歌についてさまざまに述べた聞書『麓木鈔《ろくぼくしよう》』には、「逍遥院《しようよういん》歌、今の世の手本也」とある。「逍遥院」とは、実隆のことである。これだけだとわかりにくいが、他の箇所に、

歌のすがた、むかしより次第〳〵にうつりきたる也。今の世は逍遥院時分とかはる事なし。

ともある。つまり、万葉以来、歌風というものは移り変わって今日にまで至っているが、実隆が活躍した室町時代からあまり変化していないので、実隆の歌は特に参考になるというこ

とが言われているのである。実際にそうかというと、やや疑問もある。室町時代の歌の方がよく言えば端正、悪く言うとやや味気なく、江戸時代初期の方が姿がやや崩れているものの、芳潤さがまさっているように感じられる。しかし、とにかくそのような認識が、後水尾院にはあったわけである。

くり返しになるが、勅撰和歌集の歴史も途絶え、『古今』『新古今』の黄金時代もはるか昔のことになった。もはやそこには戻りえないのではないかという焦燥感や不安と、後水尾院や歌壇の人々も日々対峙しなくてはならなかった。しかし、根無し草のように心細い気持ちばかりがあったわけではない。歌会運営や歌風に関わる現実的な指標を示すものとして、後柏原天皇とその時代が彼らの前に存在し、それを拠り所として歴史的な時間は持続していった。そして、後柏原天皇、後陽成天皇、さらに後水尾天皇、つづいて霊元天皇と宮廷歌壇をつなぐ紐帯が、和歌史を生き延びさせ、今日にまで至る道筋を造り上げていったのである。

三条西実隆像　東京大学史料編纂所蔵肖像画模本

自然の光景を詠むこと

ここまで、和歌の解釈をする場合に、表層に表れた内容（主に自然の光景）だけでなく、そこにこめられた（特にその場に臨んだ）人間の思いを汲み取ろうとしたことが多い。もちろん、そういう読みも大切なのだが、純粋に景色の美しさを表現することに力点が置かれた歌（「叙景歌」と言う）も後水尾院は多数詠んでおり、その中に秀歌が少なからず含まれていることも注意しておきたい。

花随風

花よいかに身をまかすらんあひ思ふ中とも見えぬ風の心に（後水尾院御集）

桜の花よ、どうして風に身を任せて散ろうとするのか。心が通い合った仲とも思われない風の仕業であるのに。「身をまかす」「風の心」というように擬人法を用いて、桜花が風に誘われて散っていくさまを詠じている。「花よいかに」という表現は、先に触れた後柏原天皇の時代によく詠まれた。そのように語句も参考にしているのである。擬人化した桜に呼び掛けて、落花への哀惜の念を表明する一首のことば続きが非常に優美で、ゆったりとした感じを醸し出している。

夕郭公

子規《ほととぎす》夕とどろきのまぎれにも待つ一声はなほさだかにて（後水尾院御集）

「夕とどろき」は、夕方に、物音が騒がしく聞こえること。そのような中でも、待ち望んでいたほととぎすの声ははっきりと聞こえてくる、というのである。夏の到来は、ほととぎすの一声によって知るというのが、伝統的な美意識であった。ここでは、それを一心に待っていたため、夕方の騒がしさにも邪魔されることなく、その鳴き声を聞き分けることができたと詠む。それくらいすばらしい一声なのだという賞賛の気持ちもこめられていよう。これもことば続きがなだらかで、「にて」という終わりに品のよさが感じられる。

後水尾院の歌風

ここで、後水尾院の歌風についてまとめておく。それは、伝統的に宮廷和歌が目指してきた温雅なものであり、そして繊細な言語感覚を駆使し、より複雑な趣向を凝らして、新しさを求めようとするものでもあった。

私なりの言い方として、〈のどやかさ〉と〈硬質さ〉の共存という点を指摘しておきたい。〈のどやかさ〉は、歌ことばをつなぎ合わせるようにして詠まれてきたこれまでの和歌史の伝統に則って、院自身もいわば〈歌ことばのパッチワーク〉を行ってきた、その営みによって得られたものである。そこでは、歌ことばを優美につなぎ合わせる技術として「つづけがら」を整えることへの習熟が求められる。後水尾院は本来的な才能と後天的な努力によって、その能力に長けていた。

〈硬質さ〉も、歌ことばの集積と関連がある。当時あまりに和歌史が長く続き歌ことばが蓄積されて来たため、〈歌ことばのパッチワーク〉を行うことが困難な状況に直面していた。

微細な差異によって新しい美意識を生み出そうとすることがくり返され、詠まれる内容・表現がどんどん細分化されていく。それでも、なおかつその営みを続けようとしたため、観念的・論理的に歌ことばをつなげようとする傾向が徐々に生じ、それがある種のことばの屈曲を創り出すことになったのである。歌ことばという伝統への信頼とその揺らぎという、矛盾するような二つの事柄が共存するあやうい均衡のなかでかろうじて成り立っているのが後水尾院の和歌だったのである。

第二章　後水尾院をとりまく人々

1　中院家の役割

天皇を補佐する

ここまで、後水尾院に焦点を当てて述べてきたが、臣下のありかたについても考えておこう。

寛永《かんえい》期において、後水尾院の宮廷歌壇を実質的に指導したのは、三条西実条《さんじょうにしさねえだ》・烏丸光広《からすまるみつひろ》・中院通村《なかのいんみちむら》という三人の歌人であった。このうち後水尾院にとって最も重要な存在だったのは、中院通村である。

実条は先に述べたように寛永十六年に催された『仙洞三十六番歌合《せんとうさんじゅうろくばんうたあわせ》』の判者をつとめており、歌壇で重きを置かれていたろうし、光広は幕府に近い立場であったため宮廷の中枢にいたわけではなかったが、和歌をはじめとするその才気は誰もが認めるところであった。そういうわけで、経験や実力では実条や光広に一日の長があったものの、通村は年齢的に後水尾院に近く内々衆《ないないしゅう》として近侍したことによって、後水尾院の信頼を最も勝ち得ていたと想像されるのである。

中院通村像　京都大学総合博物館蔵

そして、寛永末に実条・光広が相次いで没すると通村一人が大きな指導力を発揮して、若い歌人たちの作品に添削を加えるなど精力的に活躍することになる。それは、彼が没するまで十数年続いた。形の上では、後水尾院が頂点におり、院自身も古今伝受《こきんでんじゅ》を受けているわけだから、一人前の歌人ではあった。しかし、経験も多く、歌人としての能力も十分備えていた通村が実際的な指導に携わったことで、よりすぐれた和歌活動が保証されたのである。

つまり、通村は天皇を補佐し、歌壇を指導してその活動を盛り上げる重要な役割を担ったわけだが、このことはこの時代の中院家全体の特徴とも言える。

というのも、江戸時代前期において、中院家の人々は、天皇が即位し新しい宮廷歌壇が成立した際には、すでにある程度の実力を蓄えており、まだ若い天皇を補佐しながら歌壇全体を支えていくような役割を果たしていたのである。

このことをもう少し詳しく言い換えてみると次のようになる。まず宮廷歌壇の構成員は、大別して二種類が考えられる。ひとつは、歌壇の成立時には、主宰者である天皇より年齢が上で、それ以前に他の場所（主に前代の宮廷歌壇）で修業を積むなど文学的経験が豊富で、それ相応の実力を持っている者、いまひとつは、歌壇の成立時にはまだ初心者で、歌壇内において活動するうちに実力を得ていった者――いわゆる生え抜き――である。そして江戸時代前期の中院家の人々の多くは前者に属し、さらにかなりの実力を有し中枢にいたのである。具体的には、後陽成院歌壇における通勝《みちかつ》、後水尾院歌壇における通村、霊元《れいげん》院歌壇における通茂《みちもち》が、それに当たる。

天皇が主宰しているといっても、すべて一人で意のままに動かしていたわけではない。すぐれた能力を持った臣下が補佐してこそ、その歌壇の活動も活性化するのである。そのようにして、君臣一体となって和歌制作に邁進することで、天皇を頂点とする和歌という文化の内実も高められ、権威も保たれていく。

通村が江戸に幽閉される

ところで、寛永七年（一六三〇）九月、通村が四四歳の時には、武家伝奏《ぶけてんそう》という、武家の奏上を朝廷に取り次ぐ役職を罷免され、寛永十二年には江戸に幽閉されてしまう。後水尾院が譲位した時に武家伝奏だったので、幕府への連絡などについて配慮が行き届かなかったと判断されたのかもしれないし、もともと天皇の側近として幕府からはあまりよい感情を持たれていなかったのだろう。

幽閉された通村に、後水尾院は、

思ふより月日経《へ》にけり一日《ひとひ》だに見ぬは多くの秋にやはあらぬ（後水尾院御集）

をはじめとする五首を遣わした。あなたのことを思っているうちに、月日が過ぎてしまいました。一日でも会わないでいると千年も経ったかのように感じられます。「一日千秋」ということばを織り込んで、通村を思慕する気持ちを表したのである。

また、内大臣九条道房も歌を贈り、それに対して通村が詠んだのは、

行く方に身をばさそはで夜な夜なの袖の露とふ武蔵野の月（後十輪院内府集）

というものだった。歌意は、行く方向に私を誘おうともせずに毎晩袖にかかる涙を見舞う武蔵野の月であることだ。武蔵野の月を見ているということは、すなわち江戸に幽閉されているという状況を示している。月の行く方とは西、つまり御所のある都を指す。西へと傾いていく月は私を一緒に連れて行ってくれはしない、そのため私は夜な夜な涙を流さずにはいられないというのである。

真偽のほどは定かではないが、後世の随筆がこの事件についてさまざまな説を記している。土肥経平《どひつねひら》の随筆『風のしがらみ』や神谷養勇軒《ようゆうけん》『新著聞集《しんちよもんじゆう》』には、家光から古今伝受を所望されたが、拒否したため幽閉されたとある。含弘堂偶斎《がんこうどうぐうさい》『百草露《ひゃくそうろ》』は、通村の歌に感銘を受けた南光坊天海《なんこうぼうてんかい》が赦免に尽力したとする。武士も僧侶も、天皇・公家を中心とする古今

伝受の世界に価値を認めていたのである。

2　禅との関係

一絲文守との交流

さて、譲位して上皇となり、和歌をさかんに詠んだ寛永の半ば頃、後水尾院は同時に禅にも傾倒していった。その大きな契機となったのは、一人の禅僧との出会いだった。公家の岩倉具堯《ともたか》の三男で、沢庵《たくあん》に師事した、一絲文守《いっしぶんしゅ》がその人である。『仏頂国師年譜』では、寛永八年（一六三一）、後水尾院が三六歳の時に一絲を召し、仏法について質問して契りを結んだとする。この時、一絲はまだ二四歳。後水尾院の方が一回りも年上だった。

一絲文守像　京都・霊源寺蔵

寛永六年紫衣事件によって沢庵が出羽に流された時、一絲は羽州までともに下った。翌年、帰洛。同九年には丹波の地に隠棲し、同十一年には烏丸光広が彼のために桐江庵を建てている。

後水尾院も、寛永十五年に一絲のために京都西賀茂に霊源《れいげん》庵を創建し、同十八年には、桐江庵をもとに法常寺を創建して、一絲を開山にしている。他にも、病気になれば医者を遣わしたり、あるいは硯を与えたりと、一絲に対する思い入れは非常に大きいものがあった。正保《しょうほう》三年（一六四六）、一絲は三九歳の若さでこの世を去るが、彼を追慕する気持ちは一生変わることはなかった。

なぜこんなにも一絲に魅かれたのか。一絲の禅僧としてのすぐれた資質に加えて、遠い縁戚関係にあったという親近感も関係していたのかもしれない。一絲の祖父久我《こが》晴通《はるみち》と後水尾院の曾祖父近衛《このえ》稙家《たねいえ》とは兄弟だったのである。だが、そういうことだけでなく、後水尾院はとにかく一絲という人物が気に入っていたのだと思う。

寛永十七年には、一絲が贈った漢詩十首の末字（七言絶句なので、結句の最後の一字）を用いて、後水尾院も自分の和歌を詠むということが行われた。十首のいちいちについて、一絲の末字を自分の和歌の結句に入れなくてはならないので、なかなか手間のかかる作業である。ここでは、そのうちの一例を取り上げて読んでみよう。

まず一絲の詩を寛文七年（一六六七）刊行の『一絲和尚語録』によって掲げる。

憶昔誅茅空翠間　　憶ふ昔　茅を誅す　空翠の間
随縁幾度入人寰　　縁に随つて　幾度か人寰に入る
而今悔識聖天子　　而今　悔ゆらくは　聖天子に識られて
滅却生前一味間　　生前一味の間を滅却することを

「茅を誅す」は、草木を切り払い除くこと。「空翠」は、空高く聳《そび》える木々の間。「聖天子」つまり後水尾天皇の招きを受けると山居から出て「人寰（人間社会）」に入らねばならず、「生前一味の間（生きているうちの味わいあるいとま）」を失ってしまうことが実に残念だと率直に言う。

それに対する後水尾院の歌は、以下の通り。

うら山し思ひ入りけん山よりも深き心のおくの閑《しづ》けさ（後水尾院御集）

うらやましく思います。一途に思って、入っていって修行している山奥よりさらに深い、あなたの心の奥底にある閑かな気持ちを。ここに詠まれる「心のおくの閑けさ」こそ後水尾院が禅宗に求めていたものだったのだろう。

もっとも、この歌は、一絲の悩んでいる気持ちをきちんと汲み取らずに、立派な境地を羨ましがるという表面的な答えに終わっているようにも思われる。ただし、一絲の悩みに正面から向き合ってしまったら、天皇が一絲との付き合いをやめてあげるのが一番よいということになるので、天皇としてはこう答えるしかなかったのだろう。

なお、ここでは一絲の詩の末尾「間」に対応して和歌では「閑」を用いているが、これらは本来別字。ただし「間」には、静かで落ち着いているさまを表す、「閑」と同じ意味もある。

啐啄同時の歌

禅の内容に関わる、後水尾院の歌を一首読んでみよう。これには、近衛信尋が解説を加え、さらにその末字を用いて一絲が偈《げ》を作っている。信尋は、後水尾院の同腹の弟で、後水尾院と一絲との間を仲介した公家である。また、偈というのは、悟りの境地などを表現する宗教色の強い漢詩のこと。

啐啄同時眼

さやけしなかひごを出づる鳥が音に藪しもわかずめぐる光は（後水尾院御集）

まず、歌題になっている「啐啄同時眼」について解説しておく。「啐」というのは、鶏の卵が孵化する際に殻の内側から雛鳥がつつくこと。「啄」は、母鳥がそれに応じて外側から殻をつつくこと。その両者が同時に行われてこそ無事に雛が孵《かえ》ることができる。これは、学ぶ者と師の双方が意気投合した時に初めて悟りが開けるということの比喩で、臨済宗で尊重された仏教書『碧巌録《へきがんろく》』に載っている禅語なのである。

後水尾院の歌のうち、「かひご」は卵。『万葉集』にあることばである。「藪しもわかず」は『古今和歌集』にある表現を踏まえており、藪だからといって差別したりしない、ということ。歌意は、実に明るいことだ、卵の殻を破って出てくる鳥の鳴き声に伴って、藪だからといって分け隔てせず降り注ぐ光というのは。つまり、草藪にいるようなわが身ではあるが、だからといって分け隔てをして、仏の教えを伝えて下さらないなどということはない。そのような恩徳あふれる光が差し込んで、今日私も悟りを開くことができましたという、後水尾院の気持ちが詠み込まれた一首なのである。この「光」は卵の殻が割れた時に雛が初めて見る日光であるとともに、後水尾院にとっての悟りの光明である。

つまり、一絲との出会いによって、禅宗の教えの深いところまで導かれたことへの喜びを、有名な禅語を歌題とし、また『古今和歌集』の表現を援用して、歌人として表明したというわけである。「啐」は後水尾院の行為、「啄」は一絲の行為をそれぞれ表す。歌意からは、一絲への愛着も強く伝わってくると言えるだろう。

禅宗と和歌

それにしても、どうしてこんなにも禅に熱中したのだろうか。

禅宗が理想とする境地に純粋に憧れを抱き、精神修養のために学んだという側面も大きいのだろうし、一絲という人物の魅力も一役買っていたろう。しかし、それだけではなく、和歌を詠む際に役立てたいという思いも後水尾院にはあった。

公家の烏丸光雄《からすまるみつお》が語った内容を、俳人としても有名な岡西惟中《おかにしいちゆう》が書き留めた『光雄卿口授』には、次のような記述がある。

歌、第一心頭の無事にもとづくべし。心頭の妄想へだたればうた宜《よろ》しからず。其時《そのとき》無理によめば真の所へいたらず。是非ともに行かんとすれば、いばらからたちにかかりて身をそこなふがごとし。労して功なきもの也。後水尾仙洞勅諚《ちょくじょう》にも、禅法をしらずは歌はよまれまじきぞと仰せけるとぞ。これ心のへだてものをのぞかむが為也。

おおまかに意味を取ると、よい歌というものは、心が作為にとらわれて、妄念が浮かんでいるような状態の時には生まれない。そこで無理しても、真によい歌境へは至れないのである。そして、後水尾院が仰ることには、禅の教えを知らないでよい歌を詠むことはできない。なぜなら、禅宗を学ぶことで、心にある障害を取り除くことができるのだから、ということ。

同様のことは、公家の日野資枝《ひのすけき》が述べて石塚寂翁という人物が記した『和歌問答』という書にも、「後水尾院仙洞勅にて、禅法は不知《しらず》は歌はよまれまじとのたまひしとぞ。是《これ》心の濁物を取りてのくるのため也」と記されている。後水尾院がそのように述べたことが臣下の心に刻まれ、それぞれの門人にも伝わっていったということなのである。

それに関連して、『光雄卿口授』には次のような考えも記されている。

歌はもと心を清静にして無一物にてよむべし。我も題にて歌よむに、ひとへに歌書などいろいろみて後に何もかも皆取り捨てて居所をもきよくして念頭を涼しくなして、時雨の題なれば時雨にぬれ、霞の題なれば霞にまじりてよむなり。

歌を詠む時には、とにかく心を静寂にして、何事にもとらわれずにいるのがよいというのである。その過程をもう少し具体的に述べると、まず過去の和歌作品や歌論をよく読んで学習することが必要である。そういうことをし尽くした上で、すべてを取り払って、わだかまることなくさわやかに心を保ち、歌題となっている自然物と一体化したところで湧き上がってきた想念をことばにするとよい歌ができるという。これは、光雄一人の考えではなく、当時の宮廷歌壇の歌人たちが一様に抱いていた和歌観であった。

これまで集積されてきた表現や理論を学んだあと、すぐにそれらを用いて歌を詠むのでは第一級の作品はできない。その間に、頭で学んだことをいったん捨てて、澄み切った心によって濾過していくことが要請される。理屈でなく、精神化・身体化した世界が必要とされているのだ。

そのような過程を後押しするものとして、禅宗は期待されていたわけである。

3　指導者として

詠歌添削と古典講釈

承応《じようおう》二年（一六五三）に中院通村が没し、同三年に後光明《ごこうみよう》天皇が若くして世を去ったのち、後水尾院は、自分自身が歌を創作するよりも歌壇の歌人たちを指導することへと活動の重点を移していく。指導的存在にあった通村や期待していた皇子後光明天皇を失ったことによって、自分が直接後継者を育てなくてはという意欲が強く生じてきたにちがいない。

すでに宮廷歌壇の地歩は固められていた。次の課題は、それを次の世代に——具体的には後西《ごさい》天皇を中継ぎとして霊元《れいげん》天皇へと——期待をこめて引き継ぐことにあったのである。

そのような決意のもと行われたのが、後水尾院による詠歌添削と古典講釈である。

すぐれた歌を詠むことができる自分の皇子や臣下の和歌を本格的に添削指導し始めるのは万治《まんじ》二年(一六五九)の五月からで、寛文《かんぶん》二年(一六六二)の四月まで、約三年間にわたって三四回も行われている。開始時点で、後水尾院は六四歳になっていた。

なお、この一連の添削を、開始された時の元号にちなんで「万治御点《まんじおてん》」と称している。その添削のされ方を逐一検討していくことはできないので、ここでは一例のみを掲げておきたい。

作者は、先に触れた後西天皇。後水尾院の第八皇子で、後光明天皇崩御後、即位していた。この時も在位中である。家集に『水日集《すいじつしゅう》』があり、第一九皇子で後西天皇のあとに即位する霊元天皇の歌壇には規模も質も及ばないものの、宮廷歌壇を主宰しており、歌人としてもすぐれた資質を有していた。

添削前と添削後の本文は、それぞれ次の通りである。

待恋

今宵さへふくる恨みを思へ人頼めぬほどの憂さはものかは

思へ人また今宵さへふくる夜に頼めぬ先の憂さはものかは

後水尾院の評が付されていて、「『憂さ』、『憂き』は、表現としてはどちらでもよい。下句は悪くない。上句が少し調和していない」と言う。なるほど、悪くないと言われた下句のうち「憂さはものかは（辛さは物の数ではない）」はそのままである。調和が取れていないとされた上句だが、「思へ人（思ってみるがよい、恋しい人よ）」が冒頭に移されている。より印象的な始まりにして、姿を整えようというのである。また、添削前には「恨み」「憂さ」と近いニュアンスのことばが重複していたのを、「憂さ」のみに絞ってすっきりさせた。

この時期には、それまでに詠まれた和歌作品の量が膨大になっている。かといって歌ことばの範囲は限られている。そのような中で新しさを示すには、ことばの続き具合を流麗にし、どのような作品世界を描こうとしているかの筋道をより鮮明に打ち出す必要があった。専門用語で言うと、「つづけがら」「道理」への着目ということが求められたのである。

添削されたあとの歌を解釈してみると、思ってみるがよい、恋しい人よ、また今晩もあなたが来るのを待っているうちに夜が深まってしまったが、それに比べれば、来ることをあてにできなかった時の辛さなど物の数ではない、となる。

添削前は「頼めぬほどの憂さ」だったのを、「頼めぬ先の憂さ」としたことで、自分のところにやって来るという約束をしてもらったのに来なかった時の辛さは、それ以前の約束すらなかった時の辛さに数倍勝っているというふうに、時間的経緯を明確にしているのである。このようにさまざまな工夫が施されて一首の歌が出来上がっていった。

また、この時期には、後水尾院が『伊勢物語』『源氏物語』『百人一首』『詠歌大概《えいがのたいがい》』などの講釈を行って、それを歌壇の有力な歌人たちが聴講した。これらの書物の内容は、和歌を詠む上で当然知っていないといけないものだった。それを、後水尾院自らがことばの意味ひとつひとつにこだわって、懇切丁寧に解説していったのである。

後水尾院による古今伝受

そのことの集大成として、後水尾院による古今伝受があった。より正確には、古今伝受を目指して行われた修練が詠歌添削と古典講釈だったと言うべきなのかもしれない。

すでに自分以外の被伝授者は、実条《さねえだ》の死によってこの世にいない。後水尾院にとってはぜひとも新しい被伝授者を作っておく必要があった。

歌人が一人前になった証として授けられる古今伝受は、これまでもしばしば触れてきたように室町時代以来の伝統があるものだったが、この後水尾院の伝受は、従来一対一の人間関係によって支えられてきた秘伝思想とは異なり、二度の機会で八名に対して伝授するという異例の形式になっている。

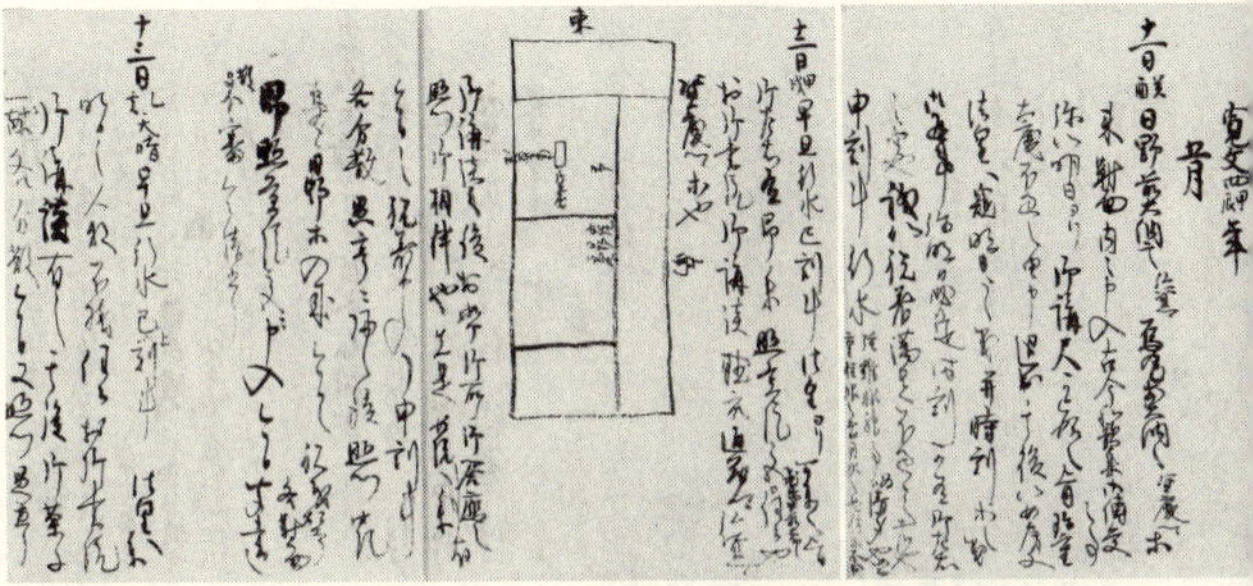

古今伝受御日記　寛文四年五月　後西院宸筆。5月11日の条に伝受までの経緯を記して、12日より講義が法皇御所の御書院で行われたと指図を描いて記す。東山御文庫 御物

江戸時代という時代は、それまでの時代よりも、共同で事に当たるという機会が増えてきたように思われる。社会がある程度安定してくると、傑出した個が独力で活躍するよりも人々の力が結集されている方が、物事が円滑に行われやすい。同時代の儒学者林羅山《はやしらざん》も、すぐれた個人としての力量が取り上げられがちだが、それだけではなく、四書に訓点を施すに際して大人数で討議したり、『寛永諸家系図伝』の編集にも多くの学者が動員されたりしているなどの共同作業を取り込んでいるのである。そういった時代全体の風潮も、古今伝受の集団性の確立に一役買っていよう。

さて、具体的に伝授された歌人たちの顔ぶれを見てみよう。

明暦《めいれき》三年（一六五七）　尭然《ぎようねん》法親王《ほっしんのう》・道晃《どうこう》法親王・岩倉具起《いわくらともおき》・飛鳥井雅章《あすかいまさあき》

寛文《かんぶん》四年（一六六四）　後西院・日野弘資《ひろすけ》・烏丸資慶《すけよし》・中院通茂《なかのいんみちもち》

後水尾院にとって、尭然法親王・道晃法親王は弟、後西院は皇子と、いずれも血縁のある人々である。飛鳥井雅章・日野弘資・烏丸資慶・中院通茂らは、歌人として非常にすぐれていた人々である。岩倉具起は、後水尾院の側近としての親しみもあって授けられたのであろう。

さて、その伝受の内容とは、どのようなものであったのか。おおまかな流れを、寛文四年を例にたどってみよう。

二月七日に、被伝授者の四人が三〇首ずつ歌を詠み、仙洞御所へ持参し、後水尾院に進上した。そして、後水尾院がそれを添削する。

つづいて、五月十二日から五日間、後水尾院が『古今和歌集』の和歌を講釈していくのを被伝授者が聴聞する。この時には七年前にすでに伝授されていた道晃法親王・飛鳥井雅章も加わっていた。その内容は書き留められ、聞書として今日にまで伝わっている。それによって、この講釈が、ことばの意味や歌の内容について主に述べられていることがわかる。

それが終わって一日置いて、五月十八日には、奥秘とされる内容を別々の切紙《きりがみ》に記したものが伝授される。いわゆる切紙伝受である。これが古今伝受の中でも最も重要な行為であったと言ってよいだろう。選ばれた者だけが知ることのできる奥義を披見することで、被伝授者はその重責を改めて感じ、さらには恍惚感に浸るのである。このような営みは、もともとは神道などで口伝では誤って継承されてしまいがちなのを恐れて、切紙に書き付けて秘儀を伝えようとしたことに淵源があるとされている。

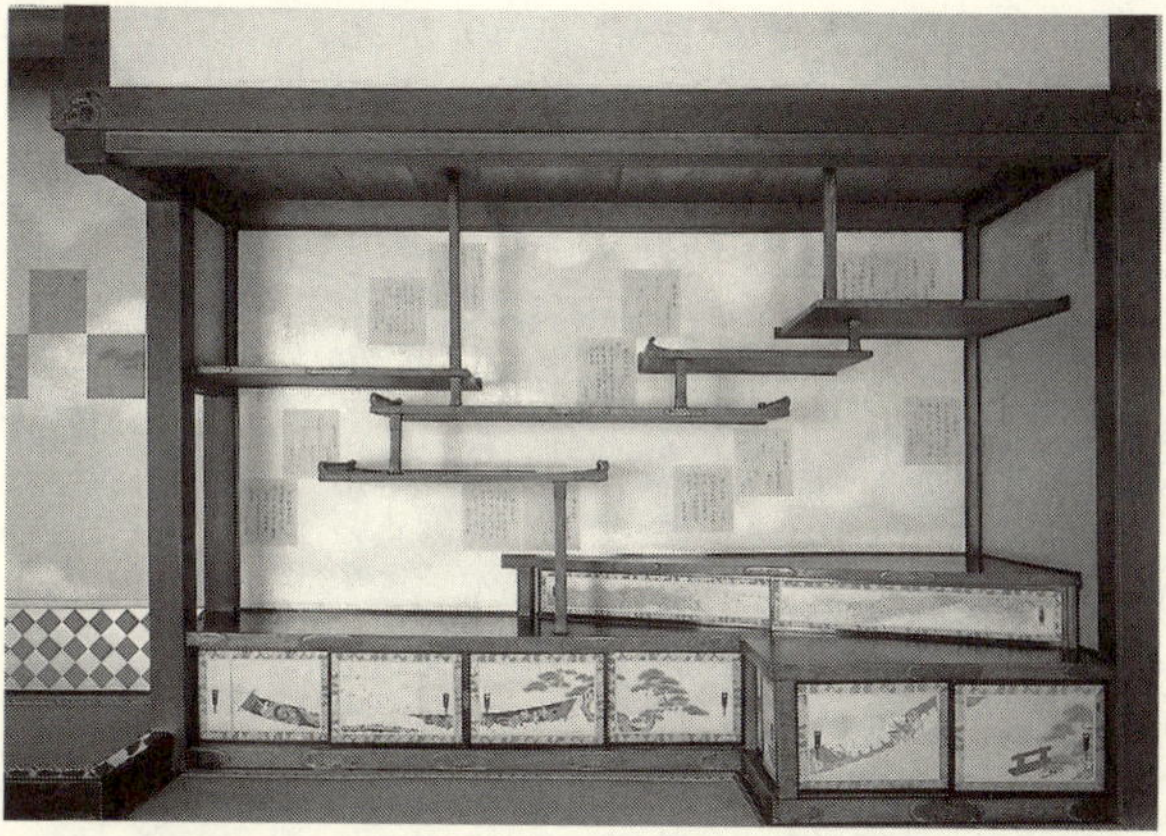

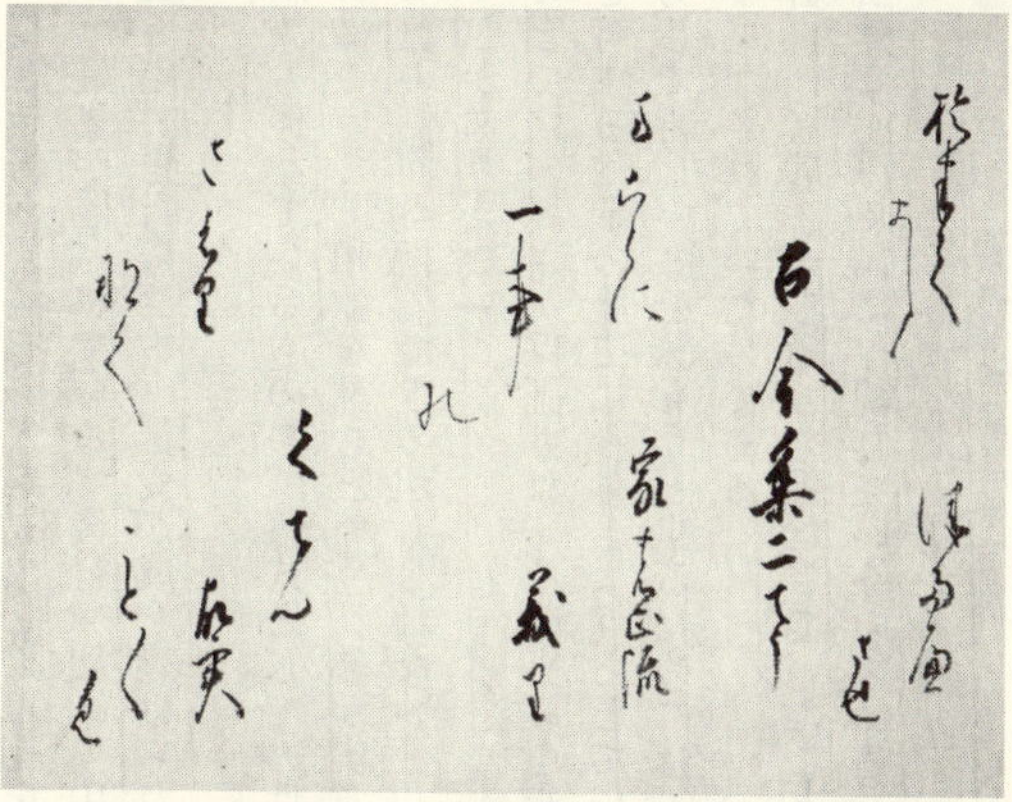

後水尾院の古今伝受　下は後水尾院が日野弘資に宛てた散らし書きの宸翰で、「古今集二帖、家の正流義理口伝故実、悉く伝へさせおはしまし候」と、古今伝受が終了した旨を述べる。御物。上は、後水尾院が造営した修学院離宮の中離宮客殿一の間。宮内庁京都事務所提供

同日、伝授された内容を他に漏らさないことを誓う誓状を各人が提出し、お礼を申し述べて、進物を披露・進上する。翌十九日には、饗宴が催されている。後日、切紙の中味について質疑応答が交わされた。そして、翌寛文五年の正月に、古今伝受が成し遂げられたことの証明状が下されたのである。

以上からは、実際的な詠歌指導や古典講談も伴っているものの、儀式としての性格も強いものだったことがうかがい知れよう。これについて、和歌を詠むという行為が実質的なものから乖離して形骸化しているというような負の側面も指摘できるかもしれない。しかし、そのようにしか捉えられないのでは一面的でしかありえない。

伝授の場では、儀礼として整えられることで格の高さが保証され、その高みを求めて伝授者と被伝授者が一体となって、長い伝統を有する和歌の歴史に参与しようとしている。これまで蓄積された膨大な過去の和歌表現に対して新しい歌を詠もうとするためには、そのような紐帯がもたらす高度な精神性が必要だと見なされていたのである。

その時、天皇という権威が古今伝受の価値を確定させる働きを果たしていたことは言うまでもない。そのようにしていわゆる御所伝受は江戸時代に存続していくのである。

4　さまざまな和歌

蜘蛛手の和歌

ここで、後水尾院が詠んだ、変わった歌を紹介しよう。いわゆる「蜘蛛手《くもで》の和歌」とも、「文字鎖」とも称されているものである。二四〇頁の写真をご参照いただきたいのだが、このようにきわめて図像的な作品なのである。共通する文字を有しながら、一六首の和歌が縦・横・斜めにちりばめられている。これだけでも凝ったもので、なかなか簡単にはできないだろうと思われるが、それのみが工夫ではない。じつは、他にも二つの意匠が凝らされている。

一つ目だが、五文字置きに大きく書かれた文字を右上から外枠に沿って並べていくと、

登有勢宇能美屋散無志有佐牟具半伊喜越騰部良夫有太

となるが、これは、

とうせうのみやさむじうさむくはいきをとぶらふうた

と読める。漢字を充てれば、「東照宮三十三回忌を弔ふ歌」。つまり、これは徳川家康の三十三回忌である慶安《けいあん》元年（一六四八）四月十七日に、後水尾院が東照宮に奉納したものなのである。

もう一つの工夫は、縦に七行あるうちの、二行目から六行目までの内側の大きな文字を上

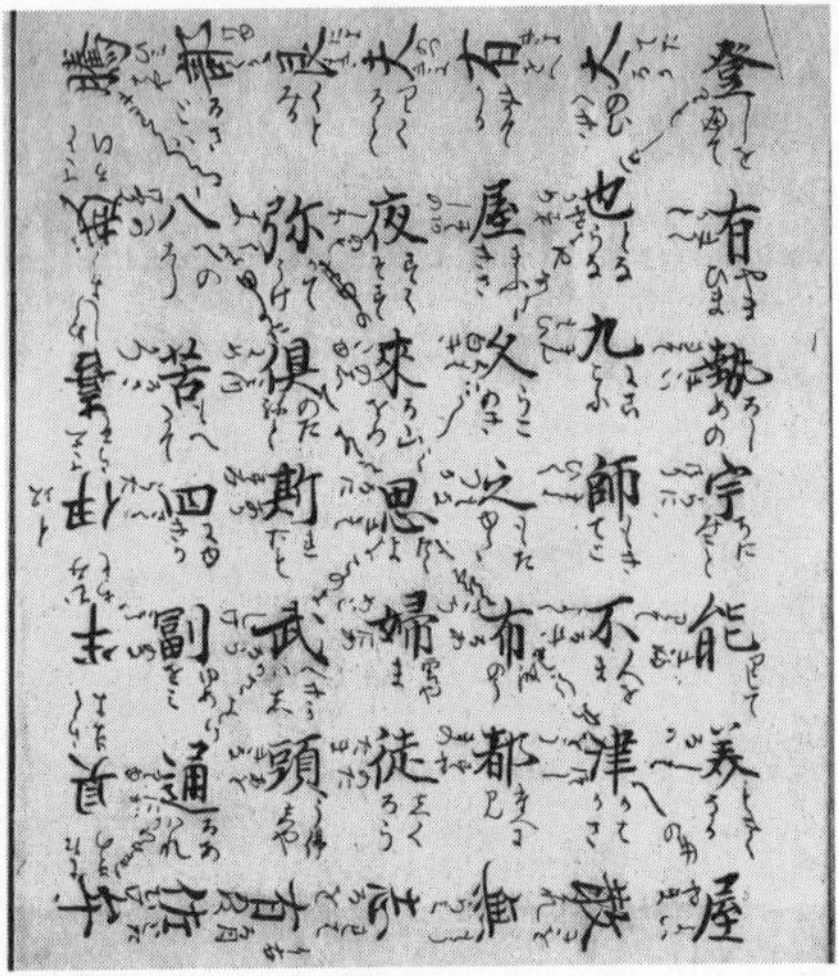

蜘蛛手の和歌　『後水尾院御集』より。国立公文書館蔵

から拾っていくと、それぞれ、

也九師不津
屋久之布都
夜来思婦徒
弥倶斯武頭
八苦四副通

となる。いずれも、「薬師《やくし》仏《ぶつ》」と読めるのである。薬師如来のご加護を願うという気持ちがこめられているわけだ。

右のようなことは、単なることば遊びというだけではないのだろう。ことばを幾重にも意味を持たせて配置することで呪術性が高まっていく。そのことで、神社に奉納する和歌としての性格もいっそう顕在化してくるのである。

この時代の朝幕関係については両者の確執も取り沙汰されるわけだが、少なくともこのように工夫を凝らした内容の歌を一所懸命に作って奉納するところからは、後水尾院の武家に対する融和的な姿勢が見て取れるように思われるのである。

指人形「気楽坊」

後水尾院愛用の品としてよく知られているものに、京都の陽明文庫（近衛家に伝わった文書や典籍、また工芸品を収蔵する）所蔵の指人形がある。

紅柑子《べにこうじ》色の衣装を身に着け、どこかひょうきんな表情をしたこの人形は「気楽坊」と名づけられ、後水尾院が近臣に和歌や文を遣わす際、女官に操らせたという。「こんな歌を詠んだから、そなたに遣わそう」。その光景を想像するとなんとなくユーモラスでおかしい。もう一体、同じ人形が作られていることからも、特別に愛されたことが知られる。

替えの人形の背中には後水尾院詠と伝えられる歌が記されてあって、それは、

世の中をきらくにくらせ何事もおもへばおもふ思はねばこそ

というものである。歌意は、この世は心配せずのんびりと暮らしなさい、なんであれ考えると考えてしまうものだ、考えなければ気楽に暮らせるのである。幕府との軋轢ということだけでなく、生きていれば心配の種は尽きないものだ。それらをいちいち気にしていたら切りがない。そう自分に言い聞かせながらこの指人形を院自らが操ったこともあるのではないか、そんなふうにも想像してしまう。

第三章　歌壇の存続

1　後水尾院皇子・皇女の時代

霊元天皇

後水尾院の皇子・皇女のうち、天皇として即位したのは、四人である。徳川秀忠《ひでただ》の娘である東福門院和子《とうふくもんいんまさこ》との間に生まれた第二皇女興子《おきこ》が後水尾院譲位後に七歳で即位し、約九〇〇年ぶりに女帝が誕生した。これが明正天皇《めいしょう》である。次に第四皇子の後光明天皇《ごこうみょう》が即位する。しかし、二二歳で夭逝《ようせい》してしまい、後光明天皇には皇嗣がなかったため、今度は第八皇子良仁親王《ながひと》が即位する。古今伝受も授かっている後西天皇《ごさい》である。次いで、第一九皇子の識仁親王《さとひと》が即位した。これが霊元天皇《れいげん》である。

承応三年《じょうおう》（一六五四）生まれで、寛文三年《かんぶん》（一六六三）に即位した時には、まだ一〇歳。三〇歳で、後西院から古今伝受を受け、貞享四年《じょうきょう》（一六八七）三四歳で東山天皇《ひがしやま》に譲位する。在位期間は二四年であったが、享保十七年《きょうほう》（一七三二）七九歳で崩御するので、約七〇年間霊元院歌壇というものが存在していたことになる。後水尾院も一六歳で即位し、三〇歳で古今伝受を受け、三四歳で譲位し、八五歳まで齢を保っているので、それに匹敵するくらいの活躍期間を霊元院も持っていたと言ってよいだろう。

兄の後西天皇も古今伝受の被伝授者であり、歌壇と呼べる集団は形成されていたわけだが、規模や期間を考えると霊元天皇のそれの方がかなり充実していたと言えるだろう。

以上をまとめると、江戸時代の宮廷和歌は初期の後水尾天皇で最初の頂点が訪れ、続いてややそれよりは低くなるが、霊元天皇で再び頂点を迎えると捉えてよいように思う。歌会の回数や種類などはむしろ増加しているので、そういう意味では後水尾院の歌壇を凌駕している部分もある。中院通茂《なかのいんみちもち》・清水谷実業《しみずだにさねなり》・武者小路実陰《むしゃのこうじさねかげ》・烏丸光栄《からすまるみつひで》らすぐれた歌人たちも輩出している。後水尾院時代には行われなかった千首の営みも三回なされた。これらは、後水尾院が次代に期待して準備に余念無く、安定した状況の中で歌壇が形成されていったという点によるところも大きい。

ただ、歌壇としての熱気とでも言えばよいのだろうか、時代の始まりにあって創造的に骨格を作り上げていく、ごつごつとした手触りの硬質なありかたのようなものが後水尾院歌壇の方にはあって、それが魅力として強くわれわれに訴え掛けてくる。

そのような理由によって、本書でも後水尾院の方に多くの記述を割いたのであるが、霊元院についても、特徴的な二つの点からその活動を覗いてみたいと思う。

『元陵御記』の世界

霊元院はどのような気持ちを持って歌壇の主宰者たらんとしたのだろうか。後水尾院が創建した修学院離宮《しゅがくいんりきゅう》へ寄せる思いを通して、そのことを探ってみたい。

そもそも寛永《かんえい》十八年（一六四一）頃、後水尾院は鹿苑寺《ろくおんじ》の鳳林承章《ほうりんじょうしょう》に命じて衣笠山付近に適地を求めさせるなど検討を続けていたが、明暦《めいれき》元年（一六五五）長谷への行幸の途次、第一皇女梅宮《うめのみや》（文智女王《ぶんちじょおう》）のいた円照寺に立ち寄った頃には、このあたりに山荘を造営する構想が成っていたらしい。山荘は、万治《まんじ》三年（一六六〇）頃には、ほぼ完成していた。それが修学院離宮である。

現在では、上・中・下の茶屋が存するが、万治にできた当時はまだ中の茶屋はなかった。上の茶屋は最も壮大な庭園で、小高い隣雲亭《りんうんてい》に立って、眼下の浴竜池《よくりゅうち》から遥か京都北山一帯へと目を移していくと、雄大な景色を我が物にしようとした帝王ぶりを味わうことができる。

そして霊元院は、後水尾院が崩御したのち四〇年余りが経った享保《きょうほう》六年（一七二一）から同十六年にかけて、修学院離宮などを中心に御幸《ごこう》を二六回も行っている。これは、もちろん父帝の面影を慕っての行為なのである。その具体的な内容を霊元院が仮名文によって記した日記が、『元陵御記《げんりょうぎょき》』である。嘉永《かえい》二年（一八四九）に上野国安中藩主の板倉勝明《いたくらかつあき》が刊行したことによって、世に出回った。

その冒頭、享保六年九月の記事には次のようにある。

いよいよ修学院離宮への御幸を目前に控えて、後水尾院の夢を見た。生きている時のままの姿で、楽しそうに微笑んでいらっしゃる。夢から覚めた霊元院は、愛する皇子が自分の創った離宮を訪れてくれることに対して父帝として喜ばしい、笑顔の理由をそう解釈して喜んだのではないか。

　夢ながら嬉しと見つるたらちねの笑める面影いつか忘れむ

夢とはいえ嬉しく思われることだ。父の笑っていらっしゃるお姿をけっして忘れることはない。霊元院はそのように詠んで、いよいよ御幸への思いを強めていった。この歌には、子として父を慕うという気持ち以外に、宮廷歌壇の主宰者として父に負けまいとする気持ちもこめられているのだろう。この時、霊元院は、

　散りぬとも紅葉踏み分け小牡鹿の跡つけそへん秋の山道

とも詠んでいる。これは、「奥山に紅葉踏み分け鳴く鹿の声聞く時ぞ秋は悲しき」（古今集・秋上・読人不知、百人一首・猿丸大夫）の本歌取りで、たとえ紅葉は散ってしまったとしても、その散り敷かれた葉を踏み分けて、鹿が秋の山道に足跡を付け添えるだろう、ということ。紅葉が後水尾院、鹿が霊元院に喩えられており、後水尾院亡き後、我こそが後継者であるとする霊元院の決意表明とも取れる歌なのである。

しかし、『元陵御記』に記されているのは、そのような雄々しい思いばかりではない。

修学院離宮の寿月観

今度は、お気に入りの女房が死んだ悲しみに沈んでいる記事を取り上げてみたい。

享保十三年（一七二八）。この年、霊元院は七五歳になっていた。正月初めに、この一〇年ばかり寵愛深かった女房が死んでしまった。「今まで老いをなぐさめきつることとぐさ、みな夢になりぬる事をのみ、朝夕嘆き悲しみて」という状態に陥った霊元院は、食事も喉を通らないほどである。このまま死んでしまうのではと思われるくらいで、心配した中院通躬《なかのいんみちみ》ら周辺の人々が野山を散策すれば気も少しは晴れるのではと、修学院御幸を提案したものの、霊元院は到底そんな気分にはなれない。しかし、たびたび勧められるので、二月十一日になって、ようやく赴くことにした。三条西公福《さんじょうにしきんとみ》や烏丸光栄、久世《くぜ》通夏《みちなつ》、藤谷為信、武者小路公野《きんの》ら歌壇の主要な歌人たちも同行した。

寿月観という建物に興を寄せると、去年の秋まではともにここを訪れたことが思い出されて、耐えがたいほど辛い気分になる。さらに窮邃亭《きゅうすいてい》、そして隣雲亭へと歩んでいくと、あちらこちらで元気だった頃の面影が浮かんできて、涙がさめざめと流れてくるのを押しとどめることができないというありさまである。

この部分の記述からは、父帝の志を継ごうとする力強い霊元院の気魄は、まったく見出すことができない。むしろ一人の男の弱々しさだけが伝わってくる。

だが、人間は雄々しい気分が漲っている時もあれば、弱々しい気分にどっぷり浸かってしまう時もあって当たり前なのだ。その両方を行ったり来たりしながら、なんとか辻褄を合わせて生きていくものなのである。

右の二つの例は、異なる意味で霊元院の性格や立場がうかがえて、興味深い。

象を観て歌を詠む

享保十三年（一七二八）に長崎に到着した象は江戸まで連れて行かれ、道中大変な人気者となった。唐突なようだが、実はこのことは、宮廷歌壇とも関わりがあるのである。

象の雄雌二頭が長崎に到着したのは、六月十三日。同月十九日には、十善寺《じゅうぜんじ》村の唐人屋敷に入った。この象は、鄭大威《ていたいい》という中国人が将軍徳川吉宗《よしむね》に献呈するため、交趾《こうし》国広南《こうなん》の港（現在のベトナム・ホーチミン市）から運んできたものだった。もっとも、二頭のうち雌は長崎で死んでしまった。

象使い二人の名は譚数《たんすう》・漂綿《ひょうめん》と言う安南（現在のベトナム）人であり、長崎の日本人もその技を習得し象使いに加わった。雄象一頭が、東を目指して旅立ったのは、翌十四年三月十三日のことである。

山陽道を経由して京都に到着したのは四月二十六日。寺町浄花寺に象を飼う小屋が造営され、そして二十八日には宮中へも引見された。その際、天皇に拝謁するためには身分が必要だという問題が生じ、そこで、象は「広南従四位《じゆしい》白象」という位を授かったという通説まである。霊元院をはじめ中御門《なかみかど》天皇、親王・公家たちも、これを観る機会を得て、象に関する和歌・漢詩が詠まれた。

そもそも象は、普賢菩薩《ふげんぼさつ》の乗り物として仏教絵画の中ではよく知られていたものの、当時の日本人が実物を観たことはなかった。したがって、まずは実物を観たという感動が詠歌の主眼となる。霊元院の一首を挙げよう。本文は、宮城県図書館伊達文庫蔵『詠象詩歌』による。

是もまたこの時こそとかきつめてみそむるきさの大和ことのは

一首の意は、象がやってきたこの時とばかりに「ことのは」を掻き集めて、初めて観た象を表現しよう、というのである。「きさ」は象の古名。「きさの山」は『万葉集』にも登場する大和の国の歌枕なのだが、「大和」と掛詞《かけことば》になっている。また、「かきつめて」「ことのは」が縁語である。象がやってくるというきわめて珍しいことがあったのだから、皆で日頃鍛えた和歌的手法を用いて象を表現しようではないか、という歌壇の歌人たちへの霊元院の宣言になっている。帝王ぶりとも言えようか。

伝統的美意識の枠組みから外れた詠歌対象なのだから、正式な和歌修練の場というのでは

霊元院と中御門天皇に拝謁する象　「象之絵巻物」より。関西大学図書館蔵

ない。しかし、遊び心のある文芸精神が感じ取れるではないか。

霊元院の歌をさらに二首挙げてみよう。

めづらしく都にききさのから大和すぎし野山もいく
　千里なる

「都に来」と「象（きさ）」が、掛詞である。遠い異国から日本へと野山を越えてはるばる都へやってきた、その行程は何千里であったのだろうかと、象が日本にやってきたはるかな道程に思いを馳せた歌である。

なさけしるきさの心よから人にあらぬやつこの手
　にもなれきて

「から人」は、象使いの安南人を言う。その安南人ではなく、日本人の象使いの世話にも馴れていることによって、「なさけしる」象は堂々として品格のあるありさまだ、と感嘆しているのである。
もう一首。今度は、霊元院の第一七皇子で、桃園《ももぞの》・後桜町《ごさくらまち》天皇の歌道師範をつとめた職仁《よりひと》親王の歌を取り上げてみたい。

唐《もろこし》にすむ獣《けだもの》もこのくにのおさまれるをやしたひきぬらん

この日本のすばらしい世の中を異国の動物までもが慕って来た、と歌っている。象を引き合いに出して、今の天皇の御代を寿《ことほ》いでもいるわけだ。「くにのおさまれる」のは天皇家の存在によるという自尊心が見て取れるだろう。

その後、象はどうなったか。

東海道を下り、箱根では疲労困憊《こんぱい》になりながらも、五月二十五日には江戸に到着し、中野宝仙寺《ほうせんじ》に入った。同月二十七日、将軍吉宗が象を謁見する。そして、このころ江戸の人々の間では、象のことで話題が持ちきりとなり、象股引《ぞうももひき》なるものまで流行したのである。またこの年には、象をめぐる出版が相次いでいる。そして、象は浜御殿で一三年暮らし、寛保《かんぽう》元年（一七四一）四月多摩郡中野村の農民のもとへ払い下げられ、同二年十二月十一日病死した。

近世初期・前期の宮廷歌壇の役割

以上のように、後水尾・霊元天皇を中心として、近世初期・前期の宮廷歌壇はきわめて繁栄したと言えるだろう。そして、彼らの生み出した和歌作品、歌論は、武家や町人らに伝えられ、広範囲にわたって影響を与えていく。具体的には、和歌を添削指導することや、その理論が聞書として書き留められることによって、伝播していったのである。そして、ある時には宮廷和歌のありかたは規範とされ、またある時にはむしろ批判の対象となった。いずれにしても、大きな価値基軸として受けとめられた。そのようにして、やがて庶民のレベルでは徐々に題材としての日常性や用語としての口語性が重んじられるようになっていき、その延長線上に近代の短歌も生まれてくる。和歌史は切れ目のない一筋の糸のようにつながっており、近世初期・前期の宮廷和歌もまちがいなくその一端を担っている。

2　近代短歌への架橋

地下歌人たち

さて、ここで公家の和歌（「堂上和歌《とうしょう》」と称する）に対して、地下《じげ》の和歌と総称される、庶民の和歌の歴史についても、あらあら記しておきたい。堂上と地下がそれぞれ上部構造と下部構造を形成し合いながら展開していくことで、近世の和歌の向こう側に近代短歌の地平が開けてくる。

近世初期には、堂上における後水尾院らの活発な活動と同時に、地下では公家の九条稙通《くじょうたねみち》らに学んだ松永貞徳《まつながていとく》が指導的な立場にあった。この時期、歌人たちにとって聖典として仰がれたのは『古今和歌集』である。ところが、中期に入ると、賀茂真淵《かものまぶち》が国学を信奉し、『万葉集』を聖典視するようになる。ただし、この流れは基づく歌集こそ異なるものの擬古典主義という点では一致していた。

その一方、日常的な実感を重んじる歌人たちも台頭してくる。その代表格が小沢蘆庵《おざわろあん》と香《か》川景樹《がわかげき》であろう。ちなみに、彼らも堂上歌学と無縁ではなかった。蘆庵は、初め冷泉為村《れいぜいためむら》に学んでいたが、次第に独自の歌風と歌論に目覚めたため、破門されてしまった。景樹も、鷹《たか》司《つかさ》家・西洞院《にしのとういん》家に仕えた後、徳大寺《とくだいじ》家に仕える地下の宗匠香川景柄《かげもと》の養子となったが、蘆庵の影響もあって新風に傾斜していく。それぞれの代表歌を掲げておこう。

賤《しづ》の女《め》が門《かど》の干し瓜《うり》取りいれよ風ゆふだちて雨こぼれきぬ　小沢蘆庵（六帖詠草）

妹と出でて若菜摘みにし岡崎のかきね恋しき春雨ぞ降る　香川景樹（桂園一枝）

蘆庵のこの歌は、庶民生活の風景を描き、ことばも口語的ではるか近代短歌へ通じていくものがある。景樹の方は、病気で没した妻との思い出を振り返ったところに実感がこもる。

さらに時を経て、幕末に至ると、地方歌壇が活況を呈し、裾野の広がりを見せる一方、良《りょう》寛《かん》、大隈言道《おおくまことみち》、橘曙覧《たちばなあけみ》ら独特の個性を持った歌人たちが生まれてくる。そのようにして、和歌史は少しずつ近代へと近付いて行ったのであった。

良寛、言道、曙覧の代表歌も掲げておきたい。

山かげの岩間をつたふ苔水のかすかに我はすみわたるかも　良寛
妹が背にねぶるわらはのうつつなき手にさへめぐる風車かな　大隈言道（草径集《そうけいしゅう》）
たのしみはまれに魚烹《に》て児等《こら》皆がうましうましといひて食ふ時　橘曙覧
（志濃夫廼舎歌集）

良寛のこの歌は、「山かげの岩間をつたふ苔水の」が「かすかに」を導き出す序詞《じょことば》になっているわけだが、この「我」の用法の中に、個性を尊重する近代短歌の萌芽が見て取れる。言道・曙覧の歌はいずれも庶民生活の一齣《ひとこま》。言道の歌は、無心に眠る幼児の手に握られた風車もまた無心に回っている。曙覧の歌は、「たのしみは」で始まる五二首の連作「独楽吟」中の一首。両者とも、素材の日常性、ことばの口語性が連動していくところに、近代短歌が胚胎していることが知られよう。

光格天皇

霊元天皇以後の、和歌に関わる注目すべき天皇としては、光格《こうかく》天皇がいる。第一一九代天皇で、明和《めいわ》八年（一七七一）に生まれ、安永《あんえい》八年（一七七九）に即位し、天保《てんぽう》十一年（一八四〇）に七〇歳で生涯を終えている。和歌に精進した他、儒学も学び、音楽も好んだ。しかし、幕末に向かっていく社会背景もあって、宮廷歌壇としての盛り上がりは後水尾院・霊元院ほどではない。政治的なことでは、父典仁《すけひと》親王に太上天皇《だいじょうてんのう》の尊号《そんごう》を贈ろうとして老中松平《まつだいら》定信《さだのぶ》に反対され、幕府を批判した公卿が処罰された尊号事件が起きている。

光格天皇の歌壇については、近年盛田帝子氏が精力的に研究を進め、その全貌が解明されてきた。

ここでは、まず光格天皇の授かった古今伝受について記しておこう。宮廷における古今伝受、いわゆる御所伝受は、先に述べたように細川幽斎《ほそかわゆうさい》が智仁《としひと》親王に伝えて以降、後水尾院、後西院、霊元院、さらには以降の天皇（親王・公家も含む）に受け継がれていたが、霊元院の頃から、段階を踏んで古今伝受へと到達する儀式化が進んだとされる。光格天皇が受けた際には、次の五つの階梯が存在していた。

てにをは伝受
三部抄《さんぶしょう》伝受
伊勢物語伝受
古今伝受
一事伝受

右のうち、「三部抄」とは、藤原定家の歌論書『詠歌大概《えいがのたいがい》・秀歌之体大略《しゅうかのていたいりゃく》』『百人一首』『未来記・雨中吟』のこと。権威ある和歌の理論書とされた。後水尾院が古今伝受を授けた折にも、古典の講釈や和歌の添削などの準備段階があったわけだが、ここではより明確に順序が提示され、儀式としての性格もはっきりしてきたと言えるだろう。

光格天皇は、女帝である後桜町院《ごさくらまち》から、てにをは伝受を二三歳の時、三部抄伝受・伊勢物語伝受を二六歳の時、古今伝受・一事伝受を二七歳の時に授かっており、逆に、二八歳で日《ひ》野《の》資枝《すけき》に伊勢物語伝受を授け、そののちも仁孝《にんこう》天皇、飛鳥井雅威《あすかいまさたけ》、風早実秋《かざはやさねあき》、久世《くぜ》通根《みちね》らを指導して、次々と伝受を授けていくのである。そのような伝受の継承に大きく関わったという点で、この天皇とその周辺には一定の活性化が見られると言えるだろう。

また、光格天皇は国学にも大きな関心を寄せた。これは、兄の真仁《しんにん》法親王の影響もあったと考えられる。真仁法親王は、地下歌人とも積極的に交流していたのである。

本居宣長《もとおりのりなが》の『古事記伝』は真仁法親王が仲立ちになって禁裏に献上され、また公家の富小《とみのこう》路《じ》貞直《さだなお》が仲介して、当時上皇になっていた光格天皇に平田篤胤《ひらたあつたね》の『古史成文《こしせいぶん》』『古史徴《こしちょう》』『霊《たま》能《の》真柱《みはしら》』などが献上された。光格天皇には、御所伝受の伝統を重視する一方で、宮廷内にとどまらず知的な関心を広げていこうとする態度も備わっていたのである。

光格天皇の歌を一首紹介しておこう。

文化《ぶんか》十四年（一八一七）、光格天皇が四七歳で譲位した年の正月に、三八年間の宮中生活を振り返って詠んだのが、次の歌である。

　　毎年愛花

ゆたかなる世の春しめて三十《みそぢ》あまり九重《ここのへ》の花をあかず見し哉（光格天皇御集拾遺）

ゆったりとしたすばらしいこの世の春を我がものとして、あしかけ三九年もの間、宮中の美しい花々を飽きることなく見たことだ、というのが歌意。「三十あまり九」「九重（宮中）」が掛詞になっている。「ゆたかなる世の春」は、後水尾院の、

ゆたかなる世の春は来ぬ花ならで大内山《おほうちやま》に何を待たまし（後水尾院御集）

を踏まえている。こちらは、ゆったりとしたすばらしいこの世の春がやって来た。宮中において、花以外の何を待つというのだろうか（花だけが待たれることである）、ということ。「大内山」は宮中。光格天皇は、江戸時代初期の仰ぎ見るような存在の後水尾院の歌を意識しつつ、天皇としての人生に終止符を打ったというわけである。

明治時代以降

明治に入ると、御歌所《おうたどころ》が設置され、天皇権力の象徴として和歌の力は尊ばれて今日に至っていると言えよう。朝廷の年中行事の多くは、天皇が東京に移って以後、行われなくなったが、歌会始は継続的に催された。それだけ天皇にとって和歌は重要なものだったのである。現在でも、正月には天皇家の人々が歌を詠み、専門歌人が助言し、また民間の作品も披露される。和歌をめぐる状況は時代によって異なっていると思うが、天皇―和歌―治国平天下という構造自体はここに残されている。

【学術文庫版の付記】

私の担当箇所は、近世（江戸時代）の天皇の和歌、その中でも代表的な存在と言える後水尾天皇の和歌活動について主として述べたものである。和歌文学は、『万葉集』の時代から現代まで絶えることなく詠み継がれており、きわめて長い歴史を持った分野であるが、その一筋の道をたどる上で、比較的注目度の低い近世の和歌を考えることはむしろ必須の作業と思われる。本論でも記したが、室町時代から近世初期にかけて天皇という存在がなかったら、歌道も途絶えてしまったかもしれない。それほど天皇と和歌は密接な関係にあるし、近世の天皇の和歌活動は重要な位置を占める。

本論をさらに展開させて、『万葉集』から現代まで、天皇と和歌の関係を時代を追って見つめ直してみたのが、拙著『天皇と和歌——国見と儀礼の一五〇〇年』（講談社選書メチエ、二〇一七年）である。併せてご参照いただければ幸いである。

先に和歌史を記述するためには近世が重要だと述べたが、私自身そのような目論見を研究を始めた当初から抱いていたわけではない。しかし、日本文学史をいつかは書いてみたいという無謀な（！）計画を大学生の時から持っていて、そのためには近世をやるのがよいという予感のようなものは当時からあった。『天皇と和歌』も私なりの日本文学史であるし、『日本漢詩への招待』（東京堂出版、二〇一三年）『古典注釈入門——歴史と技法』（岩波現代全書、二〇一四年）も同様の性質を持つものであることを付言しておく。

第四部　近世の天皇と芸能

松澤克行

プロローグ

天皇の芸能とはなにか

「芸能」という言葉を見たり聞いたりして、我々はどのようなことをイメージするであろうか。おそらく、能・歌舞伎などの演劇や歌舞音曲といった舞台芸能、祭礼や年中行事などに付随して行われる民俗芸能、大道芸に代表される巷間《こうかん》芸能、そして茶の湯や生け花など生活空間において行われる室内芸能などを思い浮かべるのではないだろうか。あるいは、テレビや雑誌などを通して身近な、芸能人や芸能界などをイメージする人もいるかもしれない。いずれにしても、現代の我々にとって「芸能」という言葉は、右のような歌舞音曲や遊楽的・趣味的な諸芸、そしてそれらに携《たずさ》わる人や集団を想起させるものであるといえよう。

しかし、「芸能」という言葉は本来、そうしたものを指し示すものではなかった。「芸能」は「芸（藝）」と「能」の二つの文字に分けることができるが、このうち「芸（藝）」とは「わざ」を意味し、学問や武術など、修練することによって身につけた才を表す言葉である。一方の「能」は、訓読みすると「あたう」「よくする」であり、「よく事をなしうる力」といった意味をもっている。すなわち、「芸」と「能」を合わせた「芸能」とは本来、歌舞音曲や趣味などからはほど遠い、学問・武術などの技を発揮する能力のことを指し示す言葉だったのである。これは、漢字の本場である中国だけのことでなく、それを受容した日本においても同様であった。「芸能」という言葉が歌舞音曲や諸芸のことを表し、現代的な語感に近いものとして盛んに使われるようになるのは十四世紀の南北朝時代以降であり、それ以前はもっぱら、しかるべき地位にある人物が身につけていなければならない各種の教養、特に学問の才能を指す言葉として用いられていたのである。

そして、この「芸能」という言葉の本来の用法は、江戸時代、天皇・公家衆など朝廷の構成員に関する諸規則を定めた法令にも登場する。その法令とは、「禁中《きんちゅう》并《ならびに》公家《くげ》中諸法度《ちゅうしょはっと》」である。同法度は、大坂夏の陣で豊臣家が滅び、徳川家による覇権が確立した直後の元和《げんな》元年（一六一五）七月、武家側からは大御所《おおごしょ》（前将軍）の徳《とく》川《がわ》家康《いえやす》と現将軍の徳川秀忠《とくがわひでただ》が、そして朝廷側からは前関白で摂関家《せっかんけ》長老の二条昭実《にじょうあきざね》が京都の二条城に参会して連署し、制定された。この「禁中并公家中諸法度」の第一条には、天皇に求められる務《つと》めを記した、次のような有名な条

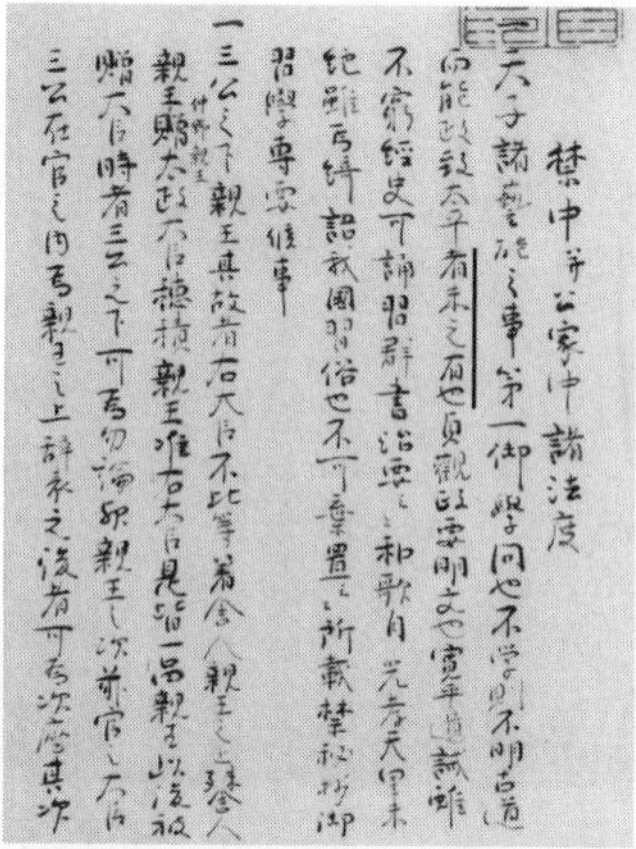

「禁中并公家中諸法度」第一条　法度の原本は万治４年（1661）の大火で御所とともに焼失。寛文４年（1664）、本来あるべき『貞観政要』の文言「者未之有也」が第一条に付け加えられ（上図傍線部）再交付された。「東照宮十七箇条」より。宮内庁書陵部蔵

文が掲げられている（以下、漢文体史料を引用する際は原則として書き下しとし、和文史料の場合は片仮名を平仮名に直したり濁点を打つなどする）。

一、天子諸芸能のこと、第一御学問なり。学ばざればすなわち、古道に明らかならず。しかるに政《まつりごと》をよくし太平をいたすは、いまだこれあらざるなり。貞観政要《じょうがんせいよう》明文なり。寛《かん》平遺誡《びょうのゆいかい》に、経史《けいし》を窮《きわ》めずといえども、群書治要《ぐんしょちよう》を誦習《しょうしゅう》すべしとうんぬん。和歌は光孝《こうこう》天皇よりいまだ絶えず。綺語《きご》たるといえども、我が国の習俗なり。棄《す》て置くべからずとうんぬん。禁秘抄《きんぴしょう》に載《の》するところ、御習学専要に候事。

右に示したように、この条文の冒頭には、「天子諸芸能のこと、第一御学問なり」というように、天皇にとって第一に必要な芸能は学問であると記され、後半では和歌のことについても言及されている。すなわち、ここでは「芸能」という言葉が遊楽的・趣味的な諸芸を指す現代的な意味ではなく、学問や和歌など、天皇が身につけて然るべき教養という、本来的な意味で使われているのである。これは、この第一条の条文が、実は冒頭の「天子」と末尾の「とうんぬん。禁秘抄に載するところ、御習学専要に候事」以外は、鎌倉時代に順徳《じゅんとく》天皇が執筆した有職故実書《ゆうそくこじつしょ》である『禁秘抄』の「諸芸能事《しょげいのうのこと》」という項目からの引用であり、いまだ「芸能」という言葉が圧倒的に本来的な意味で用いられていた時代の文章だからなのである。

もっとも、当時の天皇や公家衆にとって『禁秘抄』は、はるか昔の天皇が著《あらわ》した古典ではなかった。所功氏の研究によれば、『禁秘抄』は鎌倉時代後期には写本が作られ、南北朝時代から江戸時代にかけて数多くの転写本が公家社会で流布した。戦国末期にも、正親町《おおぎまち》天皇が廷臣から『禁秘抄』の進講を受けており（『御湯殿上日記』永禄五年五月二十四日、六月九日の条）、天皇や公家衆にとって馴染み深い生きた書物だったのである。したがって、「禁中幷公家中諸法度」の第一条に記された芸能という言葉がもつ意味や、法文の趣旨などは、当時の天皇たちにも違和感なく理解されたはずである。そして、この法度が、大御所・将軍・摂関家長老という公武の実力者たちにより定められたものであることをふまえると、当時の天皇の芸能について語るならば、遊楽的・趣味的な諸芸（狭義の芸能）に限定せず、条文が示す学問や和歌などより広い範囲のもの（広義の芸能、あるいは本来の意味での芸能）をも、対象としてとらえる必要があろう。

寛永文化と天皇

江戸時代、天皇の周辺で芸能が盛んに行われ、文化が大きく花開いた時期があった。寛永《かんえい》文化の時代である。寛永文化とは、いまだ一般的には耳慣れない言葉かもしれないが、安土・桃山文化と元禄文化の間に位置する文化史的時期区分の一つで、寛永という年号（一六二四～四四）を中心とする十七世紀前・中期に、京都で展開をみせた文化のことである。寛永文化の担い手は天皇・公家衆・京都の上層町人などであるが、その中心に位置したのが後《ご》水尾《みずのお》天皇であった。天皇のもとでは学問や和歌、そして茶の湯・立花《りっか》など様々な芸能が展開をみせた。

これらの芸能のうち立花は、後水尾天皇が寛永期前半、特に熱中した芸能である。天皇の立花愛好がうかがえるエピソードとして、皇子の一人である尭恕《ぎょうじょにゅうどうしんのう》入道親王が後年語った、次のような思い出話がある。ある日、立花好きの親王に天皇が、「立花をするのもほどほどにしなさい。私が歯を悪くしてしまったのは、歯を食いしばるほど立花に熱中したからなのだよ」と諭《さと》した。すると、親王はくすくす笑いながら、「父上の歯が抜けたのは立花が原因ではなく、和歌に熱中したからでしょ」と言ったので、その場にいた者たちは皆おもしろがったというのである（「槐記《かいき》」享保十三年二月四日の条）。現代医学の見地から遺歯《いし》を分析すると、後水尾天皇の歯が抜け落ちたのは立花のせいでも和歌のせいでもなく、どうやら歯槽《しそう》膿漏《のうろう》のためだったようであるが、実際、天皇は立花を大変愛好し、みずからも熱心に花を立てるほどであった。御所には花畠が造られて珍種の花々が植え込まれ（「資勝卿記《すけかつきょうき》」寛永九年三月三日の条）、天皇は立花の名人である二代目池坊専好《いけのぼうせんこう》の作品を絵師に命じて精密に写させ研究するなど、技量の向上に励《はげ》んでいる。特に寛永六年（一六二九）の天皇は、立花に明け立花に暮れた観があり、正月から九月までの間に、記録上確認されるだけでなんと三三回も花を立てている。天皇はまた、皇族や廷臣らを召して立花会を頻繁に開催し、僧侶や公家衆の家臣たちにまでも参加・出品を許可した。そして、二代目専好をしばしば召し寄せ、自分を含めた参会者の作品に順位をつけさせて、コンクールのような趣向を楽しんでいる。

立花図屏風（部分）　後水尾天皇（上皇）が寛永11年（1634）9月に立てた立花を写生した図。「立花図屏風」は、六曲一双の各扇に3枚ずつ、合計36枚の立花図が貼られている。その立花のほとんどは、同天皇にしばしば召されて花を立てた、二代目池坊専好の作品。東京国立博物館蔵

こうした状況になると、後水尾天皇の周囲にいる公家衆も立花に熱を上げるようになる。禁中（宮中のこと。禁裏《きんり》とも）の立花会の主要メンバーである日野資勝《ひのすけかつ》や土御門泰重《つちみかどやすしげ》などは自宅で立花の稽古に励み、花材を探しに京都郊外までみずから足を運んでいる。資勝は花の栽培をも手がけ、「日野椿」と称される珍種を作り出した。天皇の弟で、摂関家の一つ一条《いちじょう》家《け》へ養子に入った兼遐《かねとお》（後に昭良《あきよし》、恵観《えかん》）もまた、立花の愛好家であった。兼遐が京都郊外の西賀茂に造営した山荘の御茶屋（止観亭《しかんてい》、国指定重要文化財）が現在、鎌倉市の茶道宗徧《ちゃどうそうへん》流不審庵《りゅうふしんあん》に移築・保存されているが、そこには立花を描いた見事な杉戸絵《すぎどえ》が残されており、

彼の立花愛好を偲《しの》ばせてくれる。また、兼遐が屋敷に二代目専好を呼んで花を立てさせ、その見事さを天皇に伝え、絵師に写させてはどうかと提案していることも、二人の間で遣り取りされた書状に見える（「茶道宗偏流不審庵所蔵文書」）。

こうした後水尾天皇を中心とした立花熱は後世、

後水尾院様は、立花に於《おい》て甚《はなはだ》たんのう（堪能）ある御こと也《なり》。禁中の大立花《だいりつか》と云《いう》ことは、此御世《このみよ》にこそありけれ。主上《しゆじよう》（天皇）を始め奉り、諸卿《しよきよう》・諸家《しよか》とも、其《その》ことに堪能ある人を択《えら》ばれて、紫宸殿《ししんでん》より庭上南門まで、双方にかりや（仮屋）をうちて、出家・町人にかぎらず、其《その》事に秀《ひいで》たる者は、皆立花させて双《ならべ》られたり。秀吉（豊臣）の大茶湯《おおちやのゆ》後の一壮観なり。

というように、史実がやや誇張されてはいるものの、天皇や公家衆だけでなくその周囲の人々をも含み込んだ「禁中の大立花」として、伝説的に語り継がれることになるのである（「槐記」享保十三年二月四日の条）。

立花が天皇とその周辺でブームをみせていたのと同じ頃、公家衆の間では、やはり室内芸能の一つである茶の湯も盛んに行われていた。寛永文化期の公家である細野《ほその》為景《ためかげ》の作品といわれ、当時の公家社会の様子を批判的に描写した「春寝覚《はるのねざめ》」という草紙《そうし》には、やがてをの（己）がどち（同士）かたらひよりて、あすはいづくへのすき（数寄）、今夜はいづくへのさかもり（酒盛り）など、ささやきあひてまかりぬ。（中略）さても此《この》数寄といへる事、おやけ（公）きわざ（業）とも見えぬを、官家《かんけ》こぞりてもてはやす。

という一節があり、茶の湯（「数寄」）が公の行事でもないのに上下でもてはやされ、公家衆の間で目覚ましい流行を見せていたことが伝えられている。茶の湯には、公家衆ばかりではなく天皇も関心を寄せ、これを楽しんだ。本稿では狭義の芸能の一つとして、天皇の茶の湯について紹介をしてみたいと思う。

天皇の芸能と江戸幕府

ところで、江戸時代における天皇・公家衆の文化的営みを評価する際に忘れてはならないのが、江戸幕府の存在である。寛永文化についていえば、かつては、天皇・公家衆・上層町人など京都住人の江戸幕府に対する反感・結束が、文化を創造するエネルギーになったと考えられていた。しかしその後、幕府の存在は文化の創造にとって消極的な要素と見るべきではなく、むしろ天皇・公家衆に対するその経済的バックアップが寛永文化の開花を促したのだと、積極的に評価されるようになってきた。

歴史的事実を確認すると、慶長《けいちょう》六年（一六〇一）と元和九年（一六二三）、徳川家康と秀忠によってそれぞれ一万石ずつが、禁裏御料《きんりごりょう》として天皇へ進献された。元和六年（一六二〇）には秀忠の娘和子《まさこ》（後の東福門院《とうふくもんいん》）が後水尾天皇に入内《じゅだい》するが、その際には祝儀として一万両の銀が禁裏に進献され、伝承ではあるが、和子が一万石の化粧料を持参したともいわれている。そして、入内した後も彼女は、実家の経済力を背景に様々な形で天皇家に富をもたらした。なお、その後も宝永二年（一七〇五）には、五代将軍綱吉《つなよし》より更に一万石が進献され、禁裏御料は合わせて三万石となる。天皇の生活経費はこうした御料からの収入で賄《まかな》われたが、次第に不足するようになる。すると幕府は、享保期（一七一六～三六）に無利子の立て替え（実際には返済を求めない）である取替金《とりかえきん》の制度を設け、天皇家の財政を補強したりもしている。

　幕府による経済的バックアップは、天皇に仕える公家衆に対しても行われた。公家衆には元和三年（一六一七）に知行宛行状《ちぎょうあてがいじょう》が発給され、その所領が安堵《あんど》された。また、天皇が「禁中并公家中諸法度」で学問・和歌の習学を要求されたのと同様、公家衆には慶長十八年（一六一三）に「公家衆法度《くげしゅうはっと》」が出される。そこには、「公家衆、家々の学問、昼夜油断なき様、仰《おお》せ付けらるべき事」（『言緒卿記《ときおきょうき》』慶長十八年六月十六日の条）と記され、公家衆は和歌・蹴鞠《けまり》・香道《こうどう》・衣紋道《えもんどう》・神道・陰陽道《おんみょうどう》など、家々に伝わる学問・芸能（公家家業《くげかぎょう》）への精進が義務づけられることとなった。もっとも同時に、そうした家業は諸家の特権として幕府から保護されることとなったため、公家衆が武家や町人を門弟に組織して収入を得る手段となり、家業は知行とともに、彼等の重要な経済的基盤となってゆく。そして、その後も和歌をはじめとする家業を奨励する法度が度々出され、幕府により、加増など出精者への賞誉も行われた。和歌などは、現在では天皇・公家衆の文化を象徴する芸能と考えられているが、先にもあげた「春寝覚」には、一人ではろくに歌を詠めず、禁裏で和歌会が開かれることを聞くと憂鬱になる公家衆の姿が描かれており、我々のイメージを大きく裏切ってくれる。そうした公家衆の為体《ていたらく》に対して、天皇による勧学（たとえば、慶長二十年〈一六一五〉に始まった禁中御学問講）のみならず、幕府による右のような政策・梃子《てこ》入れがあったからこそ、和歌という芸能が立て直され、今に伝わったと言ってもよい側面がある。このように、天皇・公家衆が文化的営為を展開させ得る環境が、幕府によって整えられたのである。

しかし、経済的支援を受け丸抱えにされるということはとりもなおさず、天皇・公家衆の文化的営みが、パトロンである幕府の意に沿ったものとならざるを得ないということである。そうした点についても注意しながら、江戸時代における天皇の芸能を見ることが必要であろう。

なお、本稿には、譲位して「上皇《じょうこう》」となったり、あるいは落飾《らくしょく》（剃髪）して「法皇《ほうおう》」となったりする天皇が登場する。正確にはその時々に即して称し分けるべきであるが、複雑・煩瑣になるので表記は「天皇」のままで統一をし、適宜注記をすることにしたい。

第一章　天皇と学問・和歌

1　第一御学問

天皇の学問は漢学

先に述べたように、「禁中并公家中諸法度」の第一条によって、江戸時代の天皇は学問に励み和歌を嗜《たしな》むことが期待されることとなった。この二つのうち、条文に「第一御学問なり」とあるように、天皇にまず求められたのは学問を行うことであった。では、天皇に期待された学問とは、具体的にどのようなものだったのであろうか。

そのことを確認するため、ここでもう一度「禁中并公家中諸法度」の第一条に戻ってみよう。プロローグでは原文の書き下しを掲げたが、そのままではわかりにくいので、ここではその大意を示そう。

天皇が修めるべき芸能の第一は学問である。「学問をしなければ、古《いにしえ》よりの道理を理解することができず、世の中を太平にすることもできない」ということは、『貞観政要《じょうがんせいよう》』に明記されている。『寛平遺誡《かんぴょうのゆいかい》』には「経史の学問を窮《きわ》めることが叶わないとしても、『群《ぐん》書治要《しょちよう》』くらいは誦み習うべきである」と書かれている。和歌は光孝《こうこう》天皇の時からこれまで、断絶せずにずっと続いてきているものである。美辞麗句の言葉遊びに過ぎないが、我が国の習俗となっているので、棄て置くことなく嗜むべきである。以上は『禁秘抄』に記されていることであり、天皇はこれらの芸能の習学に専念することが肝要である。

最初の部分を一読すれば明らかなように、「禁中并公家中諸法度」の第一条は、天皇が学問する目的を、古来からの正しい道を修め、太平の世の中を創り出すためであるとしている。また、条文にその論拠として引用されている『貞観政要』と『寛平遺誡』であるが、前者は唐の第二代皇帝で名君の誉《ほま》れ高い太宗《たいそう》の言行録であり、後者は平安時代の宇多《うだ》天皇の著作で、皇太子（後の醍醐《だいご》天皇）に天皇の心構えを説いたものであるというように、いずれも和漢における代表的な帝王学のテキストであった。すなわち、天皇は学問に励み、治者としての素養を身につけることを期待されていたのである。かつては、学問や和歌を奨《すす》めるこの条文を根拠として、江戸幕府は天皇を政治の世界から切り離し文化の世界に封じ込めようとした、と評価するのが一般的であった。しかし、法文を素直に読めばそうではなく、天皇を政治的存在と認め、立派な治者（といっても、現実の全国統治は徳川将軍が行っているので、朝廷・公家社会という小世界における治者であるが）になるための教養を身につけることを求めたものだったのである。

では、そうした治者としての教養を修めるため、天皇は何を学ぶ必要があったのか。それは経史の学問、すなわち儒学（経学《けいがく》）の教典や、史書（史学）を学修することであった。条文には、これらの学問を「窮めることが叶わないとしても……」と書かれているが、それは逆に言えばできることならば修めておきたい、修めるべきものであると考えられていたということである。意外なことかもしれないが、江戸時代の天皇が学ぶべきものとして第一に求められたのは、こうした儒学などの漢学だったのである。

和歌は二番手

「禁中并公家中諸法度」の第一条には、学問とともに和歌の修練も、天皇の芸能としてあげられている。

プロローグにも記したように、「禁中并公家中諸法度」の第一条は、そのほぼ全文が『禁秘抄』の「諸芸能事」という項目からの引用であるが、実は引用の際に省略された部分が存在する。出典である『禁秘抄』の原文と引き比べてみれば明らかなように、学問に関する記述と和歌に関するそれとの間には本来、「第二」として管弦、そして音曲に関する比較的長い記述が存在する。ところが、「禁中并公家中諸法度」制定に際して、それらの芸能に関する記事は省かれてしまったのである。そもそも『禁秘抄』の原文における文脈をたどってみると、「第一」である学問を修めることは天皇にとっていわば必須科目であるが、「第二」とされる管弦以下の音曲、そして和歌といった芸能は、学問をきちんと行った上で嗜むべき選択科目にしか過ぎないとされている。しかも、河内祥輔氏の研究によれば、和歌はそれら諸芸能の中では決して高い順位が与えられておらず、管弦・音曲の下位に位置づけられていたのである。ところが、「禁中并公家中諸法度」を制定した際、第一条に管弦・音曲のことは記載されず、それより下位にあった和歌が、学問とともに天皇が励むべき芸能として特記されるに至ったのである。

なぜこうした処置がとられたのか。五味文彦氏の整理に従って天皇と和歌との関係を振り返ってみると、平安時代末の院政期以降、和歌は王朝文化と不可分なものと認識されるようになった。そしてその後、相次ぐ勅撰集《ちよくせんしゆう》の編纂を通じて、鎌倉時代には天皇の王権を象徴する芸能として、和歌は特別な地位を確立するに至る。しかし、室町時代になると、勅撰集の編纂事業が将軍の執奏《しつそう》に基づいて行われるようになり、天皇を象徴する文化であるはずの和歌の世界にも、武家政権の影響力が色濃く及ぶようになってゆく。こうした前史をふまえると、江戸幕府が「禁中并公家中諸法度」の第一条で和歌を特に採り上げたのは、中世における天皇と和歌との特殊な関係性を承認するとともに、法度という明確な根拠に基づき、天皇を象徴する芸能を引き続き武家政権の影響下に置こうとしたあらわれだったのではないだろうか。

もっとも、「禁中并公家中諸法度」第一条の中で和歌は、決して学問と並列の関係にあったのではない。あくまでも、天皇にとって第一に必要なのは学問であり、和歌はその次、二番手であったということは留意する必要がある。

後光明天皇の漢学愛好

ところで、「禁中幷公家中諸法度」が制定された時に在位していたのは後水尾天皇であるが、制定後に即位をした最初の天皇は、その皇女の明正《めいしょう》天皇であった。もっとも、同天皇は父帝の突然の譲位により予定外に即位をした女帝であり、その地位は中継ぎ的なものであった。したがって、同法度制定後初の本格的な天皇と言えるのは、その次の代、明正天皇の弟にあたる後光明《ごこうみょう》天皇である。この天皇は、「禁中幷公家中諸法度」第一条の「第一御学問」を体現したような人物であった。

後光明天皇は、寛永《かんえい》十年（一六三三）三月十二日、後水尾天皇の第四皇子として降誕《こうたん》し、同二十年（一六四三）十月三日に一一歳（数え年。本稿では以下、年齢は数え年とする）で皇位を継承する。同月二十一日に即位式を挙行し、その翌月の十一月十五日には読書始《とくしょはじめ》を行っている。読書始とは、皇族や公家・武家など上流階級の子弟が学問を開始するに際して行われた儀式である。儒臣《じゅしん》（侍読《じどく》）がテキストの表題を読み上げ、他の儒臣（尚復《しょうふく》）がそれを復唱するというごく簡単なものであるが、子弟の知徳涵養を願う象徴的で重要な儀式である。そこで、後光明天皇の読書始の際に用いられたテキストを見てみると、興味深いことに気が付く。すなわち、『史記《しき》』『漢書《かんじょ》』『後漢書《ごかんじょ》』『文選《もんぜん》』などの歴史書や漢詩文集とならび、『貞観政要』が選ばれているのである（「道房公記《みちふさこうき》」「本源自性院記《ほんげんじしょういんき》」）。先に述べたように、同書は天皇に学問が求められる論拠として、「禁中幷公家中諸法度」第一条にあげられている書籍であるが、歴代天皇の読書始で採用されるのは、長い歴史の中でこれが初めてのことであった。同法度制定後に初めて執り行われた天皇の読書始（明正天皇の時には読書始が行われていない）で『貞観政要』が特に取り上げられているのは興味深い出来事であり、この時期の朝廷が「禁中并公家中諸法度」、すなわち幕府の眼を意識していた様子が見て取れるのではなかろうか。

この読書始を済ませてから、後光明天皇は本格的に学問を開始する。同天皇の在位期間は、火災などの影響で公家日記があまり残っていない時期であり、天皇の動静は必ずしも詳細なことがわからない。しかし、そうした中でも、明経道《みょうぎょうどう》（儒学）を家業とする伏原《ふしはら》家の当主賢忠《まさただ》を師範とし、正保《しょうほう》四年（一六四七）から慶安《けいあん》三年（一六五〇）にかけて『論語』、慶安三年から同四年（一六五一）にかけては『孟子』、二二歳で崩御《ほうぎょ》する前年の承応《じょうおう》二年（一六五三）には『中庸』『周易《しゅうえき》』といった具合に、継続して儒学の学習を進めている様子が確認される（「禁裏番衆所日記《きんりばんしゅうじょにっき》」「妙有真空院記《みょうゆうしんくういんき》」「宣順卿記《のぶよりきょうき》」「忠利宿禰記《ただとしすくねき》」「羽倉延重日記《はくらのぶしげにっき》」）。

後光明天皇像　東京大学史料編纂所所蔵模写

更に後光明天皇の一日へと目を近づけてみよう。同天皇には、自筆で認《したた》めた次のような日課表のあることが知られている（京都大学総合博物館蔵）。

毎日の所作、懈怠《けたい》をなすべからず。

辰　読書

巳　筆道

午

未　論語二枚。復《ま》た一日に三体詩《さんたいし》二枚。

申

酉　戯遊

戌

亥　詩一首

慶安己丑南訛《なんか》日

慶安二年（一六四九）五月（「南訛」は五月の異称）、天皇が一七歳の時のものであるが、途中酉刻（午後五時頃から七時頃）に遊興の時間をとっているものの、辰刻から亥刻（午前七時頃から午後十一時頃）までびっしりと、学問のスケジュールが書き込まれている。その内容であるが、『論語』（ちょうど伏原賢忠から講釈を受けている時期である）や『三体詩』を勉強したり漢詩を作ったりというように、筆道以外は漢学である。「読書」も、当時は漢籍を読むことを指すことが多いので、若き天皇の学問の中で漢学の占める割合の大きかったことが見て取れよう。

そもそも、江戸時代の天皇が一日をどう過ごしたのか、その実態はよくわからないのであるが、十七世紀後期に関白・摂政を勤めた一条兼輝《いちじょうかねてる》という公家の日記に、当時の天皇（東山《ひがしやま》天皇。後光明天皇が日課表を認めた時と同じく一七歳）が夜遅くまで起きていて朝寝坊することが多いことを嘆き、天皇にとってあるべき一日の過ごし方を述べた記事がある。それによると、天皇は卯半刻《はんこく》（午前六時頃）に起床し、まず辰刻前（午前七時前頃）に毎朝御拝《まいちょうのぎょはい》（伊勢神宮・内《ない》侍所《しどころ》や畿内の主要諸社に天下太平を祈る神事）を行う。巳刻（午前九時頃）になると御《お》学問所《がくもんじょ》に出御《しゅつぎょ》して政務を聴《き》き、午刻過ぎ（午後一時過ぎ）に奥へ入御《にゅうぎょ》する。申刻（午後三時頃）以降は、気晴らしのため囲碁・将棋・蹴鞠などを楽しんだり、和歌や管弦を行う。そして、夜更かしなどはせず、子上刻《じょうこく》（午後十一時頃）には就寝するものだとしている（「兼輝公記《かねてるこうき》」元禄三年六月二十日の条）。どうやら、早朝から行動を開始して午前中に表で政務を攬《と》り、午後には奥で私的な時間を過ごすというのが、当時の天皇の基本的な生活パターンとみなされていたようである。後光明天

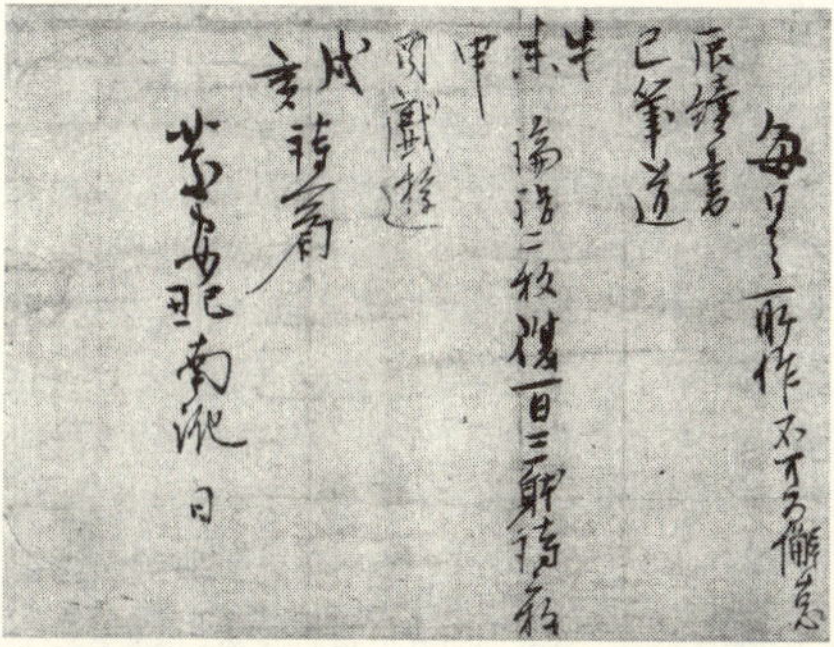

後光明天皇宸筆日課表　京都大学総合博物館蔵

皇も当然、神事を行ったり裁可を下したりしなくてはならなかったはずであるが、父の後水尾天皇が院政を行っていたので比較的時間に余裕があったのであろう。右のように毎日必ず実践すべき学習課題を定め、熱心に漢学を学んでいたのである。

この日課表は、公家の勧修寺《かじゅうじ》家に伝来したものである。勧修寺家は当時、後水尾天皇の祖母が同家の出身であり、天皇家の縁戚に連なっていた。そのため、当主の経広《つねひろ》は後水尾天皇の命により、若き後光明天皇の養育係の一人となっており、同天皇の学問や行跡について意を払う立場にあった（「時庸卿記《ときつねきょうき》」正保二年十月二十六日の条）。こうしたことから、この日課表が後光明天皇から経広に提出され、勧修寺家に伝わったものと考えられる。おそらく、日課表は、経広から父帝の後水尾天皇にも見せられたものと思われる。

さて、このような天皇であるから、漢学に関する事績や所伝には事欠かない。後光明天皇は、近世日本朱子学の開祖ともいわれる藤原惺窩《ふじわらせいか》を大変に尊敬していた。右の日課表を認《したた》めた二年後、門弟たちによって編まれた惺窩の文集《ぶんしゅう》に異例のことながら序文を寄せ、「百年の神交、符節を合わせるがごとし」と、彼の学問に対して強い共感を吐露している。惺窩は既に元和五年（一六一九）に没しているので、彼を召して親しくその講説を聞くことは叶わなかったが、天皇は承応《じょうおう》二年（一六五三）の二月二日と四月二十二日には、当時京都市中で評判の高かった朝山意林庵《あさやまいりんあん》という無位無官の儒者を特別に禁中へ召し寄せて、『中庸』と『周易』を講釈させている（「妙有真空院記」「宣順卿記」「忠利宿禰記」「羽倉延重日記」）。また、それまで朝廷で漢代や唐代の古注で儒書を読んでいたのを、朱子《しゅし》などによる宋代の新注を採用してこれを改めさせたと伝えられるなど（「鳩巣小説《きゅうそうしょうせつ》」）、先例や伝統にこだわらず、儒学を積極的に受容しようと努めていた姿が見て取れる。また、歌集ではなく漢詩集（『鳳啼集《ほうていしゅう》』）を残した、数少ない天皇の一人でもある。

2　和歌とのはざまで

後水尾天皇の教訓

漢学に強い関心を示し熱心に学ぶ一方、後光明天皇は和歌をないがしろにしたきらいがある。

大正時代、歴代天皇の御製《ぎょせい》（和歌）・宸翰《しんかん》（手紙）・詔勅《しょうちょく》・宸記《しんき》（日記）・宸筆《しんぴつ》（筆跡）などを集成して『列聖全集《れっせいぜんしゅう》』という叢書が刊行されたが、それを見ると、他の天皇たちに比べて後光明天皇の御製は明らかに少なく、同天皇が和歌を軽んじていた様子がうかがえる。また、室鳩巣《むろきゅうそう》（徳川吉宗《とくがわよしむね》の侍講《じこう》も勤めた儒者）の書簡をもとにして十八世紀初頭に編纂された「鳩巣小説」には、後光明天皇に関する逸話が数多く載せられているが、その中にも、天皇が和歌を疎《うと》んじていたことを伝える話がいくつか見られる。たとえば、ある日、漢学にばかり熱中する天皇に対して後水尾天皇が、「我が国の風俗を忘れないようにするため、和歌も嗜んだほうがよい」とたしなめた。すると天皇は、「古来、天下国家をきちんと治めようと志した天皇や大臣に、和歌を詠んだ者などおりましょうか」と言い返し、後水尾天皇が再三言っても聞き入れようとしなかったので、座がしらけてしまったというのである。また、天皇は常々、「我が国の朝廷が衰微したのは、和歌が隆盛し『源氏物語』が読まれるようになったからである。世の中の秩序を安定させ人民を正しく導くことに努めた天皇・大臣の中に、和歌を愛好した者などいない。それに、『源氏物語』は淫乱の書だ」と周囲の者たちに語り、廷臣からの献上品の中に『源氏物語』を図柄にしたものがあるのを知ると大層不機嫌になり、それを受け取らなかったという。後世の逸話ではあるが、京都で学んだ鳩巣が耳にした話なので、まったく根も葉もないものではなかろう。後光明天皇が漢学に親しみ治者としての自覚を強くする一方、和歌には嫌悪感すらもっていたということは、知る人ぞ知る事実だったのかもしれない。

こうした後光明天皇に対し、父である後水尾天皇はある時期、天皇の生活全般について教訓状を三通、書き与えた（東山御文庫所蔵）。後水尾天皇はそのうちの一通に、「漢才、又いか程の御事にても飽き足らず候か」と認め、漢学はいくら勉強してもし過ぎることはないと理解を示しながら、同じ教訓状の中で次のようにも述べている。

御芸能の事は、禁秘鈔に委《くわし》く載《のせ》られて候へども、今の世にては、和歌第一に御心にかけられ、御稽古あるべき事にや。先《まず》和国の風義といひ、近代ことにもてあそばるる道なり。

右の一節を認める時、後水尾天皇の念頭にあったのが、「禁中并公家中諸法度」第一条の出典となった、『禁秘抄』の「諸芸能事」であることは間違いない。『禁秘抄』にそう書かれているし、「禁中幷公家中諸法度」でもそのことは強調されているので、漢学を好みそれに励むのは結構なことである。しかし、今の世なればこそ、和歌のことを第一に心掛け嗜むべきである、と後水尾天皇は言うのである。いかにも、和歌に秀でてこれをこよなく愛し、現在確認できるものだけでも千数百首もの御製を遺《のこ》している後水尾天皇らしい主張である。しかし、天皇の嗜好という個人的な事情に事を帰するのではなく、後水尾天皇の言う和歌を第一と心掛けなくてはならない「今の世」とは、いったいどういう世の中なのかを考えてみる必要がありそうである。後水尾天皇が「今の世」をどのように認識していたのかは、後光明天皇に与えた別の教訓状の一節からうかがえる。

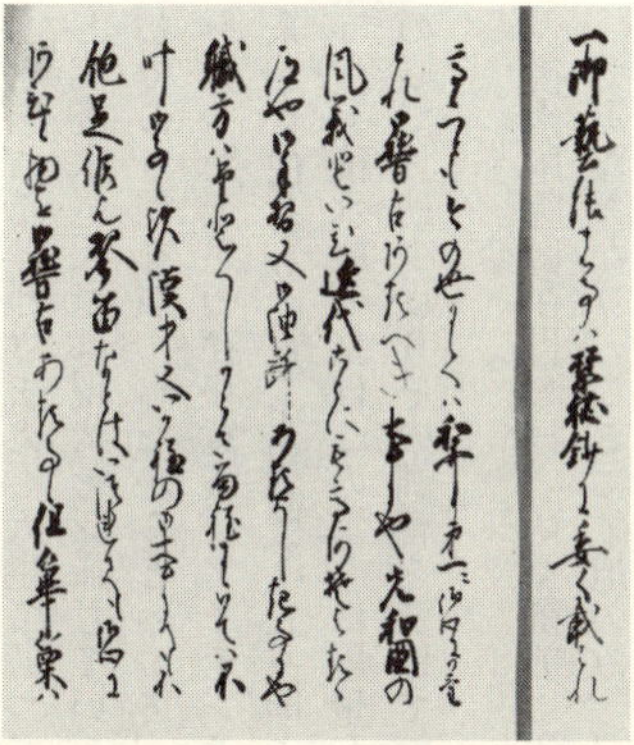
後水尾天皇教訓状　東山御文庫　御物

別《べっ》て今程、万端《ばんたん》武家のはからひ候《そうろう》時節に候《そうら》へば、禁中とても、万事《ばんじ》旧例に任《まかせ》て御沙汰あるべき様もなき体《てい》に候。万事御心を付られ御慎《おつつしみ》、専要に候か。

今は幕府の考えですべてのことが取り計らわれているので、天皇は昔のように諸事につき沙汰を下すことができなくなってしまっている。そのことをきちんとわきまえ、天皇であっても行動や発言に注意をすることが必要な世の中なのだと、後水尾天皇は現状を認識しているのである。そうした政治的状況下、儒学に励み帝王としての自覚を強くしたからといって、いかほどのことがあろうか。それよりも、政治的権力を失った天皇の存在意義、アイデンティティーをどこに見出すべきかを考えた時、日本に古来から伝わり天皇を象徴する芸能となっている和歌に、より精力を注ぐべきではないか――。後水尾天皇はこのように思量したのではないかと思われる。このことは、後水尾天皇の婿《むこ》で、幼少よりその訓育を受けていた近衛基熈《このえもとひろ》という公家が、

後水尾院御在世の日、切々《さいさい》御前に侍《はべ》る時に仰せて云う。凡《およ》そ朝廷の事、当世悉《ことごと》く名ありて実なきなり。ここに歌道のみ、夏の野草茫々《ぼうぼう》の中に小《こ》径《みち》残るが如し。古今易《かわ》らず伝来の道、断絶遠からず。朝廷の大事、歌道にあり。殊《こと》に学ぶべきの由《よし》、仰せ下されおわんぬ。

と懐旧している同天皇の言葉から、裏付けられるであろう（「基熈公記《もとひろこうき》」元禄二年二月六日の条）。後水尾天皇はこのように強烈な問題意識をもって思考し、朝廷の主として現実を直視して芸能に対する重点の置き所を考えるよう、後光明天皇に訴えかけ諭したのである。

後水尾天皇は、承応三年（一六五四）に二二歳の若さで先立った後光明天皇よりもずっと長生きし、延宝《えんぽう》八年（一六八〇）に八五歳の天寿をまっとうする。そのため、和歌を重視する後水尾天皇の「文化戦略」が定着・継承されることになるが、もし後光明天皇が長命であ

ったならば、朝廷・公家社会の文化的雰囲気は違うものになっていたかもしれない。

京都所司代の天皇批判

こうして和歌は、「禁中幷公家中諸法度」第一条に特記されたこともあり、江戸時代の天皇にとっても引き続き特別な芸能となった。後光明天皇のような例外はあるものの、総じて他の天皇は熱心に和歌の修練に励み、数多くの御製を後世に残した。また、歌を詠むだけでなく、後水尾天皇・霊元《れいげん》天皇・光格《こうかく》天皇などは、堂上《とうしょう》（上級の公家衆）を門弟として組織し、積極的に歌壇を経営した。中世末期以来、近衛《このえ》家・中院《なかのいん》家・三条西《さんじょうにし》家・烏丸《からすまる》家など複数の堂上家に伝わることとなった古今伝授《こきんでんじゅ》（『古今和歌集《こきんわかしゅう》』を中心とした歌学《かがく》に関する秘伝の伝授）は、十七世紀の中頃、後水尾天皇によって天皇家へと集約され、天皇を頂点とする御《ご》所伝授《しょでんじゅ》へと再編されることとなる。また、十八世紀前期に在位した桜町《さくらまち》天皇の時には、伝授に先立って公家衆に誓状を提出させ、天皇と公家衆との間における師範・門弟関係を強化する制度も創始されている。江戸時代の天皇は、和歌を通じて公家衆の頂点に立ち、文化の領域でも彼等に君臨するようになる。

しかし、ここで注意しなくてはならないのは、先にも確認したように、天皇にとって第一に必要なのは、学問をして立派な治者となることであり、和歌はその後に嗜むべきものであったということである。そのため、和歌の愛好が度を過ぎ、学問が疎かになって治者としての務めがないがしろになると、天皇は非難されることとなった。特別な芸能と認定はされたが、和歌に励めば天皇として称《たた》えられたのかというと、そういう単純な話ではなかったのである。

たとえば、十七世紀後半に在位した霊元天皇は、歌壇を経営したほか歌書の蒐集《しゅうしゅう》・書写を精力的に行い、『新類題和歌集《しんるいだいわかしゅう》』という歌集の編纂にも着手するなど、和歌に情熱を注いだ天皇の一人である。その霊元天皇の和歌愛好について、京都所司代（在京し、天皇・公家衆を監督する幕府の重職）の稲葉正往《いなばまさゆき》が批判をしていることが、同天皇に関白として仕えた一条兼輝の日記に記されている（「兼輝公記」貞享《じょうきょう》元年三月二十一日の条）。

午の斜《ななめ》（午後一時前頃）丹後守《たんごのかみ》（稲葉正往）来る。これに謁《えっ》す。（虫損）語の後、常居間《つねのいま》に招請し人を掃《はら》う。一時《いっとき》ばかり密談す。（中略）彼の談話するところ、「過半の当地の君臣、義理を存ぜざる由、歎息するのみなり。主上（霊元天皇）実学を好まず。義理を存じせしめず、和歌に耽《ふけ》る。よって御行跡よろしからず。且《か》つ女謁《じょえつ》（周囲の女性が君主にねだり事をすること）盛んにして、女中挙奏《きょそう》の儀を多く用いらる。臣下、尊卑となく老少となく、好学の人なく義理を存ずる輩なし。よって良位なきゆえ、忠義と称し行うといえども、不忠を多くす。東宮《とうぐう》（皇太子、後の東山天皇）御幼稚のあいだ、長ずるに及び和歌に溺《おぼ》れず、□学を好ましめ給い義理を存ぜらるる儀、偏《ひとえ》に希《のぞ》むところなり。予（一条兼輝）、この旨、序《つい》でをもって奏す（べし）」とうんぬん。

この日、稲葉は兼輝と密談を行うため、一条邸を訪れた。そこで彼が語ったのは、霊元天皇とその周辺の行跡に対する不満と警告であった。天皇は和歌には熱心であるが、「実学」を好まないため「義理」、すなわち正しい道というものをわきまえていない。そのため、その行跡には感心できないところが多い。廷臣たちも、老若・身分の上下を問わず、学問を好まず義理を知らない者ばかりである。したがって、忠義と称して行うことも、その多くが不忠の所行となっている。皇太子はまだ幼いが、成長したら和歌などに熱中することなく学問に励み、義理をわきまえた人物に是非ともなっていただきたい。このことを、ついでの時に天皇に申し上げてもらいたい、というのである。

ここで稲葉が問題としている霊元天皇の不行跡と廷臣の不忠であるが、幕府が公認する摂《せっ》関家《かんけ》主導の朝廷運営体制を天皇が疎んじ、自己を中心とする朝廷の再編成を強く志向したことであり、寵臣たちが天皇のそうした意を受けて暗躍したため、朝廷内に不協和音が生じるようになっていたことを指している。具体的に言えば、摂関家に相談もせず儲君《ちょくん》（皇位継承予定者）を強引に変更したり（小倉《おぐら》事件）、幕府との協調路線を重視し天皇の行動に批判的な姿勢を見せていた、摂関家の近衛《このえ》基熈《もとひろ》を失脚させたりしたことである。また、稲葉の発言に出てくる義理を学ぶための「実学」であるが、この密談の三日前、禁裏附《きんりづき》（京都所司代の指揮下、朝廷の監督にあたった幕府の役人）の久留島通定《くるしまみちさだ》という旗本が兼輝のもとを訪れ、やはり密談をしている。その際、久留島は稲葉と同様、「過半の当地の君臣、儒術を好まず、義理を存ぜざるの由、歎息するのみなり」（「兼輝公記」貞享元年三月十八日の条）と述べており、ここから稲葉の言う「実学」とは「儒術」、すなわち儒学のことを指していることがわかる。世の中のあるべき道をわきまえた立派な治者となるため、天皇は第一に儒学を学ぶことが必要であると稲葉は考えており、和歌は二の次、三の次なのである。京都所司代という幕府の重職にある稲葉の学問観・和歌観は、まさしく「禁中幷公家中諸法度」第一条の趣旨に沿ったものであった。彼の目から見ると、和歌にうつつをぬかすばかりで、朝廷内をきちんと統治せず混乱させているだけの霊元天皇は、治者として失格なのである。朝廷の主として心構えを直し組織を正しい姿に戻すため、和歌ではなく儒学をきちんと学び、義理というものを勉強し直しなさい、というわけである。

関白の嘆きと期待される天皇像

実は、霊元天皇の和歌傾倒については兼輝自身も、稲葉との密談の前年に、次のような興味深い評言を日記に書き留めている（「兼輝公記」天和三年六月二十七日の条、同年十月二十七日の条）。

伝聞す。和歌御《ご》当座《とうざ》御《ご》会《かい》とうんぬん。去年の春に勅《みことのり》して、毎月廿七日官位の評定《ひょうじょう》の日たるべきの旨《むね》、定めらる。一両月その議を行われ、爾後《じご》絶えてその儀なし。剰《あまつさ》え当年はいまだ行われざるに、今日和歌の御当座いかが。それ、和歌は政道間断なく行わるるの余に行わるべきか。禁秘御抄に「和歌は光孝天皇よりいまだ絶えず。我が国の習俗、棄て置くべからざるか」、また古今《こきん》（古今和歌集）の序に「万機《ばんき》を勤めての余にこの和歌を翫《もてあそ》ぶ」と載せらる。彼是《かれこれ》をもって見るに、古の風俗は、万事行わるるの余に和歌御会あるか。しかるに、今御評定の日を定めらるるに、その事を欠かれ、かくのごとく御遊するはいかが。

入夜《にゅうや》、長橋局《ながはしのつぼね》（天皇に仕える女性家臣）より奉書《ほうしょ》をもって勅を伝《でん》ぜられて云《い》う。「今日、和歌御当座御会なり。夜半に及び事終わるのあいだ、明朝の御拝《ぎょはい》を御代官つかまつるべし」と。予（一条兼輝）畏《かしこ》み承るの由、奏しおわんぬ。今日は、去年の春に定めらるる官位評定の式日《しきじつ》なり。当年、一度も官位の議定《ぎじょう》なく、専《もっぱ》ら和歌を事とす。上古《じょうこ》の法、政務を専ら行うの余に和歌を玩《もてあそ》ぶ。それ、天下の政務、当時悉く武家に属し、僅かに残るは官位任叙の議定のみ。しかるに、この儀を廃され、冬に至り一ケ度といえどもこの儀なし。誠に歎息すべき第一なり。これ遠くは古今集序文の旨に違《たが》い、近くは禁秘抄の意に背《そむ》く。呼噫《ああ》、いつの日に改めらるるや。

江戸時代、天下の政務に関する権限はそのほとんどが武家に奪われてしまい、僅かに天皇の手元に残されているのは官位の叙任権だけである。ところが霊元天皇は、毎月二十七日を定例日として官位叙任の評議を行うとみずから定めたにもかかわらず、一、二度開催しただけで、その後は行わなくなってしまった。今日もまさしくその二十七日であるのに、評議は

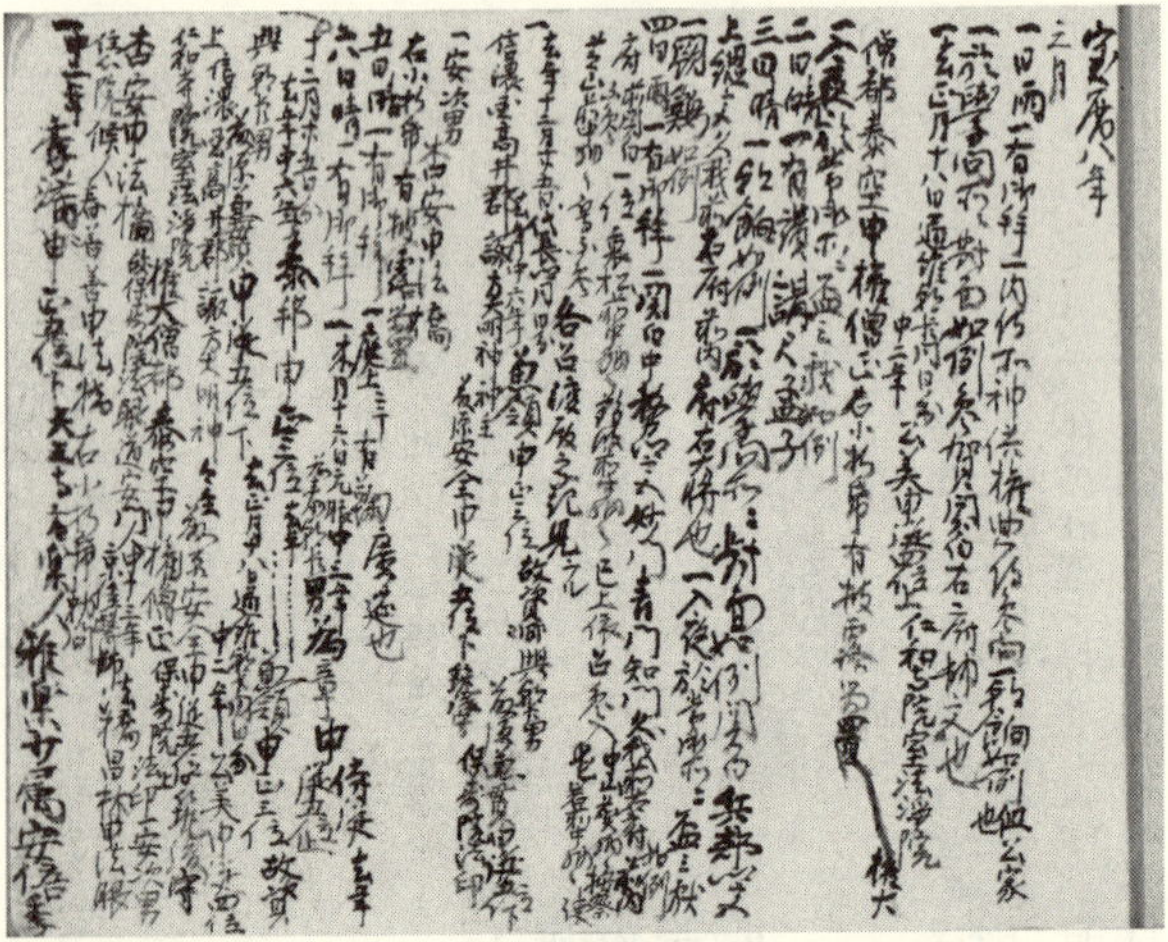

桃園天皇宸記（第１冊目巻頭）　桃園天皇の宸記は、宝暦８年（1758）３月から同12年７月までのものが４冊遺されている。東山御文庫 御物

行わず和歌会を開いて楽しんでいる。また、和歌会が終わるのが真夜中になるから（明日の朝は起きられないから）と言って、天皇の重要な務めである翌日の毎朝御拝を兼輝に代行させたりもする。『禁秘抄』には、和歌は光孝天皇の時から歴代嗜んできている芸能なので廃《すた》れさせてはならないと書いてあるが、『古今和歌集』の仮名序に記されているように、政務に勤《いそ》しんだ余力で和歌を嗜むというのが我が国古来よりのしきたりである。昨今の天皇の行状はそうした古人の言に背くものであり、まったく嘆かわしいことである。ああ、いつになったら改心してくれるのであろう——。天皇を補佐する関白職にあった兼輝はこのように慨嘆し、和歌に没頭して政務を等閑《なおざり》にする

霊元天皇の姿勢を非難しているのである。

「禁中并公家中諸法度」第一条に「学問」「和歌」などの文言が見えることから、我々は江戸時代の天皇を文化的存在であるとイメージし、特に和歌に熱心な有り様は、まさに天皇に期待された理想の姿であると考えがちである。しかし、右に紹介したように、京都所司代や関白など幕府・朝廷の重職が天皇に先ず求めたのは、儒学（漢学）を修めて治者としての素養を身につけ、朝廷の主としてそれをきちんと運営することであり、政務の裁可や神事という伝統的政治行為だったのである。そして、それらのことは和歌の修練に優先されるべきものであった。少し時期は下るが、十八世紀中後期に在位した桃園《ももぞの》天皇や後桃園《ごももぞの》天皇の宸記《しんき》を見てみると、その日常生活は、幕府・公家衆・社家などから申請される官位の勅許《ちょっきょ》と、様々な神事とで埋め尽くされている。月次《つきなみ》（月例）や内々《ないない》など種々の和歌会も催されているが、それらは政務や神事の合間合間に行われている。このような日常を送ることが、天皇に期待される行動様式だったのである。江戸時代においても天皇は政治的存在であると理念され、そのため、立派な治者となるべく学問（漢学）に精進することが求められたのである。

3　天皇の文庫

文庫の再興と形成

ところで、天皇が学問や和歌の研究をしたり、また年中行事など様々な朝儀《ちょうぎ》（朝廷の儀式）を行ったりするためには、テキストとなる書籍や先例を調査するための記録類が必要である。天皇は古代から、みずから執筆したり写本を作製したりすることを精力的に行い、そうした書籍・記録類を蓄積し蔵書を形成してきた。しかし、戦国期の文明八年（一四七六）十一月十三日、足利将軍家の御所からのもらい火で天皇家の文庫（禁裏文庫《きんりぶんこ》）も炎上し、蔵書の多くが灰燼に帰してしまい壊滅的なダメージを蒙った（「親長卿記《ちかながきょうき》」）。その後、豊臣政権・徳川幕府など強大な武家政権が成立して平和で安定した時代が到来すると、衰退した禁裏文庫の再興と充実は、天皇たちにとって喫緊の課題となったのである。

禁裏文庫復興の基礎を築いたのは、豊臣政権期から江戸時代初頭に在位した後陽成《ごようぜい》天皇である。後陽成天皇による蒐書《しゅうしょ》活動の実態はまだあまりよくわかっていないのであるが、慶長六年（一六〇一）四月四日に、公家の九条兼孝《くじょうかねたか》が禁裏文庫の記録類を借用した際の日記を見ると、「小御所《こごしょ》において御記録十合《ごう》ばかり見せらる。その内、御次第《おんしだい》の筥《はこ》・系図の筥・除目《じもく》幷《ならびに》叙位《じょい》などを拝見するなり」とあり、内容ごとに整理された記録が一〇合もの函に納められており、蔵書の充実と文庫の整備が進められている様子がうかがえる（「兼孝公記《かねたかこうき》」）。江戸時代の禁裏文庫の諸目録を調査した田島公氏の研究によれば、十七世紀中期の後光明天皇や後西《ごさい》天皇の頃には、後陽成天皇の蒐書は「根本官庫《こんぽんかんこ》」（「官庫」は禁裏文庫のこと）と呼ばれ、江戸時代の禁裏文庫の基礎と認識されている。

後陽成天皇の崩御後も、歴代の天皇は蒐書や整理に力を注ぎ、文庫の充実に努めている。蒐集活動の中心は書写である。文庫に所蔵されていない書籍や記録などを公家諸家や寺院などから借用し、廷臣たちに命じて写本を作製するのである。時には天皇みずからが筆をとり、書写することもある。霊元天皇は十七世紀後期、「諸家所持の旧記などは悉皆《しっかい》（ことごとく）官物《かんもつ》（天皇の御物《ぎょぶつ》）なり」と評されるほど、精力的に諸家から記録類を借用・書写して蔵書の蓄積に努めた。そのため、朝儀の参考書である記録類を多数秘蔵し、その閲覧許諾権を握ることで一般の公家衆を従属させていた摂関家から、警戒されるほどになっている（「基熈公記」延宝六年六月十日の条）。また、漢学好きの後光明天皇は、蔵書目録と見合わせて禁裏文庫に所蔵されていない漢籍を選定し、京都市中の本屋から購入したりもしている（「時庸卿記」正保三年三月十二日の条、承応二年八月一日の条）。こうして蒐集した書籍・記録類を適切に管理し、次代の天皇に文庫をつつがなく相続させるため、朝廷には管理の実務にあたる書籍奉行という役職が置かれた。虫害やカビによる損傷・汚損を防ぐため、毎年六月になると虫払い（虫干し）が行われるほか、おりにふれて蔵書の点検作業がなされ目録が作られている。

譲位などによって代替わりがあると、神器《じんぎ》と同じように蔵書の移譲も行われた。新天皇が幼少の場合、ある時期までは前天皇が禁裏文庫を管理した。まれに譲与がスムーズに行われない場合があると、それは大問題となった。後陽成天皇は徳川家康と政治的衝突を繰り返し、その度に屈服させられたが、そのため家康が即位させた息子の後水尾天皇にも複雑な感情を抱き、慶長十六年（一六一一）三月に譲位した後も、書籍や調度類を手元に置いたまま、後水尾天皇に渡そうとしなかった。そのため江戸幕府が介入し、翌年の二月二十二日、家康の裁定で、後陽成天皇が自分で蒐集したものはそのままで構わないが、前代から受け継いだものは後水尾天皇にすべて引き渡すことに決し（「駿府記《すんぷき》」）、ようやく七月八日に移譲が実現した（「言緒卿記《ときおきょうき》」九月一日の条）。もっとも、この時すべてのものが譲られたわけではなく、後陽成天皇の生母である新上東門院《しんじょうとうもんいん》と京都所司代の板倉勝重《いたくらかつしげ》が奔走し、翌年の八月二十六日に更に三棹の長持が引き渡されている（「時慶卿記《ときよしきょうき》」）。

火事への対応

高温多湿の日本で蔵書を保存する上で、確かに虫害やカビは大きな問題であった。しかし、文庫にとって当時最も脅威だったのは火災である。火事というと江戸の町が思い浮かぶが、江戸時代の京都もたびたび大きな火災にみまわれていた。特に、承応二年（一六五三）六月、万治《まんじ》四年（一六六一）正月、寛文《かんぶん》十三年（一六七三）五月、延宝三年（一六七五）十一月、宝永《ほうえい》五年（一七〇八）三月、天明《てんめい》八年（一七八八）正月、嘉永《かえい》七年（一八五四）四月の大火では、天皇たちの御所も炎上し大きな被害を受けている。

火事が発生し御所にも火の手が及ぶと、禁裏文庫の蔵書は駆けつけた公家衆によって安全な場所へ退避させられる。承応二年の大火の場合を見てみよう。この火事は、六月二十三日の未上刻（午後一時頃）に御所の台所を火元として発生し、禁裏の建物を焼き尽くした大火であった。結果を見れば、禁裏文庫だけは奇跡的に火がかからず焼け残ったのであるが、この時も火事が起こると公家衆が参集し、蔵書は文庫から取り出され、火の手が及ばず後光明天皇の避難先ともなった、後水尾天皇（当時は法皇）の御所に運び込まれた。翌日、火が鎮まると、退避させた書籍をリストアップして点検作業が行われているが、「御書籍ども散乱」（「時庸卿記」）という有り様で、書籍を運び込んだ際の混乱した様子が伝わってくる。興味深いのは、「今度水に入れる御書籍ども見分（検分）す」（「同前」承応二年閏六月四日の条）というように、後水尾天皇の御所に運び込む余裕がなく、緊急避難的に御所の池の中に投入された書籍があったということである。こうした非常手段がとられているのは、万治四年の大火（正月十五日発生）の際にも確認される（「勧慶記《かんけいき》」万治四年正月十六日の条）。

朝、永貞朝臣《ながさだあそん》・資冬《すけふゆ》・経尚《つねひさ》などを御前に召し、内裏《だいり》（御所）の御池に入るる官本《かんぽん》（禁裏文庫の蔵書）・官物《かんもつ》などを撰《えら》び、持参申すべき旨、仰《おお》す。（中略）時量卿《ときかずきよう》・為継《ためつぐ》朝臣・昭房《あきふさ》朝臣・予（勧修寺経慶《つねよし》）・隆胤《たかたね》に、御池の御書物を念を入れ尋ね、上《あ》ぐべきの由、仰せ付けらる。（中略）右の輩、御池を尋ねらる。長櫃《ながびつ》二棹を予の宿所より取り寄せ、野府記《やふき》（小右記《しょうゆうき》）を入る。（中略）御前に持参し、また御庭に干さる。

この時の天皇は後西天皇であるが、やはり火事の最中に御所の池に書籍を入れ、翌日鎮火してから公家衆に命じて水中を念入りに探させ、池から引き上げて庭で干す作業が行われている。『野府記』だけでも長櫃で二棹分あったというのだから、かなり多数の書籍が池に投じられたものと推察される。このように、火勢が強まり搬出作業が困難になると大胆な手段

東山御文庫　宮内庁侍従職提供

もとられ、蔵書を守る努力がなされたのである。

後西天皇の複本作製

このように火から守る努力のほか、天皇により蔵書の複本が作製され、記録類に記された情報の喪失が回避されたこともあった。

承応の大火では焼失を免れた禁裏文庫であったが、万治四年の大火ではついに被災し、後陽成天皇の時から蓄積されてきた蔵書がほとんど焼失してしまう（「宣順卿記《のぶよりきようき》」万治四年正月十五日の条）。しかし、後西天皇がみずからも筆をとり作製させていた禁裏文庫蔵書の新写本がこの時辛くも焼け残り（「忠利宿禰記《ただとしすくねき》」同年同月十六日の条）、戦国期に経験したような断絶を免れ、禁裏文庫は継承されることとなったのである。後西天皇が皇位を継承したのは、承応の大火の翌年である。その時は運良く禁裏文庫に火がかからなかったが、禁裏を火元とする火事の恐ろしさを目の当たりにし、天皇は万が一に備えようとしたのではなかろうか。

後西天皇が作製した複本は譲位後、七〇合もの函に納められ、霊元天皇へ譲られた（「葉《は》室頼業日記《むろよりなりにっき》」寛文六年二月二十六日、三月二十一日、同月二十四日の条）。現在、京都御所敷地内の東北隅には、東山御文庫と呼ばれる宝物蔵が建っており、皇室に伝来したおよそ六万点といわれる古文書・古記録・古典籍・什物《じゅうもつ》類が収蔵されている。後西天皇の複本はこの御文庫にある蔵書の母体となり、今に伝えられている。

蔵書形成と幕府

禁裏文庫の蔵書蓄積は、基本的には天皇や廷臣たちの精力的な筆写作業などによる成果である。しかし、ここにも幕府による少なからぬ関与の跡を見ることができる。

慶長十九年（一六一四）十月二十七日、徳川家康は、公家諸家が所蔵する記録類を京都五《きょうとご》山《ざん》の禅僧たちに書写させるよう、側近の金地院崇伝《こんちいんすうでん》と林 道春《はやしどうしゅん》（羅山《らざん》）に命じた。そしてこの時、写本は三部ずつ作らせ、一部は江戸、一部は家康の隠居所である駿府《すんぷ》、そしてもう一部は禁裏に進献するよう指示しているのである。こうした徳川将軍による天皇への書籍提供は家康だけのことではない。目にふれたものをあげると左のようになる。

二代　秀忠　『群書治要』（「泰重卿記《やすしげきょうき》」寛永二年四月十九日の条）

五代　綱吉　『二条家記録《にじょうけきろく》』（二函、二三〇冊＋目録一〇冊、「基量卿記《もとかずきょうき》」貞享二年正月二十六日の条、「兼輝公記」同年同月二十七日の条）

九代　家重　『日本紀略《にほんきりゃく》』、『弘仁格式《こうにんきゃくしき》』、『延喜儀式《えんぎぎしき》』、諸記の抄出（六函二合、「広橋兼《ひろはしかね》胤公武御用日記《たねこうぶごようにっき》」宝暦三年八月三日の条）

秀忠が進献した『群書治要』は、唐の太宗の勅命で編纂された治世のための参考書で、既に見たように、「禁中并公家中諸法度」第一条に、治者としての教養を修める上でせめて読んでおくべきものとして名前が見える書籍である。家康の命で開板・印刷された駿河版であろうか。天皇の君徳涵養《かんよう》のため進献されたのであろう。また、綱吉と家重による進献は、それぞれ霊元天皇と桜町《さくらまち》天皇から要望があり、幕府がそれに応じたものである。『二条家記録』は、公家の二条家に伝来する諸記録を幕府が書写したものである。二条家の文庫は、「当時第一の文庫」といわれるほど質・量ともに優れた蔵書を誇っていたが、延宝三年の大火で焼失してしまい、「朝家《ちょうか》（朝廷）の衰弊《すいへい》、歎《なげ》くになお余ることとなり」と言われた（「重房《しげふさ》宿禰《すくね》記《き》」延宝三年十一月二十五日の条）。幕府の写本はこの大火以前に作製されたものと思われる。その存在を知った天皇が、禁裏文庫の充実をはかるため幕府に借用を申し入れたのであり、朝廷では幕府の本を自身で書写し写本を作っている（「兼輝公記」貞享二年十月二十二日の条）。桜町天皇からの要望については経緯がわからないが、これらの書籍も京都では入手することが困難だったのであろう。この時は貸与でなく、幕府の方で自身の蔵書を書写したものが進献されている。そのため、写本を作製するのに年月を要し、進献されたのは天皇が崩御した三年後となっている。

家康が進献した記録類の写本や『二条家記録』「諸記の抄出」の詳細はわからないが、家重が進献した書目を見ると国史・法令・儀式書であることから、これに類した内容のものだったと思われる。こうした日本の歴史や朝廷の基本法典・儀式に関する書籍すら、当時の朝廷は十分に所有しておらず、幕府の支援を得ることによって、ようやく入手・補完することができたのである。蔵書形成の面からも、天皇の文化的活動の背景に、幕府による寄与が一定度の役割を果たしていたことが見て取れる。

第二章　天皇の茶の湯

1　近世以前の天皇と茶

喫茶文化の受容

近世における天皇の茶の湯を紹介する前に、まずはその前提として、古代・中世の天皇とその周辺における茶の様相を確認しておこう。

天皇と茶との関わりは決して新しいものではない。記録の上では平安時代の初期まで遡《さかのぼ》ることができ、「日本後紀《にほんこうき》」弘仁《こうにん》六年（八一五）四月二十二日の条には、天皇が茶を飲んだという最初の記録を見ることができる。その記事の大意を示せば次の通りである。

嵯峨《さが》天皇が近江国滋賀韓埼《おうみのくにしがからさき》（唐崎）に行幸《ぎようこう》し、崇福寺《すうふくじ》に立ち寄られた。大僧都《だいそうず》永忠《ようちゆう》と護命《ごみよう》法師《ほうし》は多くの僧侶を率いて門の外でお迎えした。天皇は輿から降りて、堂に登って仏に礼拝をされた。天皇は更に梵釈寺《ぼんしやくじ》に立ち寄られたが、そこで輿を止めて詩を賦《ふ》され、皇太弟《こうたいてい》（後の淳和《じゆんな》天皇）と群臣がこれに唱和した。永忠はみずから茶を煎じて天皇に進上し、被《かず》け物を賜った。

平安時代の初期、近江国唐崎にある崇福寺の住持永忠が、同地に行幸した嵯峨天皇に煎じた茶を献じたというものである。

嵯峨天皇像　御物

日本は古代国家を形成する過程で、律令をはじめとする中国の先進的文明を積極的に取り入れた。大陸から移入したのは法や政治制度にとどまらず、技術や学問、風俗・習慣にまで及んだ。大陸の影響を受けた文化というと、奈良時代、聖武《しょうむ》天皇の時代の天平《てんぴょう》文化が直ちに思い浮かぶのではないかと思うが、嵯峨天皇の治世も、唐の文化の影響を強く受けた、いわゆる弘仁《こうにん》・貞観《じょうがん》文化が花開いた時期である。天皇は大陸の書を熱心に学んでこれを習得し、空海《くうかい》・橘逸勢《たちばなのはやなり》とともに三筆《さんぴつ》の一人に数えられている。また、日本で最初の勅撰漢詩集である『凌雲集《りょううんしゅう》』の撰集を命じるなど、中国の文物に強い関心をもちこれを積極的に取り入れた天皇であった。喫茶もまた中国文化の一つであり、おそらく八世紀には日本に伝わったのではないかと考えられているが、日本の正史に初めて茶が登場するのは、右の嵯峨天皇の飲茶記事を待たなくてはならない。永忠は唐へ渡って三〇年ほど滞在した経験をもつ留学僧なので、現地で喫茶の風習に親しく接したであろうことは想像にかたくない。中国の喫茶文化に親しく接した永忠が、中国文化を憧憬《しょうけい》する嵯峨天皇に中国伝来の茶を進じたのは、外来文化の摂取にいそしんでいた当時の支配層の文化的状況を、まさに象徴する一コマだったのである。

永忠に茶を供された嵯峨天皇はその後、同年六月に畿内《きない》および近江・丹波《たんば》・播磨《はりま》の諸国に茶樹を植え、毎年茶を献上するよう命じた（『類聚国史《るいじゅうこくし》』貢茶 弘仁六年六月三日の条）。また、大内裏《だいだいり》の東北隅、主殿寮《とのもりょう》の東側に茶園を設け、栽培もさせている（『西宮記《さいきゅうき》』）。こうした状況下、天皇の周囲にいる貴族たちの間にも喫茶が流行していったようである。その様子は、当時の漢詩集に収められた天皇・貴族たちの詩文からうかがうことができる。漢詩集は『凌雲集』の後も、嵯峨天皇と淳和天皇の命により『文華秀麗集《ぶんかしゅうれいしゅう》』と『経国集《けいこくしゅう》』が編まれたが、そこには茶を題材にした漢詩がいくつも収められている。また、朝廷の儀式にも茶が取り入れられるようになり、春秋の二回、国家の平安を祈るため宮中で四日間催された季御読《きのみど》経《きょう》では、出仕した衆僧《しゅうそう》に茶（引茶《ひきちゃ》）が施されていることが、当時の貴族の日記にしばしば見られる。

このように、喫茶の文化は平安時代、天皇と貴族たちの間に外来文化の一つとして取り入れられていったのであるが、当時の茶は、蒸した茶葉を搗《つ》いて板状に固め、飲むときにはそれを削って煮出す団茶《だんちゃ》であり、今私たちが口にする茶とは味も形状もまったく異なるものであった。また、連日行われる季御読経に出仕して疲労した僧侶に振る舞われていることや、藤原道長《ふじわらのみちなが》が風邪をひいた際に医師に勧められ喫していること（『小右記《しょうゆうき》』長和五年五月十一日の条）などからうかがえるように、当時の茶は現在のような嗜好品としてではなく、滋養を補給するためのある種の薬として飲用されていたのである。

この薬用としての茶という点については、建久《けんきゅう》二年（一一九一）に留学先の宋《そう》から帰国した栄西《ようさい》《えいさい》が新しい喫茶である抹茶法を日本に持ち込んでからも、しばらくは変わらなかった。二日酔いで苦しむ源実朝《みなもとのさねとも》（鎌倉幕府三代将軍）に栄西が茶を勧め（『吾妻鏡《あずまかがみ》』建保《けんぽう》二年二月四日の条）、ついで「茶の徳を誉《ほ》むるところの書」として実朝に献呈した書のタイトルが『喫茶養生記《きっさようじょうき》』であったことからも、そうした様子は十分にうかがえるであろう。

薬用から遊びへ

しかしその後、茶樹の栽培が全国に広がりその生産量が増えると、それまでもっぱら貴族や大寺院など限定された世界のものであった喫茶が、武士や民衆の間にもひろがってゆく。そしてその普及の過程で、茶はそれまでの薬効飲料から嗜好品へと、その性格を変化させてゆくことになった。鎌倉幕府が滅亡した翌年の建武《けんむ》元年（一三三四）、後醍醐《ごだいご》天皇による建武の新政下における京都の混乱した世相を皮肉って作られた「二条河原《にじょうがわら》の落書《らくしょ》」（『建武記《けんむき》』所載）には、「茶香十炷《ちゃこうじっしゅ》の寄合も、鎌倉釣《づり》に有鹿《ありしか》ど、都はいとど倍増す」という一節が記されている。ここにみえる「茶香」は、一般的には茶と香のことであると解釈されているが、あるいは茶の香りではないかという説もあり、要は参加者が十炷《しゅ》（十種）の茶を飲み比べてその風味の異同を当てる寄り合いのことである。こうした茶を飲み当てる遊びは闘茶《とうちゃ》と呼ば

花園天皇像　「天子摂関御影」より。宮内庁三の丸尚蔵館蔵

れ、「二条河原の落書」と同時期の「太平《たいへい》記《き》」にも、バサラ大名として有名な佐々木道《どう》誉《よ》などの武士たちが、贅を尽くした寄り合いを張行《ちょうぎょう》し闘茶を楽しんでいる様子が記されている。それまで朝廷・貴族社会や大寺院など狭い世界のものであった茶を、武士などの新興勢力も飲むようになり、滋養強壮を目的としたものとは異なる、喫茶の新しいスタイルが流行するようになってゆくのである。

そして、天皇・貴族たちもこうした流行に無縁ではいられなかった。十四～十五世紀の彼等の日記には闘茶の記事が数多く見られるようになり、早くは鎌倉時代末の天皇である花園《はなぞの》天皇（当時は上皇）の日記に、

近日ある人云う、資朝《すけとも》・俊基《としもと》など衆を結び会合す。乱遊し、あるいは衣冠を着けず、ほとんど裸形。飲茶の会これあり。

という記事がみえ、貴族たちが寄り合って飲茶の遊びをしていることが確認される（「花園《はなぞの》天皇宸記《てんのうしんき》」元亨《げんこう》四年十一月一日の条）。また、別の記事には、

資名《すけな》卿・頼定《よりさだ》卿已下《いか》、少々近臣等祇候《しこう》す。飲茶の勝負あり。賭物《かけもの》を出《いだ》さる。茶の同異を知るなり。実継朝臣《さねつぐあそん》・兼什法印《けんじゅうほういん》、各《おのおの》一度これに勝つ。懸《かけ》（賭）物《もの》を給う。

とあり、天皇も近臣たちを召して「茶の同異を知る」、すなわち闘茶の会を催していたことがわかる（「同前」正慶元年六月五日の条）。ここで注目されるのは、ただ茶を飲み比べてその異同を判別するだけではなく、賭け物が用意され、もっともよく飲み当てた者がそれを手にするという「勝負」の趣向が楽しまれていることである。

闘茶の様相

こうした天皇たちによって楽しまれた闘茶の様子をより具体的に伝えるのは、伏見宮貞成《ふしみのみやさだふさ》親王の日記「看聞御記《かんもんぎょき》」である。親王は室町時代初期の皇族であり、彼の第一皇子は後に即位して後花園《ごはなぞの》天皇となっている。この貞成親王の日記には、伏見宮家で行われた茶に関する記事がすこぶる多い。たとえば、日記が書き始められた応永《おうえい》二十三年（一四一六）の正月二十七日の条にはさっそく、伏見宮家での庚申待《こうしんまち》（庚申《かのえさる》の日に徹夜をして過ごす民俗行事）の座で「回茶《かいちゃ》」、すなわち参加者が順々に茶を飲んでその種類をあてる闘茶の遊びが行われた記事がみえる。この回茶の会では、そのひと月ほど後の記事に「自今《じこん》（今後は）順事《じゅんじ》たるべく、各《おのおの》番を結ばる」（同年二月二十日の条）とあるように、メンバーがグループ（番）をつくり順番に頭役《とうやく》（世話人）を務めることとされ、そうしたことから「順事回茶《じゅんじのかいちゃ》」と呼ばれている（同年同月二十六日の条）。では、宮家で行われた闘茶会の様子がどのようなものであったのか、同年三月一日の記事によってみてみよう。

この日は、貞成の兄で当時伏見宮家の当主であった治仁王《はるひとおう》と家司《けいし》の庭田重有《にわたしげあり》、そして宮家の家臣広時《ひろとき》の三人が頭役であった。人々が集まると、まずは広時から一献《いっこん》と点心が振る舞われる。点心の容器は意匠を凝らしたものであり、貞成は「風流《ふりゅう》あり」「その風情、逸興《いっきょう》極まりなし」と賛嘆している。次いで、治仁王と重有が用意した賭け物が披露される。これもまた、それぞれ美麗を尽くした見事な細工物である。そしてその後、一同、会所《かいしょ》に席を移す。そこには立花《りっか》や屏風などで飾り付けがなされ、伏見《ふしみ》天皇の宸翰《しんかん》も掛けられている。この席でもまずは一献が勧められ、それからようやく回茶が始まった。結果は、宮家の所領である伏見の地侍《じざむらい》小川禅啓《ぜんけい》が最もよく飲み当て、賭け物のなかから好みの品を手にした。このあと酒宴が開かれ、そこで籤引《くじ》きが行われて、残りの賭け物が皆々に分配される。「面々至極沈酔《めんめんしごくちんすい》」し「音曲・乱舞、終日興を尽くす」とあるように宴は盛り上がり、散会したのは深夜に及んでからであった。

いったい茶がメインなのか酒や歌舞がメインなのかわからなくなるような有り様であるが、こうした享楽的な宴遊の会というスタイルこそが、鎌倉末期から室町期における天皇とその周辺の茶会のスタイルだったのである。

2　茶の湯との接触

闘茶から茶の湯へ

鎌倉時代末期から室町時代にかけて大流行した闘茶であったが、戦国期になって、「数寄《すき》」と称され、四畳半や六畳などの小間で行われる草庵風の茶の湯（後のわび茶）が始められると、そのトレンドの陰に隠れてしまう。茶の湯は京都や奈良などの豪商たちの間で流行をみせたが、公家衆のなかにも、わび茶の開祖といわれる村田珠光《しゆこう》の養子で、「当時《とうじ》数奇之《すきの》張本《ちょうほん》（茶の湯の第一人者）」「数奇之上手《すきのじようず》」と言われた宗珠《そうしゆ》の居所を訪ねてその茶屋を見物したり（「二水記《にすいき》」天文《てんぶん》元年九月六日の条）、彼のことを茶会に召したりする者もあらわれている（「同前」大永六年八月二十三日の条）。

もっとも、天皇の周辺では相変わらず、頭役を定めて一〇服あるいは八服を飲み当てる闘茶が盛んに催されており（「親長卿記」文明六年六月六日・八日・二十四日の条など）、また茶の香りを聞き分けて勝負を競う、嗅茶《かぎちゃ》という闘茶の一種も楽しまれている（「御湯殿上日記《おゆどののうえのにっき》」文明十八年二月二十三日の条など）。このように闘茶の世界にいた天皇が、それとは異なる茶の湯に接するようになるのは、織田信長《おだのぶなが》・羽柴《はしば》（豊臣《とよとみ》）秀吉《ひでよし》の時代になってからのことであった。

記録上、禁裏で茶の湯が行われたことが最初に確認されるのは、織田信長が本能寺の変で斃《たお》れる前年、天正九年（一五八一）のことである。禁裏の女房（女官）によって書き継がれた「御湯殿上日記」によると、同年の八月、京都奉行（公武交渉・京都市政などの担当者）を勤める信長家臣の村井《むらい》貞勝《さだかつ》から、正親町《おおぎまち》天皇に葉茶を詰めた茶壺が進上された（天正九年八月十八日の条）。もっとも、実際に進上したのは村井であるが、彼個人の判断ではなく、主君である信長の命により進上されたと考えるのが自然であろう。その翌日、天皇から答礼の勅使が村井のもとに遣わされ、今後は毎年茶を進上するよう仰せがあり、禁裏へ公家衆を召して、葉茶のお裾分けが行われている（同年同月十九日の条）。この時進上された茶壺は複数あったようであり、九月に入ってから前内大臣《さきのないだいじん》の勧修寺尹豊《ただとよ》によってあらためて茶壺の口切り（新茶の開封）がなされ（同年九月六日の条）、その翌日には、

きろく所にてむら井よりの御ちや、みなみなにたぶ（給ぶ）。ぜん内ふ《だい》（前内府）入道どのも御まいり、ちやのゆだうぐ（茶の湯道具）、ぜんだいふもたせらるる。

というように、伺候《しこう》した者たちに茶が振る舞われている（同年同月七日の条）。口切りの儀が行われてその茶が飲まれていること、「ぜん内ふ入道」、すなわち前日口切りを行った勧修寺尹豊によって茶の湯道具が持ち込まれていることなどから、この時行われたのは闘茶ではなく、茶の湯であったと判断することができよう。そして、更に注目されるのは、その二日後の「御湯殿上日記」に、次のような記事が見えることである（同年同月九日の条）。

むら井より、おちやさうといふ物（者）御けいこにまいる。

記事にある「おちやさう」であるが、天正九年分の「御湯殿上日記」は写本なので、書写する際、形が似ている変体仮名の「た（さ）」を「さ」と誤写したものではないかと思われる。すなわち「おちやさう」は「おちやたう」のことであり、この日、村井より茶の湯の巧者が「御茶頭」として派遣され、禁裏で茶の湯の稽古が行われたのである。武家や寺院などから禁裏に茶を進献することはそれまでもまま行われていたが、信長は茶葉にとどまらず、当時武家や豪商たちのあいだで大流行をしていた茶の湯という新しいスタイルの芸能を、禁裏へ持ち込んで天皇に紹介したのである。

正親町天皇像　東京大学史料編纂所所蔵模写

では、なぜ信長は、この時期にこうしたことを試みたのであろうか。信長といえば、古い価値観や秩序を破壊した革新的な武将であり、天皇の位についても己の意のままにせんとした人物と見なされてきた。しかし近年は、信長と天皇・朝廷は融和的関係にあったと評価されるようになり、当時の公武関係についてのイメージが変わってきている。たとえば、この年の二月に、信長は京都で馬揃《うまぞろ》えという一大軍事パレードを挙行している。従来、この馬揃えは、正親町天皇に譲位を迫るための信長によるプレッシャーであると解釈されてきた。しかし最近、前年の暮れに正親町天皇の儲君《ちよくん》である誠仁《さねひと》親王の生母（万里小路《までのこうじ》秀房《ひで》女《ふさのむすめ》）が亡くなっており、消沈していた朝廷の雰囲気を改めるために挙行されたイベントであったという説が、堀新氏によって提出されている。その説にしたがうならば、禁裏で茶壺の口切りや茶の湯の稽古が行われたのも、馬揃えに続く、信長の天皇に対する心遣いの一つであったと評価することが可能かもしれない。天皇がこの時みずから茶の湯に親しんだとは思えないが、伺候した公家衆が慣れ親しんだ闘茶とは異なる茶の湯の稽古をする様子は物珍しく、天皇の目を楽しませ、その傷心を慰めることとなったのではなかろうか。

羽柴秀吉による禁裏茶会

このように、信長の最晩年、茶の湯という新しいスタイルの茶が禁裏へ持ち込まれたのであるが、まだ天皇自身が茶の湯を体験することはなかった。天皇が実際に茶の湯の席に座り、点《た》てられた茶を飲むのが確認されるのは、信長のあとを継いで天下を統一した羽柴《はしば》秀吉《ひでよし》（豊臣の姓を天皇から賜るのは天正十四年〈一五八六〉十二月）の時代であった。

天皇との関わりで秀吉がとり行った茶会というと、天正十四年正月十六日に禁裏で催された茶会が有名である。かの有名な黄金の茶室が大坂城から禁裏の小御所に持ち込まれ、天皇

をはじめ皇族・公家衆が招かれた茶会である。この日、茶会が始まる前に茶室の見学をゆるされた公家の吉田兼見《かねみ》はその様子を、

御茶の湯ことごとく黄金。御座敷もちろんなり。帖《じょう》（畳）はしゃうじゃう皮（猩々緋《しょうじょうひ》）、椽《へり》（縁）は黒地の金襴《きんらん》なり。三帖（畳）の座に床《とこ》これあり。古今の初め、三国《さんごく》において先代未聞なり。見事さ筆舌に尽くしがたし。驚目々々《きょうもくきょうもく》しおわんぬ。

と、日記に記している（「兼見卿記《かねみきょうき》」）。茶の湯道具をことごとく黄金でこしらえ、畳表は高級な輸入毛織物である猩々緋。畳の縁にはやはり高級な織物である黒地の金襴を用いるなど、金と赤と黒のコントラストが際立つ、極めて豪華でユニークな茶室であった。この金の茶室に正親町天皇と儲君の誠仁親王、そして親王の皇子である周仁《かたひと》親王（後の後陽成《ごようぜい》天皇）、および秀吉と関係の深い公家である近衛龍山《このえりゅうざん》（前久《さきひさ》）・菊亭晴季《きくていはるすえ》が招き入れられ、秀吉がみずから点てた茶を飲んだのである（「兼見卿記」によれば、幼い周仁親王には茶のかわりに湯が供されている）。

秀吉の権勢を示すものとしてあまりに有名なイベントであるため、この茶会ばかりが注目されるが、実はこの前年、秀吉はすでに天皇を招いて禁裏で茶会を開いている。時間は少し遡《さかのぼ》るが、天正十年（一五八二）の六月、織田信長は明智光秀《あけちみつひで》の謀反により京都の本能寺で横死した。一大事の情報をいち早く入手し、在陣先の中国地方から急遽とって返して光秀を

討った秀吉は、翌十一年（一五八三）に織田家重臣の柴田勝家《しばたかついえ》と織田信孝《おだのぶたか》（信長三男）を滅ぼし、更にその翌年には織田信雄《おだのぶかつ》（信長次男）と徳川家康《とくがわいえやす》を降《くだ》すなど、畿内及びその近国、濃尾、北陸といった信長の旧勢力圏を支配下におさめることに成功した。そして、朝廷での関白職をめぐる争論に乗じて、同十三年（一五八五）七月十一日にはみずからが関白に任官し、名実ともに信長の後継者であり天下人であることを人々に示した。その四ヵ月後（この年は閏八月がある）の十月七日、秀吉は禁裏で茶会を開き、正親町天皇をはじめ誠仁親王・周仁親王、そして公家衆に茶を振る舞ったのである。本願寺《ほんがんじ》門跡《もんぜき》の顕如《けんにょ》に側近として仕えた宇野主水《うのもんど》の日記に、

京都には秀吉公申沙汰《もうしざた》にて、禁中に御茶の湯あり。その例なしといえども、当時秀吉公この道に御執心《しゅうしん》の故《ゆえ》なり。

と記されているように（「宇野主水日記」天正十三年十月七日の条）、禁裏で茶の湯の会が開かれるのは前例のないことであり、天皇が茶の湯の席に座って茶を飲むのも初めてのことであった。こうした点で、この天正十三年の禁裏茶会は、翌十四年の黄金の茶室における茶会よりも、天皇の芸能の歴史において重要な意味をもっているのである。

秀吉がこの最初の禁裏茶会を催した背景については、七月に関白に任ぜられた謝意を天皇に表するためであったという説がある。しかし、この茶会に参加した吉田兼見の日記を見る

と、

来る七日、小御所において御茶の湯あり。名物の御道具ことごとくこれを出《いだ》され、主上《しゅじょう》（天皇）へ御目にかけらるべきの由。旧冬よりの儀なり。

とあり（「兼見卿記」天正十三年十月四日の条）、秀吉が「旧冬」、すなわち関白就任の前年から禁裏茶会を計画していたことが確認される。前年の天正十二年（一五八四）といえば、秀吉は三月から織田信雄・徳川家康の連合軍と戦闘状態に入るが、小牧《こまき》・長久手《ながくて》での戦いを除き全体的には軍事的勝利をおさめ、十一月（旧暦でいえば冬）には両者と講和を結んで信長の後継者としての地位を確実なものにした年である。関白への任官とは関係なく、天皇との親密さを諸人にアピールしてその地位をオーソライズし、自己の覇権成立を天下に示すため、禁裏茶会は計画・開催されたと考えるべきであろう。

さて、この日の茶会は、「今日の御興行は四十斛《しじっこく》・松花《しょうか》、この両壺の御茶の口切りなり」（「宇野主水日記」天正十三年十月七日の条）というように、口切りの茶会であった。その様子を再び、「兼見卿記」（天正十三年十月七日の条）によって見てみよう。この日、摂関家《せっかんけ》・門跡をはじめ、公家衆は早朝から残らず参内をした。巳刻（午前九時頃）になってようやく秀吉が参上し、伏見宮邦房親王《ふしみのみやくにふさしんのう》・近衛龍山・菊亭晴季とともに、まずは常御所《つねのごしょ》（天皇の日常的生活空間）で正親町天皇・誠仁親王・周仁親王と一献《いっこん》の儀を行った。他の公家衆は紫宸殿《ししんでん》

（御所の正殿）で一献があり、その後、いよいよ茶が点じられる。

小御所へ出御《しゆつぎよ》。御三御所《おんさんごしよ》同前（同然）に御茶の儀これあり。殿下（秀吉）御茶道（茶頭）なり。御前七人なり。次いで御三御所還御《かんぎよ》す。次いで端の御座敷において御茶の儀これあり。理休《りきゆう》（利休）居士《こじ》茶道（茶頭）。台子《だいす》の御茶の湯なり。

この記事をみると、この日の茶会は二部構成であったことがわかる。第一部は小御所における「御三御所」、すなわち天皇と誠仁親王・周仁親王への献茶であり、秀吉が茶頭を務め、みずから茶を点てて天皇と両親王に進上している。天皇たちが座した席は、「菊見之間《きくみのま》上段《じようだん》」という三畳敷の空間である。床《とこ》には虚堂智愚《きどうちぐ》の墨跡《ぼくせき》（生島虚堂《いくしま》）、玉澗《ぎよくかん》筆の青楓《あおかえで》の絵、似茄子《にたりなす》の茶入といった名物が飾られ（「禁中御茶会記」）、「御前の御道具はことごとくこれを新調す」（「兼見卿記」天正十三年十月四日の条）というように、点茶道具はすべてこの日のために新たに用意されたものであった。これは、至尊《しそん》である天皇に茶を差し上げるにあたり清浄を保つため、一度使いの道具が用意されたのである。そして、秀吉の点てた茶を服した天皇と両親王が席を立った後、第二部として、待機していた公家衆に端の御座敷で茶が振る舞われた。こちらの茶頭は、記事に「理休」と表記されている千利休《せんのりきゆう》であった。ちなみに、彼の名乗りは「利休」が有名であるが、通常は「宗易《そうえき》」という法諱《ほうき》（法名）を用いている。「利休」というのは居士号《こじごう》であり、この日の禁裏出仕のため特別に天皇から賜ったものである。

ところで、この日、利休が点てた茶を飲んだのは公家衆であり、天皇と親王たちは秀吉が点てた茶を飲んでいる。そのため、禁裏茶会における利休の役割は副次的で、それほど大きなものではなかったかのようにみえるかもしれない。しかし、これより一月余り前の閏八月の下旬、彼は秀吉の命により、武家伝奏の菊亭晴季・勧修寺晴豊《かじゅうじはれとよ》、そして秀吉の所司代である前田玄以《まえだげんい》とともに小御所に参上し、茶の湯を行う会場を検分していることが確認される（「兼見卿記」天正十三年閏八月二十七日の条）。すなわち、利休は企画段階からこの茶会に深く関与しているのである。秀吉が茶頭を務めた天皇の席についても、三畳敷の空間であることといい、虚堂や玉澗など禅僧の書画が床に飾られて重要視されていることといい、利休が追求したわび茶の色彩が見て取れる。先にも述べたように、天皇はこの禁裏茶会において初めて、茶の湯という新しい芸能を実体験することになるわけであるが、それは利休が監修した当時最先端のわび茶だったのである。それまで親しんできた闘茶とは異なり、三畳という狭小の座で楽しむ茶の湯は、天皇にとってさぞや新鮮だったことであろう。

3　茶の湯の享受

遊興的な天皇の茶会

このように、信長・秀吉の時代に禁裏へ持ち込まれた茶の湯であるが、谷端昭夫氏が指摘するように、秀吉によって催された最初の公式な禁裏茶会が口切りのスタイルをとったということは、朝廷にとって先例として大きな意味をもったようである。また、茶壺を最初に開封して飲茶を行うという清浄性も、天皇の茶の湯であることから重視されたのであろう。天皇の生活の場である禁裏ではその後、口切りの茶会というスタイルで茶の湯が定着し、江戸時代を通じて年中行事的に催されるようになってゆく。

では、こうして天皇のもとで行われるようになった口切りの茶会とは、どういう実態をもつものだったのであろうか。まずは寛永文化の中心人物であった後水尾天皇の口切りについて、鹿苑寺《ろくおんじ》（金閣寺）の住職、鳳林承《ほうりんじょうしょう》章の日記（「隔蓂記《かくめいき》」）を通して見てみることにしよう。承章は、当時天皇家と縁戚関係にあった公家の勧修寺《かじゅうじ》家出身であり、そのためしばしば天皇のもとに伺候するなど深い親交をもっていた。

「隔蓂記」に初めて後水尾天皇の茶会の記事が見えるのは、寛永十二年（一六三五）十一月二十四日の条である。

仙洞《せんとう》において、御口切りの鳳団《ほうだん》下さる。御拍子《ひょうし》四番、御能三番あり。太夫《たゆう》は渋谷《しぶや》対馬守《つしまのかみ》、脇は新藤権右衛門《しんどうごんえもん》、狂言は鷺仁右衛門《さぎじんえもん》父子。黄昏《こうこん》に及び寺へ帰る。（以下、客一七人の名前は省略）

記事にある「仙洞」は、当時位を譲って上皇になっていた後水尾天皇のこと。「鳳団」は茶のことである。簡単な記事ではあるが、この日の口切りは喫茶だけでなく、後段《ごだん》（別席にて催される趣向）が設けられ、拍子（演奏）や能などの歌舞音曲が行われていることに注意したい。そして、翌年の九月十八日に開かれた口切りの記事を見ると、更に詳細に茶会の様子が記されている。まずはその前半から。

午後、仙洞御口切り。官焙《かんばい》（茶のこと）を賜る。御客衆、近衛《このえ》殿・妙法院《みょうほういん》殿・四辻大納言《よつつじだいなごん》・中院《なかのいん》大納言・飛鳥井《あすかい》中納言《ちゅうなごん》・滋野井《しげのい》中納言・姉小路宰相《あねがこうじさいしょう》・小川坊城《おがわぼうじょう》宰相・余《よ》（鳳林承章）のみ。御茶屋において茶三種あるなり。茶堂は勧修寺中納言。御書院・御茶屋方々の御飾りに、凡眼《ぼんがん》を驚かすものなり。御書院の書院床畳・床の違い棚の飾りの模様は、池坊《いけのぼう》来りてこれを飾るなり。

この日の客は、天皇の弟で近衛家の養子となった信尋《のぶひろ》をはじめとする九人の門跡《もんぜき》・公家衆であった。まず、御茶屋において三種類の茶が点てられる。茶を点てたのは亭主の天皇ではなく、茶堂（茶頭）を務めた勧修寺経広《つねひろ》である。「隔蓂記」の他の記事を見ても、後水尾天皇の茶会では天皇自身が茶を点てることはなく、代わりに近臣の公家衆などがこれを務めるのが常であった。

ところで、引用は省略したが、この日の御茶屋には痴絶道冲《ちぜつどうちゅう》の布袋《ほてい》の画賛《がさん》と染付《そめつけ》の香炉《こうろ》などが、書院には牧谿《もっけい》筆の寒山拾得《かんざんじっとく》・龍虎の三幅対《さんぷくつい》、銀製の三具足《みつぐそく》、金の大香炉などが飾り立

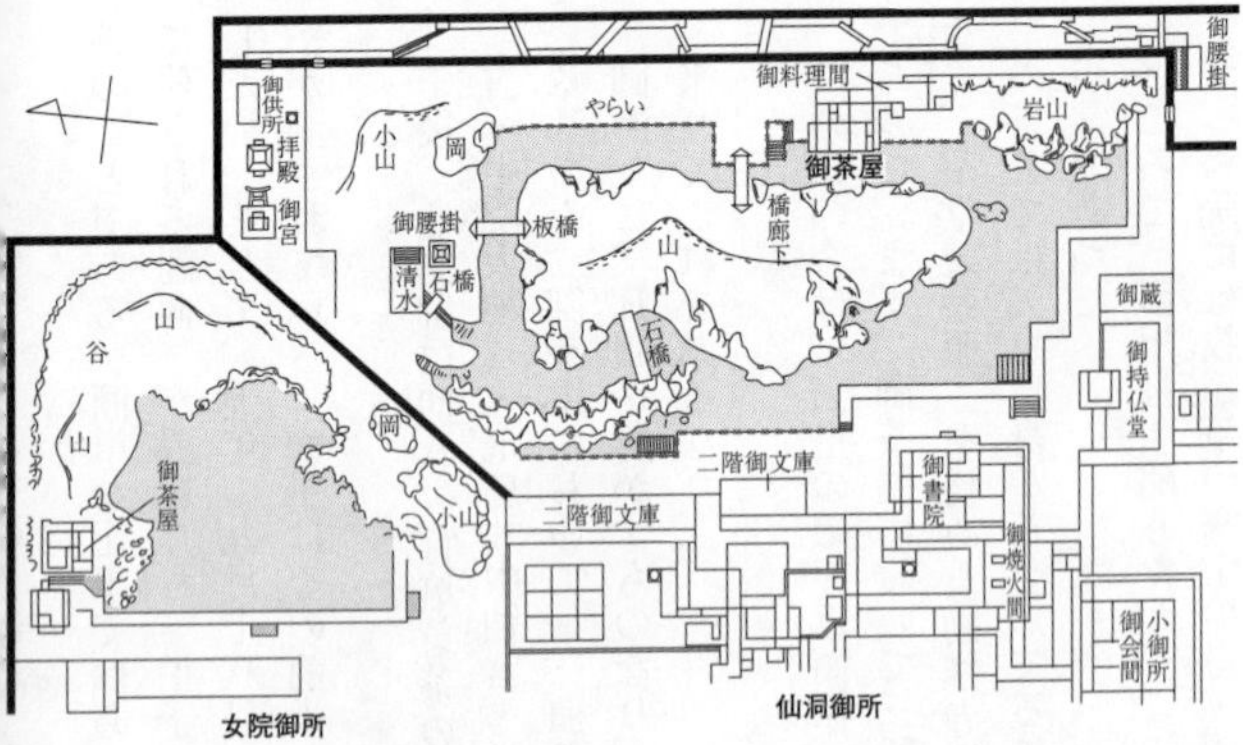

後水尾上皇の御所庭園図　仙洞御所の庭には大きな池があり、茶会の際に船遊びが行われた。中村利則編『茶道学大系６　茶室・露地』（淡交社）所載、斎藤英俊作図「寛永度仙洞御所・女院御所庭園図」をもとに作成

てられていることが、この後に続けて記されている。このように、書院の飾り付けについても言及があることから、日記には記されていないものの、まずは書院で振る舞いがあり、その後、御茶屋に席を移して三種類の茶が点てられ、参会者に振る舞われたものと考えられる。

茶が点てられた場所である御茶屋とは、字面《じづら》からすると茶の湯のための専用空間＝茶室であるかのように思われるが、当時は茶の湯のための専用空間のことは「座敷」「囲《かこい》」「数寄屋《すきや》」「構《かまえ》」などと表現しているので、それとは別物である。斎藤英俊氏の整理によれば、御茶屋とは二、三室の座敷で構成され、開放的な空間構造をもつ瀟洒《しょうしゃ》な小規模建築である。そして、中世の草庵《そうあん》の系譜を引き、竈土《くど》構えを備えていることが特徴的であり、茶の湯に限らず諸々の数寄《すき》を楽しむために用いられる施設であった。我々は茶会というと、茶室という閉鎖的な空間で行われるものを想像するが、後水尾天皇の茶会はそういうスタイルとは趣を異《こと》にし、開放的な空間で楽しまれていたことがわかる。

そして、記事の後半を見るとこの日も、

御茶屋において御宴遊。まさに月が東山に上らんとするに、すなわち錦の座を池上《ちじょう》の山上《さんじょう》に設け、鼓吹歌声《くすいかせい》す。その後、御座を官船に移さる。予また船に乗る。船中において小歌を謡《うた》い、各々乱酔す。その後、庭上に五間《ごけん》四方の戸板を鋪《し》き、少女の躍《おどり》にて数刻を移す。

というように、喫茶に続いて数々の遊びや酒宴が催されている。すなわち、夕刻になると御茶屋から御所の池にある中の島の山上へと席を移し、そこで楽器の演奏や歌が催される。その後、皆で船に乗って御所の池に漕ぎ出し、船上で飲めや歌えの宴会となった。船遊びが終わって上陸すると、庭には五間（約九メートル）四方の戸板が敷かれて仮設の舞台となっており、そこで繰り広げられる少女たちの踊りを見て楽しむ。「各々乱酔す」とあるので、酒が過ぎ無礼講のような状態になったようである。ところで、その年の新茶を詰めた茶壺の封を解いて味わう口切りは、茶の湯を行う者にとっては正月にも相当する、非常に大切な茶会である。しかし、前出の寛永十二年のケースもそうであるが、後水尾天皇の口切りはそのほとんどに他の芸能や酒宴が付随しており、あたかも遊興の会のような有り様だったのである。慶安《けいあん》三年（一六五〇）閏十月四日の口切りなどは、喫茶の後に能が一〇番も催され、鳳林和尚は日記に「御口切の御能」と記している。茶が主なのか能が主なのか判然としない、天皇の茶会の実態を如実に示した表現であると言えよう。

口切りの茶会ですらこのような有り様なのであるから、通常の茶会は推して知るべしである。次の記事を見てみよう（「隔蓂記」寛文六年五月十六日の条）。

先日、法皇《ほうおう》（後水尾天皇）の御前において、芝山中納言《しばやまちゅうなごん》・高辻少納言《たかつじしょうなごん》振舞の勝負に囲碁をす。高辻負けられ、今日御茶を献上いたさる。（中略）御庭の御茶屋において御膳を上《たてまつ》るなり。予・芝山中納言・梅小路三位《うめがこうじさんみ》の三人、御相伴するなり。御茶済み、御舟に乗られ、池の上を数回舟を棹《さおさ》さるるなり。

後水尾天皇の御所やその近隣にあった寺町《てらまち》御殿（瓢界御殿《ひょうかい》）・二階町《にかいまち》御殿（白賁軒《はくひけん》）などの別邸ではしばしば、右の記事にあるような「振舞の勝負」、あるいは「勝負の振舞」などと呼ばれる会が催されていた。これは、参会者が囲碁や将棋、双六などの勝負をし、負けた者が日を改めて御所で皆を振る舞うという趣向の会であるが、この記事にあるように、茶会は賭けの対象の一つとなっているのである。また、この日も喫茶だけで会は終わらず、その後に皆で船に乗り、御所の池を何度も巡って興に入っている。「隔蓂記」で別の勝負の振る舞いの記事を見てみると、喫茶とともに酒宴や賭け事、様々な芸能が繰り広げられている。

こうした遊興的・享楽的な茶の在り方は、引退した天皇（上皇・法皇）の芸能だったからではなく、現役の天皇にあっても同様であった。後水尾天皇の皇子で、兄の後光明《ごこうみょう》天皇の急死をうけて皇位継承をした後西《ごさい》天皇も、即位の翌年に開いた口切りの茶会で後段に能を催しており、「隔蓂記《めいれき》」には後水尾天皇の口切りと同様、「禁中御口切の御能これあり」と記されている（明暦三年十月十三日の条）。また、万治《まんじ》元年（一六五八）十二月十五日の口切りを見てみると、茶が済んだ後、後西天皇が客衆を召し連れて長橋《ながはしのつぼね》局の玄関まで移動し、参上した放下《ほうか》（曲芸・手品）の者たちの「種々奇妙なる」芸を見物。ついで御囃子《はやし》があったり、天皇が調合した香を皆で聞くなど、趣向を凝らした後段が楽しまれている（「隔蓂記」）。この二例を見るだけでも、後西天皇の在位中における茶会の遊興性を知るには十分であろう。

中世の天皇が親しんだのはもっぱら闘茶であったが、信長・秀吉の時代になると、天皇は新しい芸能である茶の湯に接してこれを取り入れた。茶の湯は江戸時代の禁裏ではポピュラーな芸能となったが、その様態は、武家や町人の間で主流となったいわゆるわび茶のそれとは趣を異にするものであった。わび茶の大成者である千利休は、喫茶の後の酒宴を戒め、また主客の間の一体感や緊張感を損なうことから一会のうちでの座の移動を嫌ったとされる。しかし、後水尾天皇や後西天皇の茶会には後段として芸能や酒宴が行われ、また御茶屋と書院との間、更には屋外の庭や池へと次々に座を移すことが一般的であった。秀吉の禁裏茶会で利休の茶の湯にふれる機会はあったものの、天皇の茶にはわび茶的な趣向は積極的に取り入れられず、先に紹介した、中世の伏見宮家における闘茶会に見られたような遊びとしての茶が、なお色濃く生き残っていたのである。

わび茶の影響

とは言え、江戸時代の天皇がわび茶的なものと全く無縁であったわけではない。後水尾天皇の晩年の茶会を、引き続き「隔蓂記」によって見てみよう。

寛文《かんぶん》四年（一六六四）六月二十二日、前年より造営が進められていた後水尾天皇（当時は法皇）の御所（万治四年〈一六六一〉正月に火事で焼失したため再建されたもの。主要な建物の落成は寛文三年八月）の御茶屋や庭などが完成し、その披露のための茶会が開かれた。客は後西天皇（当時は上皇）のほか鳳林和尚等五名。客衆が伺候して後水尾天皇の御前に揃うと、まずは皆で船に乗って池の向こう側にある御茶屋へ移動する。ここで膳が出されて振る舞いが済むと、再び池に出て船遊びをする。この後ようやく茶が点てられ、後段に謡が催されている。

これだけを見ると、これまでの茶会となんら変わりがないように思えるが、注目されるのは、茶の湯の行われた場所が「御《お》構《かまえ》三畳敷《さんじょうじき》」、すなわち三畳敷（a）という小間であったことである。平井聖氏の研究によれば、焼失以前の後水尾天皇の御所（譲位後の寛永十一年〈一六三四〉から同十三年にかけて造営）には茶の湯のための小間はなかったようなので、この寛文期の造営の際にようやく、わび茶の空間である小間が設けられることになったのである。そして、同天皇の御所に作られた茶の湯を楽しむための専用空間は、この三畳敷だけではなかった。同じ年の十一月十六日、鳳林和尚はまたもや後水尾天皇の振る舞いに召されるが、それは御所に新造された「御茶之湯之小座敷《おちゃのゆのこざしき》」を披露するための茶会であった。この小座敷は「四帖半大」、すなわち四畳半台目（b）であり、やはりわび茶でいう小間の座敷であった。先の三畳敷の小間（a）は、記事の書き方からすると御茶屋に附属した空間であったと思われるが、こちらの小座敷は「常之御所之御庭之内《つねのごしょのおにわのうち》」に建てられたものであり、独立した茶室建築であった。それに付随して、露地《ろじ》なども造られたのではないかと想像される。このほか、後水尾天皇の御所には三畳半（c）の「御囲之御座敷《おかこいのおざしき》」もあり（寛文六年二月十二日の条）、少なくともa・b・cの三つ、茶の湯のための小間が御所に設けられたことがわかる。

　御所に茶の湯のための小間が作られるのは、後西天皇も同じであった。史料上、同天皇の御所に小間があることが最初に確認されるのは、寛文六年（一六六六）十一月八日、道晃入《どうこうにゅう》道親王《どうしんのう》が後西天皇（当時は上皇）と後水尾天皇（当時は法皇）に御茶を進上した時の記事である（「隔蓂記」）。この時、三畳台目（「三畳大」）の「御茶之御構御座敷《おちゃのおかまえおざしき》」に両天皇を含めて五人が着座し、茶会が行われている。後西天皇は三年前の寛文三年（一六六三）正月に弟の識仁親王《さとひとしんのう》（霊元天皇）に譲位をしており、この茶会が行われた御所は上皇となった同天皇の居所として新規に着工され、同四年八月に上棟・移徙《いし》が行われたばかりのものであった。この三畳台目の小間は、この造営の際に新たに造作されたものなのである。

　こうしてみると、後水尾天皇や後西天皇などの御所が相次いで新造され、その際に小間の茶室も新たに設けられて環境が整ったことにより、寛文という時期に天皇がわび茶のスタイルで茶の湯を楽しむことが可能となり、その受容が進んだようである。

後西天皇の茶の湯

次に、こうした小間の茶室で行われた天皇の茶の湯の様子を見てみよう。

まずは後水尾天皇であるが、右に紹介したbの四畳半台目やcの三畳半で行われた茶会は、「隔蓂記」の記事によればいずれも場所を変えずに小間で会が完結しており、わび茶のスタイルで進められている様子が見られる。ただし、aの三畳敷の小間で行われた茶会は、前述の通り船遊びや謡が繰り広げられ、従来と変わらない遊興的なものであった。寛文期に後水尾天皇が開いたその他の茶会を見ても、御茶屋と小間を移動したり、俳諧・漢和聯句《かんなれんく》・古筆鑑賞会などが付随して行われることがほとんどであり、わび茶のスタイルで会が進められることはごく稀であった（「隔蓂記」）。後水尾天皇も既に七〇歳を目前とする高齢であり、かつて立花に情熱を傾けたような気魄《きはく》も衰えてしまったのであろうか。わび茶を行う空間は整ったものの、それを取り込んで積極的に楽しもうとする様子はあまり見られない。

それに対して、わび茶のスタイルを積極的に受容したのが後西天皇であった。天皇は、叔父で梶井《かじい》（三千院《さんぜんいん》）門跡《もんぜき》となった慈胤入道親王《じいんにゅうどうしんのう》（常修院宮《じょうしゅういんのみや》）から、茶の湯の指南や伝授を受けていた。譲位後の寛文六年（一六六六）十一月二十三日、後水尾天皇等を招いて三畳台目の構座敷で行った茶会では、「新院《しんいん》（後西天皇）、御茶を点てらる」というようにみずから点茶をし点前を披露している（「隔蓂記」）。後水尾天皇も廻炭《まわりずみ》の際にみずから炭をついでいることから（「同前」寛文四年十一月十六日の条）、点前をなにがしかは学んでいたようである。しかし、点茶を行った事実は史料上確認されず、近臣の公家衆のほか、吉田兼庵・佐野道意などという茶頭らしき者にこれを務めさせている（「同前」寛文四年十一月十六日の条、同七年十一月十日の条）。その点、後西天皇は後水尾天皇より一歩踏み込んで、茶の湯に親しんだと言うことができるであろう。また、この茶会では、後水尾天皇以外の相伴客三名が同じ茶碗で喫茶をしており、いわゆる回し飲みが行われている。このように、後西天皇がわび茶を学び我が物にしている様子が確認されるのである。

ところで、後西天皇には、「後西院御茶之湯記《ごさいいんおちゃのゆき》」という茶会記が残されている（唐招提寺蔵）。記主は天皇の弟で、奈良興福寺《こうふくじ》の一乗院《いちじょういん》門跡である真敬入道親王《しんけいにゅうどうしんのう》。延宝六年（一六七八）十二月九日から貞享《じょうきょう》元年（一六八四）六月六日の間に天皇が開き親王が参席した、二六回分の茶会を記録した他会記である。天皇は貞享二年（一六八五）二月二十二日に四九歳で崩御しているので、その晩年の茶会の様子を伝えるものである。後西天皇がみずから筆記したものではないが、天皇の茶会記というものは他に

後西天皇像　東京大学史料編纂所所蔵模写

例を見ず、貴重な記録である。この茶会記の全容を初めて紹介した谷端昭夫氏の研究によりながら、小間の茶の湯を楽しむようになってからの天皇の茶会を、いま少し見てみることにしよう。

「後西院御茶之湯記」には客組や道具のほかに、天皇の茶室が四つ図示されている（三二五頁参照）。一つ目は茶会記の最初の記事、延宝六年（一六七八）十二月九日の記に描かれているもので、三畳台目の小座敷である（A）。二つ目は同七年（一六七九）正月二十五日の記にあるもの。これも基本は三畳台目であるが、台目畳が二枚附属しており、古田《ふるた》織部《おりべ》の茶室「燕庵《えんあん》」に似た形となっている（B）。三つ目は同年三月二十八日の記に描かれた三畳敷（C）。四つ目は同八年（一六八〇）正月二十日の記のもので、織田《おだ》有楽《うらく》の茶室で現在国宝に指定されている「如庵《じょあん》」を写した二畳半台目の座敷である（D）。森蘊・牛川喜幸両氏の調査によれば、これらの茶室のうち、Cだけが庭の中に独立して建てられたものであり、A・B・Dは御殿の一角に作られたものであった。その中でBは、南面に塀で囲まれた大きな庭をもち、そこには露地や待合の腰掛け・雪隠などもこしらえられるなど、本格的な茶室となっていた。

これらの茶室を用いて後西天皇は茶の湯を行ったわけであるが、「後西院御茶之湯記」を見ると、その前半には、茶室のほか書院や鎖の間などに席を移して茶会が進められている様子が記されている。しかし、その後半、延宝九年（一六八一）以降の記事を見ると、もっぱら茶室だけで茶会を完結させるように変化している。後水尾天皇や、後西天皇自身もかつて

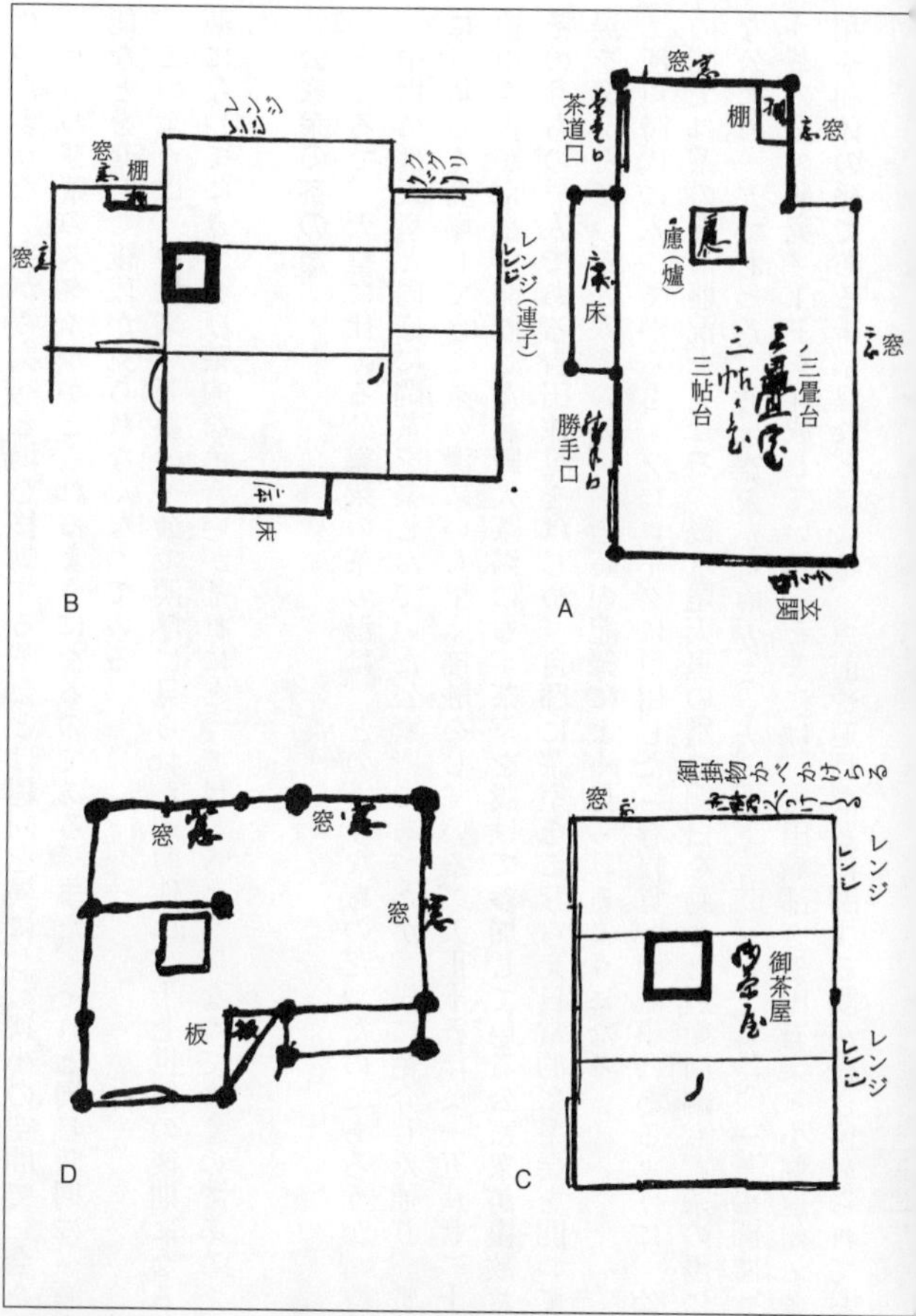

「後西院御茶之湯記」に記録された後西天皇の茶室の図　谷端昭夫『公家茶道の研究』（思文閣出版）より転載

行ったような、次から次へと場を移動する茶会とは趣向を異にし、狭小の空間で一会を終始させるわび茶のスタイルがとられるようになるのである。また、それと同じ時期に、酒宴や能などを楽しむ後段が見られなくなっている。

このように、中世来、天皇の茶会で濃厚に見られた遊興性は、十七世紀の後期になると希薄になってゆき、わび茶的な色合いがそれにとって代わるようになってゆくのである。

公家衆の茶の湯

ところで、天皇に仕える公家衆の茶の湯は、どのようなものだったのであろうか。

中世には天皇と同様に闘茶を楽しんでいた公家衆であったが、先に紹介した通り、戦国期には新しく登場してきた茶の湯にいち早く接触をしている。天正十五年（一五八七）十月に豊臣秀吉が京都で開催した北野大茶湯《きたのおおちゃのゆ》にも、茶室を設けて参加している公家衆が複数おり、そのうちの一人である吉田兼見をはじめ、自邸に茶室をこしらえ日常的に茶会を開いて茶の湯を楽しんでいる公家衆の姿が、当時の記録によく見られるようになる。

江戸時代に入ってからも、プロローグに引用した「春寝覚《はるのねざめ》」の記事にあるように、公家衆の間では茶の湯が盛況を見せる。後水尾天皇の婿《むこ》で関白を勤めた近衛尚嗣《このえひさつぐ》も、茶の湯に熱心な公家の一人であった。彼は寛永から慶安（一六二四～五二）にかけて、「茶湯聞塵《ちゃのゆききちり》」という茶の湯の研究ノートを作成している。そこには、古田織部・織田有楽・小堀遠州《こぼりえんしゅう》・金森宗《かなもりそう》和《わ》や利休の孫である千宗旦《せんのそうたん》などによる、点前や道具などに関する説が書き留められており、尚嗣が高名な茶人たちの茶を総合的に学ぼうとしていた様子が見て取れる。もっとも、そうした茶人たちのなかで、尚嗣が特に影響を受けていたのは千宗旦であり、彼の日記には、二人が親しい交遊を重ね、お互い茶会に招いたり招かれたりしている様子が見られる（「妙有真空院記」）。公家衆に影響力のあった茶人といえば、尚嗣や宗旦と同時代の人物で、「姫宗《ひめそう》和《わ》」と称される金森宗和の名前がよくあげられる。しかし、岡佳子氏の研究によれば、生前の宗和が公家衆の茶に積極的に影響を及ぼした事実は確認されず、むしろ京都という土地のもつ王朝イメージを上手く利用して、武家の支持を集めた茶人であったというのが実像のようである。尚嗣の日記を見ても宗和との茶の湯の交渉が確認できる記事はなく、また「茶湯聞塵」には、宗和のものよりも宗旦からの教えの方が圧倒的に数多く記されており、その影響力の多寡をうかがうことができる。

宗旦と親交があったのは、尚嗣のような上流の公家衆だけではなかった。同じ頃、富小路《とみのこうじ》頼直《よりなお》や壬生《みぶ》（小槻《おづき》）忠利《ただとし》などという中・下級の公家衆も、宗旦と茶の湯を通して交わりをもっていた。中には五条為庸《ごじょうためつね》という中級の公家のように、宗旦の茶会に是非参席してみたいと、壬生忠利に紹介を頼み込む者もいた。公家衆の間では、宗旦が自作したり、あるいは好みの茶器に彼が花押《かおう》（サイン）を書くなどした茶道具が贈答品に使われ、一種のブランド現象が起こっている（「忠利宿禰記」）。「姫宗和」に対して宗旦は「ムサシ（むさ苦しい）宗旦」と称されるが、そうした宗旦の茶の湯、すなわちわび茶が、公家社会でも人気を博し支持されるようになるのである。

天皇とその周囲にわび茶が受け入れられ定着をみせる。それが十七世紀における天皇の芸能史の一コマであった。

エピローグ

寛文《かんぶん》十三年（一六七三）四月十一日、後西天皇（当時は上皇）の御所に武家伝奏《ぶけてんそう》を勤める中院通茂《なかのいんみちもち》が参上した。彼がこの日参上したのは、江戸の老中に尋ね合わせた諸事についての回答を、天皇に伝えるためである。その中の一つに、「大灯《だいとう》の墨跡《ぼくせき》を召し上げらるるの事、しかるべからざる事」というものがあった。「大灯」とは、大徳寺の開山である宗峰妙超《しゅうほうみょうちょう》（大燈国師《だいとうこくし》）のこと。その墨跡（禅僧の筆跡）の入手を天皇が希望し、それに対して幕府が「しかるべからざる事」、すなわちノーという回答を示してきたのである（「中院通茂《なかのいんみちもち》日《にっ》記《き》」）。これだけでは今ひとつどういうことなのかわからないが、翌月の五日、中院が京都所司代の永井尚庸《ながいなおつね》と用談をかわした際の日記の記事には、永井の発言として、この間の事情が詳しく記されている。

> 新院《しんいん》（後西天皇）の御事、大灯の墨跡を召し上げらるるの事、しかるべからず。歌書《かしょ》・古《こ》筆《ひつ》などはまた御用もこれあるべきか。出家の筆、何事やの由《よし》なり。かつて茶入の蓋《ふた》の事、御物数寄《おんものずき》御無用の由、申すのところ、その後また召し上げらるるの条、その信《しん》なきの事、しかるべからざるの由これを申す。

実はこの一件には伏線があったのだ。以前、後西天皇は茶道具である茶入の蓋を手に入れようとしたことがあったが、幕府（所司代）から物好きにすぎるので無用であると戒《いまし》められ、断念したことがあったのである。ところが、茶の湯好きの天皇はまたもや、大燈国師の墨跡——名だたる禅僧の墨跡は、わび茶では好んで茶掛けに用いられる——を求め得ようとした。幕府としては、茶入の蓋の時に意見をして天皇も了解したはずなのにまたか、信頼がおけずけしからん、と眉をひそめたのである。注意したいのは、その一方で歌書であるとか、和歌や将軍霊廟《れいびょう》などに掲げる勅額《ちょくがく》を認めるための筆道の研究に役立つ古筆などの入手については、「また御用もあるべきか」と永井が容認をしていることである。言うまでもなく和歌は、「禁中并公家中諸法度」の第一条で江戸時代の天皇が修めるべきものとされた芸能（教養）の一つである。そうした法度により身につけることを求められた教養とは全く関係のない、個人的な趣味にしか過ぎない茶の湯の道具類を購入・蒐集しようとするのは、天皇（経験者）にふさわしい行為ではないと幕府は見なしているのである。

また、右の発言に続けて永井は、中院に対して次のようにも語っている。

法皇（後水尾天皇）は御老年。また女院《にょいん》と御一所（緒）、各（格）別なり。かの御真似《まね》は何事も成り難《がた》かるべきなり。

すなわち永井は、後水尾天皇は高齢であり、しかも后である女院と同様に特別な存在なのであるから、それにならって後西天皇が生活するのはよろしくない、と釘をさしているのである。ここに出てくる女院とは、後水尾天皇の后である東福門院《とうふくもんいん》。プロローグにも記したが、二代将軍徳川秀忠の娘和子《まさこ》である。そもそも後水尾天皇は、江戸幕府がみずからの手で即位をさせた最初の天皇である。そして、更に和子を后として迎えることにより、徳川家と天皇家との合体を天下に示す役割を果たしてくれた。つまり、同天皇は徳川家にとって特別な存在だったのである。そのため、実家の経済力を背景に贅《ぜい》を尽くした生活を送ったとされる東福門院と同様、巨大な離宮である修学院《しゅがくいん》の造営などにみられるように、その生活経費についても幕府から特別な配慮がなされていたのである。実はこの一件の前年、中院は永井から、「後西天皇の御所での経費が不足がちなので、無用の物を入手したりしないよう、いよいよ慎んでいただきたい」と言われていた（「中院通茂日記」寛文十二年七月十二日の条）。にもかかわらず、後水尾天皇や東福門院の生活スタイルを真似して後西天皇が趣味のために浪費するのは、考え違いであるというわけである。

この一件から見えてくるのは、江戸時代の天皇は趣味である芸能についても、幕府の意向の下に置かれていたという事実である。そして、後水尾天皇が寛永文化の中心に位置して様々な芸能を楽しみ、一時代を画する文化現象をリードすることが出来たのは、同天皇に対する幕府の特例的な優遇措置の賜物《たまもの》だったということである。後水尾天皇が崩御した後、幕府が天皇の芸能と規定した学問と和歌を除き、天皇の周辺で寛永文化に匹敵するような華々しい芸能・文化の展開は見られなくなる。それは、時が移り人も変わり、後水尾天皇に対するような属人的配慮を幕府が行う必要性が喪失したからだったのではないか。江戸時代の天皇は文化的な存在であり、それこそが天皇の本質であるというような言い方を見聞きすることがあるが、その文化とは所詮、幕府との関係性に規定されたものであり、その掌《てのひら》の上での営みだったのである。

【学術文庫版の付記】

原本刊行時には取り上げることができなかったが、音楽もまた、近世の天皇が親しんだ芸能の一つである。

中世、音楽は『禁秘抄《きんぴしょう》』で学問に次ぐ帝王学と位置付けられ、本巻第二部で詳述されているように、代々の天皇は、王権と不可分の芸能としてそれに傾倒した。ところが近世には、本文で述べたように、『禁秘抄』を下敷きとしていながら、「禁中《きんちゅう》并《ならびに》公家《くげ》中《ちゅう》諸法度《しょはっと》」第一条を起草する際、天皇が修めるべき芸能から音楽は省かれてしまう。

しかし実際は、近世でも天皇は音楽を教養として身につけ、自ら楽器を演奏した。たとえば、江戸時代の後期に在位した光格天皇である。同天皇は日記をつけており、現在、寛政九年（一七九七）正月・七月と同十年正月から十一月までの分が伝えられている（東山御文庫所蔵）。それをひもとくと音楽の記事が頻出し、光格天皇が音楽に大変熱心であった様子が見えてくる。寛政十年でいえば、十一ヵ月の間に六十回以上も近臣たちと演奏を行っているので、平均すれば月に約六回ということになる。本シリーズ第六巻『江戸時代の天皇』に叙述されているように、光格天皇は皇統意識・君主意識が人一倍強い天皇だったので、同天皇の音楽への傾斜は、そうした意識に裏付けられたものと評価できるのかもしれない。もっとも、皇統意識や君主意識を特段強くもっていたようには見えない、近世中期の東山天皇なども音楽を大変愛好しているので、近世の天皇にとって音楽は、帝王学や王権の象徴ということだけでは必ずしもない、趣味のような側面もあったのであろう。

光格天皇が自ら演奏した楽器は、回数の多い順に笙《しよう》・笛《ふえ》・琵琶《びわ》・箏《そう》となり多彩であるが、『禁秘抄』で天皇に「不相応」な楽器とされた篳篥《ひちりき》の演奏は日記に見られない。天皇の話ではないが、十七世紀の後期、ある摂関家の子弟が太鼓に堪能であるということを京都所司代が耳にして、身分に似合わしくない楽器に親しむとは何事であろうかと、不快感を示したことがある（「中院通茂日記《なかのいんみちもちにつき》」）。近世社会では己の「分《ぶん》」を守るということが重視され、「分」を越えることはもちろん、「分」より劣るようなことをするのも問題視された。光格天皇が篳篥を演奏しなかったのは、『禁秘抄』以来の伝統に従ったのと、幕府が目を光らせており、天皇としての「分」から踏み出すことが難しかったからかもしれない。本文のエピローグでも後西天皇の例を引いて述べたが、近世の天皇の文化的営みは自由なものではなく、大きく制約、制限されたものだったのである。

不十分ではあるが、原本でふれることのできなかった近世天皇の音楽について、この場を借りて追記しておきたい。

参考文献

●第一部　天皇と和歌——勅撰和歌集の時代

全般に関するもの

「新編国歌大観」編集委員会編『新編国歌大観』全10巻（角川書店、一九八三〜九二年）
鈴木日出男『古代和歌史論』（東京大学出版会、一九九〇年）
渡部泰明編『秘儀としての和歌——行為と場』（有精堂出版、一九九五年）
渡部泰明『和歌とは何か』（岩波新書、二〇〇九年）
島津忠夫『和歌文学史の研究　和歌編』（角川書店、一九九七年）
渡部泰明『中世和歌史論　様式と方法』（岩波書店、二〇一七年）

はじめに

目崎徳衛『百人一首の作者たち　王朝文化論への試み』（角川選書、一九八三年）
大坪利絹ほか編『百人一首研究集成』（百人一首注釈書叢刊　別巻1、和泉書院、二〇〇三年）

第一章

増田繁夫ほか編『古今和歌集研究集成』全3巻（風間書房、二〇〇四年）
増田繁夫「古今集の勅撰性——和歌と政治・社会・倫理」『梅花女子大学文学部紀要』第四号、一九六七年一二月
同「天皇制と和歌——勅撰集をめぐって——」『國文學』一九八九年一一月

同　　　「勅撰和歌集とは何か」『和歌文学論集』編集委員会編『古今集とその前後』（和歌文学論集2、風間書房、一九九四年）
萩谷　朴『平安朝歌合大成』（増補新訂、全5巻、同朋舎出版、一九九五～九六年）
泉　紀子「歌合の成立」『和歌文学論集』編集委員会編『屏風歌と歌合』（和歌文学論集5、風間書房、一九九五年）
片桐洋一『古今和歌集の研究』（明治書院、一九九一年）
同　『古今和歌集全評釈』全3巻（講談社、一九九八年）
小沢正夫『古今集の世界』（増補版、塙書房、一九七六年）
窪田空穂『古今和歌集評釈』全3巻（新訂版、東京堂、一九六〇年）
小町谷照彦『古今和歌集』（ちくま学芸文庫、二〇一〇年）
同　『古今和歌集と歌ことば表現』（岩波書店、一九九四年）
高田祐彦『新版　古今和歌集　現代語訳付き』（角川ソフィア文庫、二〇〇九年）
奥村恒哉『古今集・後撰集の諸問題』（風間書房、一九七一年）
藤岡忠美『平安和歌史論　三代集時代の基調』（桜楓社、一九六六年）
同　『平安朝和歌　読解と試論』（風間書房、二〇〇三年）
片桐洋一『古今和歌集以後』（笠間書院、二〇〇〇年）
同　『後撰和歌集』（新日本古典文学大系6、岩波書店、一九九〇年）
工藤重矩「後撰和歌集の撰集に関する諸問題」『福岡教育大学紀要』三五号文科編、一九八六年二月
同　『後撰和歌集』（和泉古典叢書3、和泉書院、一九九二年）
山口　博『王朝歌壇の研究　村上・冷泉・円融朝篇』（桜楓社、一九六七年）
堀部正二『中古日本文学の研究』（教育図書、一九四三年）
松田武夫『勅撰和歌集の研究』（日本電報通信社、一九四四年）

片桐洋一『拾遺和歌集の研究　校本篇伝本研究篇』（大学堂書店、一九七〇年）
今井源衛『花山院の生涯』（桜楓社、一九六八年）
小町谷照彦『藤原公任』（王朝の歌人7、集英社、一九八五年）
近藤みゆき「『拾遺和歌集』の成立――勅撰和歌集における王権・政権と和歌の問題として――」秋山　虔編『平安文学史論考』（武蔵野書院、二〇〇九年）
小町谷照彦『拾遺和歌集』（新日本古典文学大系7、岩波書店、一九九〇年）
増田繁夫『拾遺和歌集』（和歌文学大系32、明治書院、二〇〇三年）
橋本不美男『院政期の歌壇史研究』（武蔵野書院、一九六六年）
上野　理『後拾遺集前後』（笠間書院、一九七六年）
川村晃生『摂関期和歌史の研究』（三弥井書店、一九九一年）
平田喜信『平安中期和歌考論』（新典社、一九九三年）
久保田淳『中世和歌史の研究』（明治書院、一九九三年）
錦　　仁『中世和歌の研究』（桜楓社、一九九一年）
藤本一恵『後拾遺和歌集』全4巻（講談社学術文庫、一九八三年）
川村晃生『後拾遺和歌集』（和泉古典叢書5、和泉書院、一九九一年）
久保田淳・平田喜信『後拾遺和歌集』（新日本古典文学大系8、岩波書店、一九九四年）
松田武夫『金葉集の研究』（山田書院、一九五六年）
柏木由夫『平安時代後期和歌論』（風間書房、二〇〇〇年）
田仲洋己『中世前期の歌書と歌人』（和泉書院、二〇〇八年）
川村晃生ほか『金葉和歌集・詞花和歌集』（新日本古典文学大系9、岩波書店、一九八九年）
錦　　仁・柏木由夫『金葉和歌集・詞花和歌集』（和歌文学大系34、明治書院、二〇〇六年）
石田吉貞『新古今世界と中世文学』上下（北沢図書出版、一九七二年）

橋本不美男・滝沢貞夫『校本堀河院御時百首和歌とその研究 本文研究篇』（笠間書院、一九七六年）
竹下　豊『堀河院御時百首の研究』（風間書房、二〇〇四年）
青木賢豪ほか『堀河院百首和歌』（和歌文学大系15、明治書院、二〇〇二年）
松田武夫『詞花集の研究』（至文堂、一九六〇年）
井上宗雄・片野達郎『詞花和歌集』（増補再版、笠間書院、一九七七年）
谷山　茂『千載和歌集とその周辺』（谷山茂著作集3、角川書店、一九八二年）
松野陽一『鳥帚——千載集時代和歌の研究——』（風間書房、一九九五年）
同『藤原俊成の研究』（笠間書院、一九七三年）
同『詞花和歌集』（和泉古典叢書7、和泉書院、一九八八年）
同『千載集——勅撰和歌集はどう編まれたか』（セミナー［原典を読む］3、平凡社、一九九四年）
谷山　茂『藤原俊成　人と作品』（谷山茂著作集2、角川書店、一九八二年）
渡部泰明『中世和歌の生成』（若草書房、一九九九年）
久保田淳・松野陽一『千載和歌集』（笠間書院、一九六九年）
久保田淳『千載和歌集』（岩波文庫、一九八六年）
片野達郎・松野陽一『千載和歌集』（新日本古典文学大系10、岩波書店、一九九三年）
上條彰次『千載和歌集』（和泉古典叢書8、和泉書院、一九九四年）

第二章

後藤重郎『新古今和歌集研究』（風間書房、二〇〇四年）
有吉　保『新古今和歌集の研究　基盤と構成』（三省堂、一九六八年）
久保田淳『新古今歌人の研究』（東京大学出版会、一九七三年）
同『藤原定家とその時代』（岩波書店、一九九四年）

同　『定家』（久保田淳著作選集2、岩波書店、二〇〇四年）
五味文彦『藤原定家の時代 中世文化の空間』（岩波新書、一九九一）
太田静六『寝殿造の研究』（吉川弘文館、一九八七年）
鹿野しのぶ「歌会の次第と記録――冷泉家時雨亭文庫蔵『和歌所九十賀次第』を中心に――」『國語と國文學』二〇〇八年一月
君嶋亜紀「『新古今和歌集』本歌取試論――後鳥羽院の春歌をめぐって――」『國語と國文學』二〇〇二年四月
樋口芳麻呂『後鳥羽院』（王朝の歌人10、集英社、一九八五年）
田村柳壹『後鳥羽院とその周辺』（笠間書院、一九九八年）
寺島恒世『後鳥羽院御集』（和歌文学大系24、明治書院、一九九七年）
村尾誠一『中世和歌史論 新古今和歌集以後』（青簡舎、二〇〇九年）
川平ひとし『中世和歌論』（笠間書院、二〇〇三年）
谷　知子『中世和歌とその時代』（笠間書院、二〇〇四年）
田渕句美子『新古今集 後鳥羽院と定家の時代』（角川選書、二〇一〇年）
久保田淳『新古今和歌集全評釈』全9巻（講談社、一九七六～七七年）
同　『新古今和歌集』上下（角川ソフィア文庫、二〇〇七年）
田中　裕・赤瀬信吾『新古今和歌集』（新日本古典文学大系11、岩波書店、一九九二年）
佐藤恒雄『藤原定家研究』（風間書房、二〇〇一年）
中川博夫『新勅撰和歌集』（和歌文学大系6、明治書院、二〇〇五年）
神作光一・長谷川哲夫『新勅撰和歌集全釈』全8巻（風間書房、一九九四～二〇〇八年）
福田秀一『中世和歌史の研究』（角川書店、一九七二年）
佐藤恒雄『藤原為家研究』（笠間書院、二〇〇八年）
田渕句美子「鎌倉時代の歌壇と文芸」近藤成一編『モンゴルの襲来』（日本の時代史9、吉川弘文館、二〇〇

三年）
同　『阿仏尼』（吉川弘文館、二〇〇九年）
小林一彦『続拾遺和歌集』（和歌文学大系7、明治書院、二〇〇二年）
岩佐美代子『京極派歌人の研究』（笠間書院、一九七四年）
同　『京極派和歌の研究』（笠間書院、一九八七年）
浅田　徹『百首歌　祈りと象徴』（原典講読セミナー3、臨川書店、一九九九年）
井上宗雄『京極為兼』（吉川弘文館、二〇〇六年）
岩佐美代子『玉葉和歌集全注釈』全4巻（笠間書院、一九九六年）
井上宗雄『中世和歌集』（新編日本古典文学全集49、小学館、二〇〇〇年）
山本啓介「「続歌」とは何か――和歌会作法書を手がかりに――」『和歌文学研究』第九六号、二〇〇八年六月
深津睦夫『続後拾遺和歌集』（和歌文学大系9、明治書院、一九九七年）
同　『中世勅撰和歌集史の構想』（笠間書院、二〇〇五年）
稲田利徳『和歌四天王の研究　頓阿・兼好・浄弁・慶運』（笠間書院、一九九九年）
西山美香「室町幕府初期政権の仏事としての『高野山金剛三昧院短冊和歌』奉納」『文学　隔月刊』第三巻第二号、二〇〇二年三月
岩佐美代子『風雅和歌集全注釈』全3巻（笠間書院、二〇〇二～〇四年）
井上宗雄『中世歌壇史の研究　南北朝期』（改訂新版、明治書院、一九八七年）
岩佐美代子『光厳院御集全釈』（風間書房、二〇〇〇年）
伊藤　敬『室町時代和歌史論』（新典社、二〇〇五年）
小川剛生『二条良基研究』（笠間書院、二〇〇五年）
君嶋亜紀「後醍醐天皇と雲居の桜――『新葉集』の撰集意図を探る――」『國語と國文學』二〇〇七年七月
井上宗雄『中世歌壇史の研究　室町前期』（改訂新版、風間書房、一九八四年）

村尾誠一『新続古今和歌集』（和歌文学大系12、明治書院、二〇〇一年）
井上宗雄『中世歌壇史の研究　室町後期』（改訂新版再版、明治書院、一九九一年）
米原正義『戦国武士と文芸の研究』（桜楓社、一九七六年）
冷泉為人監修『冷泉家　歌の家の人々』（書肆フローラ、二〇〇四年）
小川剛生『武士はなぜ歌を詠むか――鎌倉将軍から戦国大名まで』（角川学芸出版、二〇〇八年）
高柳祐子「和歌史の岐路に立つ天皇――後柏原天皇と御会の時代――」『國語と國文學』二〇〇九年八月
人間文化研究機構国立歴史民俗博物館編『うたのちから　和歌の時代史』（人間文化研究機構国立歴史民俗博物館、二〇〇五年）

●第二部　芸能王の系譜

全般に関するもの

宮内庁書陵部『伏見宮旧蔵楽書集成　一』図書寮叢刊（明治書院、一九八九年）
同　『（同）三』（一九九八年）
岩佐美代子『校注　文机談』（笠間書院、一九八九年）
同　『文机談　全注釈』（笠間書院、二〇〇七年）
五味文彦「天皇と学問・芸能」網野善彦ほか編『岩波講座　天皇と王権を考える6　表徴と芸能』（岩波書店、二〇〇三年）
豊永聡美『中世の天皇と音楽』（吉川弘文館、二〇〇六年）
猪瀬千尋「中世宮廷音楽の時代区分とその特質――名器、御遊、秘曲伝授の関係を視座として」『芸能史研究』一九一、二〇一〇年

はじめに

今井源衛『花山院の生涯』（桜楓社、一九六八年）『今井源衛著作集9』（笠間書院、二〇〇七年）
小峯和明「花山院の表象――院政の陰画」『院政期文学論』（笠間書院、二〇〇六年、初出一九九一年）
阿部泰郎「熊野考――花山院とをぐり」『聖者の推参――中世の声とヲコなるもの』（名古屋大学出版会、二〇〇一年、初出一九九四年）

第一章

和田英松「禁秘抄考」『皇室御撰之研究』（明治書院、一九三三年、初出一九〇〇年）
所　功「『禁秘抄』研究史・覚書」藝林会編『順徳天皇とその周辺』（臨川書店、一九九二年）
佐藤厚子「『禁秘抄』の研究」一〜四『椙山女学園大学研究論集』、二〇〇八〜二〇一一年
上川通夫「後白河院の仏教構想」古代学協会編『後白河院』（吉川弘文館、一九九三年）
菊地大樹「後白河院政期の王権と持経者」『中世仏教の原形と展開』（吉川弘文館、二〇〇七年、初出一九九九年）
柴佳世乃『読経道の研究』（風間書房、二〇〇四年）
清水眞澄『読経の世界』（吉川弘文館、二〇〇一年）
平岡定海『東大寺宗性上人之研究並史料（中）』（臨川書店、一九五九年、一九八八年）
馬場光子『梁塵秘抄口伝集』（講談社学術文庫、二〇一〇年）
植木朝子「今様起源譚考」『文学』第八巻四号、一九九七年
深沢　徹『中世神話の煉丹術』（人文書院、一九九四年）
菅野扶美「書物としての『梁塵秘抄』」『國學院雜誌』第一一〇巻一一号、二〇〇九年
沖本幸子「後白河院の今様」『今様の時代　変容する宮廷芸能』（東京大学出版会、二〇〇六年）
三谷邦明「日記文学としての梁塵秘抄口伝集巻第十　院政期における男の仮名日記あるいは『こゑわざ日記』

と〈書くこと〉」『日本文学』第四二巻九号、一九九三年
神田龍身「書かれた今様文化――『梁塵秘抄口伝集』巻第一〇の論理構造」『偽装の言説　平安朝のエクリチュール』（森話社、一九九九年、初出一九九五年）
古谷　稔「『梁塵秘抄断簡』の書写様式――『元永本古今和歌集』との対比」福島和夫編『中世音楽史論叢』（和泉書院、二〇〇一年）
竹居明男「蓮華王院の宝蔵／納物／年代記」『日本古代仏教の文化史』（吉川弘文館、一九九八年、初出一九九三年）
棚橋光男『後白河法皇』（講談社選書メチエ、一九九五年）
阿部泰郎「院政期文化の特質」『日本史講座　第三巻　中世の形成』（東京大学出版会、二〇〇四年）
遠藤基郎『後白河上皇』（山川出版社、二〇一一年）
佐野みどり「物語る力――中世美術の場と構想力」『日本の中世7　中世文化の美と力』（中央公論新社、二〇〇二年）
五味文彦『院政期社会の研究』（山川出版社、一九八四年）

第二章

磯　水絵「天皇の器物について――『御遊抄』より」『説話と音楽伝承』（和泉書院、二〇〇〇年）
豊永聡美「平安時代における天皇と音楽」『中世の天皇と音楽』（吉川弘文館、二〇〇六年、初出二〇〇一年）
磯　水絵「堀河天皇圏の音楽伝承について」『説話と音楽伝承』（和泉書院、二〇〇〇年、初出一九九一年）
豊永聡美「後鳥羽天皇と音楽」『中世の天皇と音楽』（吉川弘文館、二〇〇六年、初出二〇〇〇年）
榊　泰純『日本仏教芸能史研究』（風間書房、一九八〇年）
磯　水絵「琵琶秘曲伝授作法の成立と背景」『説話と音楽伝承』（和泉書院、二〇〇〇年、初出一九八三年）
阿部泰郎「中世の音声――声明／唱導／音楽」『中世文学』四六、二〇〇一年

今村みゑ子「順徳天皇と音楽」『鴨長明とその周辺』(和泉書院、二〇〇八年、初出二〇〇二年)
磯　水絵『院政期音楽説話の研究』第二部第二章(和泉書院、二〇〇三年)
小松茂美他『随身庭騎絵巻／中殿御会図／公家列影図／天子摂関御影』(続日本絵巻大成18、中央公論社、一九八三年)
弓削　繁「亡国の音――承久の乱の解釈をめぐって」『岐阜大学国語国文学』一九、一九八九年

第三章

相馬万里子「『代々琵琶秘曲御伝受事』とその前後――持明院統天皇の琵琶」『書陵部紀要』三六、一九八四年
同「琵琶の時代から笙の時代へ――中世の天皇と音楽」『書陵部紀要』四九、一九九七年
酒井茂幸「中世における三席御会――漢詩と和歌と管絃と」松尾恒一編『歴史研究の最前線7　儀礼を読みとく』(吉川弘文館、二〇〇六年)
高橋秀樹「家と芸能――『琵琶の家』西園寺家をめぐって」五味文彦編『芸能の中世』(吉川弘文館、二〇〇〇年)
相馬万里子「琵琶における西園寺実兼」福島和夫編『中世音楽史論叢』(和泉書院、二〇〇一年)
同「文机談成立攷――伏見宮本を中心として」『書陵部紀要』二二、一九七〇年
小林保治「藤原孝道・孝時父子のこと――『古今著聞集』の一面」『説話集の方法』(笠間書院、一九九二年、初出一九八六年)
磯　水絵「『文机談』に見る管絃道の歴史」『説話と音楽伝承』(和泉書院、二〇〇〇年)
相馬万里子「『三曲秘譜』奥書と藤原博子」『リポート笠間』三三、一九九二年
阿部泰郎「『とはずがたりに』の今日的課題――琵琶秘曲伝受をめぐりて」島津忠夫ほか編『『とはずがたり』の諸問題』(和泉書院、一九九六年)
加賀元子「『とはずがたり』における『遊女』――その意義」『武庫川国文』四二、一九九三年

阿部泰郎「『とはずがたり』と白拍子の物語」『国文学　解釈と鑑賞』六九巻六号、二〇〇四年
豊永聡美「後醍醐天皇と音楽」『中世の天皇と音楽』（吉川弘文館、二〇〇六年、初出二〇〇一年）
坂口太郎「後醍醐天皇の寺社重宝蒐集について」上横手雅敬編『鎌倉時代の権力と制度』（思文閣出版、二〇〇八年）
阿部泰郎「宝珠と王権――中世王権と密教儀礼」『岩波講座東洋思想16　日本思想Ⅱ』（岩波書店、一九八九年）
佐藤厚子『中世の国家儀式――『建武年中行事』の世界』（岩田書院、二〇〇三年）

おわりに

横井　清『看聞御記――「王者」と「衆庶」のはざまにて』（そしえて、一九七九年、講談社学術文庫『室町時代の一皇族の生涯『看聞日記』の世界』、二〇〇二年）
村田正志「証註椿葉記」『村田正志著作集4』（思文閣出版、一九八四年、初出一九五四年）
小川剛生「伏見宮家の成立――貞成親王と貞常親王」松岡心平編『看聞日記と中世文化』（森話社、二〇〇九年）

●第三部　近世の天皇と和歌

第一章

井上宗雄『中世歌壇史の研究　室町後期』（明治書院、一九七二年。新版、一九八七年）
近世堂上和歌論集刊行会『近世堂上和歌論集』（明治書院、一九八九年）
林　達也「実隆・幽斎・後水尾院」『國語と國文學』一九九六年一一月
小高道子「古今伝受の世界」『古今和歌集研究集成3』（風間書房、二〇〇四年）

鈴木　元「古今伝授とは何か」『文学史の古今和歌集』（和泉書院、二〇〇七年）
高梨素子『後水尾院初期歌壇の歌人の研究』（おうふう、二〇一〇年）
堀川貴司『書誌学入門――古典籍を見る・知る・読む』（勉誠出版、二〇一〇年）

第二章

宗政五十緒「江戸時代前期における宮廷の和歌」『龍谷大学論集』一九七七年五月（『近世の雅文学と文人』同朋舎刊にも所収）
本田慧子「後水尾天皇の禁中御学問講」『書陵部紀要』一九七八年三月
小高道子「御所伝受の成立について」『近世文藝』一九八〇年八月
柳瀬万里「後水尾院宮廷の歌人」『国語国文』一九八〇年八月
熊倉功夫『後水尾院』（朝日新聞社、一九八二年。岩波書店・同時代ライブラリー、一九九五年）
近世堂上和歌論集刊行会『近世堂上和歌論集』（明治書院、一九八九年）
宗政五十緒『江戸時代の和歌と歌人』（同朋舎出版、一九九一年）
鈴木健一『近世堂上歌壇の研究』（汲古書院、一九九六年。増訂版、二〇〇九年）
上野洋三『近世宮廷の和歌訓練『万治御点』を読む』（臨川書店、一九九九年）
海野圭介「後水尾院の古今伝授――寛文四年の伝授を中心に」平安文学論究会編『講座平安文学論究』十五輯、風間書房、二〇〇一年
松澤克行「十七世紀中後期における公家文化とその環境」『史境』二〇〇一年九月
久保田啓一『近世和歌集』（新編日本古典文学全集73、小学館、二〇〇二年）
同　『近世冷泉派歌壇の研究』（翰林書房、二〇〇三年）
鈴木健一『後水尾院御集』（和歌文学大系68、明治書院、二〇〇三年）
林　達也『江戸時代の和歌を読む――近世和歌史への試みとして――』（原人舎、二〇〇七年）

大谷俊太『和歌史の「近世」 道理と余情』(ぺりかん社、二〇〇七年)
松澤克行「近世の天皇と学芸――「禁中幷公家中諸法度」第一条に関連して」『和歌と貴族の世界 うたのちから』(塙書房、二〇〇七年)
杉本まゆ子「御所伝受考――書陵部蔵古今伝受関連資料をめぐって」『書陵部紀要』二〇〇七年三月
久保貴子『後水尾天皇』(ミネルヴァ書房、二〇〇八年)
高梨素子『後水尾院初期歌壇の歌人の研究』(おうふう、二〇一〇年)
大山和哉「後水尾院の歌論と添削指導」『国語国文』二〇一二年五月
日下幸男『後水尾院の研究』(勉誠出版、二〇一七年)
大山和哉「後水尾院の和歌の方法」『日本文学研究ジャーナル』二〇一七年一二月

第三章

宗政五十緒『日本近世文苑の研究』(未来社、一九七七年)
近世堂上和歌論集刊行会『近世堂上和歌論集』(明治書院、一九八九年)
鈴木健一『近世堂上歌壇の研究』(汲古書院、一九九六年。増訂版、二〇〇九年)
久保貴子『近世の朝廷運営』(岩田書院、一九九八年)
久保田啓一『近世冷泉派歌壇の研究』(翰林書房、二〇〇三年)
盛田帝子『近世雅文壇の研究――光格天皇と賀茂季鷹を中心に――』(汲古書院、二〇一三年)

●第四部　近世の天皇と芸能

プロローグ

林屋辰三郎『中世藝能史の研究』(岩波書店、一九六〇年)

守屋毅「芸能とは何か」藝能史研究會編『日本芸能史1』（法政大学出版局、一九八一年）
所功「『禁秘抄』研究史・覚書」『藝林』第41巻第3・4合併号、一九九二年
熊倉功夫『後水尾天皇』（中公文庫、二〇一〇年）
杉立義一「親康家伝来の『仙洞御歯』について」『啓迪』第三号、一九八五年
山根有三「立花様式の完成――二代専好の生涯と作品を中心に――」『山根有三著作集七　花道史研究』（中央公論美術出版、一九九六年）
林屋辰三郎「寛永文化論」『中世文化の基調』（東京大学出版会、一九六三年）
熊倉功夫『寛永文化の研究』（吉川弘文館、一九八八年）
矢野久美子「春寝覚」『茶湯　研究と資料』第四号、一九七一年
奥野高廣『皇室御経済史の研究』後編（畝傍書房、一九四四年）
佐藤雄介『近世の朝廷財政と江戸幕府』（東京大学出版会、二〇一六年）
橋本政宣「江戸幕府と公家衆の家業」『近世公家社会の研究』（吉川弘文館、二〇〇二年）

第一章

尾藤正英「江戸時代の社会と政治思想の特質」（『江戸時代とはなにか――日本史上の近世と近代――』岩波現代文庫、二〇〇六年）
田中暁龍「禁中并公家中諸法度第一条について」『近世朝廷の法制と秩序』（山川出版社、二〇一二年）
尾形裕康「就学始の史的研究」『日本學士院紀要』八‐一、一九五〇年
辻善之助『日本文化史』V、（春秋社、一九五〇年）
三浦周行「後光明天皇と朝山意林庵」『歴史と人物』（東亜堂書房、一九一六年）
松澤克行「近世の天皇と学芸――『禁中并公家中諸法度』第一条に関連して――」国立歴史民俗博物館編『和歌と貴族の世界　うたのちから』（塙書房、二〇〇七年）

朝尾直弘「東アジアにおける幕藩体制」『朝尾直弘著作集第8巻　近世とはなにか』（岩波書店、二〇〇四年）
河内祥輔「学芸と天皇」永原慶二ほか編『講座　前近代の天皇4　統治的諸機能と天皇観』（青木書店、一九九五年）
五味文彦「天皇と学問・芸能」網野善彦ほか編『岩波講座　天皇と王権を考える6　表徴と芸能』（岩波書店、二〇〇三年）
鈴木健一『近世堂上歌壇の研究』（汲古書院、一九九六年。二〇〇九年に増訂版）
盛田帝子『近世雅文壇の研究――光格天皇と賀茂季鷹を中心に――』（汲古書院、二〇一三年）
小高道子「御所伝受の成立と展開」近世堂上和歌論集刊行会編『近世堂上和歌論集』（明治書院、一九八九年）
海野圭介「後水尾院の古今伝授――寛文四年の伝授を中心に――」平安文学論究会編『講座平安文学論究』第十五輯（風間書房、二〇〇一年）
酒井茂幸「霊元院仙洞における歌書の書写活動」『禁裏本歌書の蔵書史的研究』（思文閣出版、二〇〇九年）
久保貴子『近世の朝廷運営――朝幕関係の展開――』（岩田書院、一九九八年）
田島　公「近世禁裏文庫の変遷と蔵書目録――東山御文庫本の史料学的・目録学的研究のために――」田島公編『禁裏・公家文庫研究』第一輯（思文閣出版、二〇〇三年）
松澤克行「近世の家礼について」『日本史研究』三八七号、一九九四年
同　「後光明天皇期における禁裏文庫」田島公編『禁裏・公家文庫研究』第三輯（思文閣出版、二〇〇九年）
平林盛得「後西天皇収書の周辺」岩倉規夫・大久保利謙編『近代文書学への展開』（柏書房、一九八二年）

第二章

村井康彦『茶の文化史』（岩波新書、一九七九年）
熊倉功夫『茶の湯の歴史――千利休まで――』（朝日選書、一九九〇年）

奥野高廣『戦国時代の宮廷生活』（続群書類従完成会、二〇〇四年）
堀　新『織豊期王権論』（校倉書房、二〇一一年）
芳賀幸四郎『千利休』人物叢書（吉川弘文館、一九六三年）
谷端昭夫『公家茶道の研究』（思文閣出版、二〇〇五年）
熊倉功夫「禁裏・公家の茶の湯」『茶道聚錦4　織部・遠州・宗旦』（小学館、一九八三年）
斎藤英俊「近世宮廷文化サロンの文芸と遊興の場」中村利則編『茶道学大系6　茶室・露地』（淡交社、二〇〇〇年）
後藤久太郎・松井みき子「後水尾院の公家町別邸」『近世初期上層公家の遊興空間』（中央公論美術出版、二〇一〇年）
平井　聖「堂上茶の世界――金森宗和・後水尾院・近衛予楽院――」『別冊太陽』第四号、平凡社、一九七三年
谷端昭夫「後西院の茶の湯――『隔蓂記』を中心に――」熊倉功夫編『茶人と茶の湯の研究』（思文閣出版、二〇〇四年）
森　蘊・牛川喜幸「後西院御所茶座敷の指図」『国立奈良文化財研究所年報』一九六四年度
松澤克行「江戸時代の公家の茶の湯――茶会の性格、侘び茶の受容――」谷端昭夫編『茶道学大系2　茶道の歴史』（淡交社、一九九九年）
岡　佳子『国宝　仁清の謎』（角川叢書、二〇〇一年）
松澤克行「不審菴文庫所蔵「富小路頼直書状」――千家と公家衆との交流を示す新出史料――」『和比』第七号、二〇一一年
同「近衛基熙と音楽――遊芸、政治、肖像画――」熊倉功夫編『遊芸文化と伝統』（吉川弘文館、二〇〇三年）
同「近世の公家社会」大津透他編『岩波講座日本歴史12　近世3』（岩波書店、二〇一四年）

年表

○印の数字は閏月を示す。■の部分は、南北朝時代で、年号と天皇は記載事項にあわせた。

西暦	年号	天皇	天皇と芸能およびその他の主な事項
六二九	舒明元	舒明	この頃、舒明天皇、香具山で国見の歌を詠む。5宇智野遊猟の時、予祝歌を献上させる。
六四五	大化元	孝徳	6中大兄皇子（後の天智天皇）・中臣鎌足、乙巳の変を起こし、大化改新を断行。
六五八	斉明四	斉明	11有間皇子謀反、自傷歌を詠む。
六六一	七		1斉明天皇、百済救援軍の派遣を決定し、西征のため熟田津寄港。この時、筑紫への軍船進発の歌とされる歌を同行した額田王、天皇の代わりに詠む。
六六三	天智二	天智	8日本・百済軍、白村江の戦で唐・新羅軍に大敗。日本軍、帰国。
六六七	六		3近江宮に遷都。額田王・井戸王、三輪山に別れを告げる近江遷都の歌を詠む。
六六八	七		5額田王、蒲生野での薬狩りの際、大海人皇子（後の天武天皇）と遊猟歌を詠む。
六七一	十	弘文	10大海人皇子出家、吉野隠棲。12天智天皇崩御。倭大后ら挽歌を詠む。
六七二	天武元	天武	6大海人皇子、吉野を脱出し東国より挙兵、壬申の乱勃発。7大友皇子自害。
六七九	八		5天武天皇、吉野に行幸し六人の皇子と吉野の盟約を交わした際、吉野宮の御製歌を詠む。
六八六	朱鳥元	持統	9天武天皇崩御。二年余にわたる殯宮の儀が営まれ、持統天皇、挽歌を詠む。10大津皇子謀反、辞世歌を詠む。二上山へ改葬される際、同母姉の大伯皇女、鎮魂歌を詠む。
六九〇	持統四		持統天皇、在位中は毎年吉野へ行幸。この頃、柿本人麻呂、吉野讃歌を詠み献上する。
六九二	六		晩秋〜初冬、人麻呂、軽皇子（後の文武天皇）即位のため安騎野の遊猟歌を詠み予祝。
六九三	七		9故天武天皇のための御斎会の夜、持統天皇の夢中にて詠歌あり。またこの頃、持統天皇造営中の藤原宮を視察。藤原宮造営の役民、歌を詠む。
六九四	八		12藤原京に遷都。志貴皇子、都歌を詠む。
七〇二	大宝二	文武	10持統上皇、三河国行幸。長意吉麻呂・高市黒人ら行幸従駕歌を詠む。
七〇六	慶雲三		9〜10文武天皇の難波宮行幸の時、志貴皇子・長皇子ら行幸従駕歌を詠む。
七一〇	和銅三	元明	3平城京に遷都。元明天皇、遷都歌を詠む（持統上皇歌との異伝もある）。

西暦	年号	天皇	天皇と芸能およびその他の主な事項
七二四	神亀元	聖武	3聖武天皇、吉野離宮行幸。大伴旅人、新帝の従駕歌を詠む。10聖武天皇の紀伊国行幸の時、山部赤人と笠金村、従駕歌を詠む。
七二九	六		2長屋王が謀反の疑いにより自殺する（長屋王の変）。倉橋部女王、鎮魂歌を詠む。
七三二	天平四		8東海・東山・山陰・西海道に節度使派遣。聖武天皇、節度使らに歌を賜う。
七三四	六		2聖武天皇、朱雀門で歌垣を見る。
七三六	八		2新羅使節派遣を決定。6遣新羅使出立。遣新羅使人、折々に歌を詠む。
七九四	延暦十三	桓武	10平安京に遷都。
八一五	弘仁六	嵯峨	4嵯峨天皇、近江国韓埼に行幸。崇福寺にて永忠より茶を進上されこれを喫す。6嵯峨天皇、畿内などに茶樹を植え毎年茶を献上するよう命ずる。
八八二	元慶六	陽成	これ以前から宮中にて『日本書紀』講読が行われていたが、この年、講読終了に伴い『日本紀竟宴和歌』が詠まれる。
八八七	仁和三	宇多	11宇多天皇の「関白」詔に関して、阿衡の紛議が勃発。藤原基経ら、勢力を見せつける。
八八八	四		この頃、『内裏菊合』が催される。
八九三	寛平五		これ以前、皇太夫人班子女王『寛平御時后宮歌合』を催す。
八九四	六		4大江千里、宇多天皇の命により『句題和歌』を詠み、献ずる。9遣唐使の派遣停止。
八九七	九	醍醐	7宇多天皇譲位。敦仁親王（醍醐天皇）に訓戒書（『寛平御遺誡』）を与える。
八九八	昌泰元		秋、宇多院、『亭子院女郎花合』を催す。10宇多院、吉野宮滝行幸。菅原道真ら供奉して詠歌。
九〇一	四		1醍醐天皇を廃し斉世親王の擁立を謀ったとして、道真、大宰権帥に左遷される。
九〇二	延喜二		3藤原時平、飛香舎（藤壺）にて藤花の宴主催。和歌が公的地位を獲得。
九〇五	五		4醍醐天皇の勅命により紀貫之・紀友則・凡河内躬恒・壬生忠岑ら『古今和歌集』を撰進。
九〇六	六		⑫『日本紀竟宴和歌』が詠まれる。
九一三	十三		3宇多院、『亭子院歌合』を催す。9陽成院、『陽成院歌合』を催す。10内裏にて『醍醐御

九三一	承平元	朱雀	時菊合』が催される。
九四三	天慶六		この年から天慶年間にかけて、承平・天慶の乱勃発。
九四八	天暦二	村上	12『日本紀竟宴和歌』が催される。
九四九	三		9陽成院、『陽成院一宮姫君歌合』を催す。
九五一	五		4村上天皇、飛香舎（藤壺）にて藤花の宴を催す。
			10村上天皇の勅命により梨壺に撰和歌所設置。大中臣能宣・清原元輔・源順・紀時文・坂上望城に、『後撰和歌集』を撰ばせる。彼らに『万葉集』に「訓点」を付させる。
九五三	七		10村上天皇、『村上御時菊合』を催す。
九五五	九		⑨村上天皇、紅葉合に伴い、『内裏紅葉合』を催す。
九五六	十		この年、村上天皇は女御・御息所を主催者として2『麗景殿女御歌合』、3『斎宮女御歌合』、5『宣耀殿女御瞿麦合』を催す。
九六〇	天徳四		3村上天皇、内裏清涼殿にて趣向を凝らした大規模歌合『天徳四年内裏歌合』を催す。
九六二	応和二		5村上天皇、庚申待の夜の当座歌合として『応和二年内裏歌合』を催す。
九六六	康保三		⑧村上天皇、中秋の名月の宴に際して『内裏前栽合』を催し、10『内裏後度前栽合』を催す。
九六九	安和二		3安和の変。源高明が左遷される。これにより摂関家としての藤原氏の地位、固まる。
九七三	天延元	円融	5円融天皇、一品宮資子内親王の梅壺にて乱碁を取り、それに伴って乱碁歌合『円融院扇合』を行い、勝態負態の扇歌が詠まれる。
九八二	天元五		10円融天皇、大井川三船御会御遊開催。
九八五	寛和元	花山	2円融院、紫野に御幸、紫野子日行幸歌会を催す。8花山天皇『内裏歌合』を催す。
九八六	二	一条	6花山天皇『寛和二年内裏歌合』催行。藤原道長、出詠。13日後に道長の兄・道兼、花山天皇を欺き落飾・譲位させる。7円融院女御・東三条院詮子『東三条院瞿麦合』を催す。
九八九	永祚元		3一条天皇、一〇歳にて殿上御遊に笛を所作。
九九〇	二		1一条天皇、父円融院朝覲行幸に自ら龍笛を吹き、廷臣らを感歎させる。
九九一	正暦二		1一条天皇元服、御遊をはじめ御所作し名実ともに御遊の主役を務める。

西暦	年号	天皇	天皇と芸能およびその他の主な事項
九九二	三		この頃、清少納言、中宮定子のもとに出仕。まもなく『枕草子』を執筆する。
九九六	長徳二		4花山院狙撃・東三条院呪詛を謀ったとし、中宮定子の兄・藤原伊周、大宰権帥に左遷。
九九七	三		この頃、藤原公任『拾遺抄』を撰ずる。後の勅撰集『拾遺和歌集』の母胎となる。
一〇〇一	長保三		秋頃、紫式部『源氏物語』執筆を始め、評判となる。
一〇〇五	寛弘二		これ以降、寛弘四年までに『拾遺和歌集』成立。撰者は花山院か。12紫式部、中宮彰子のもとに出仕。『源氏物語』執筆を続ける。
一〇二四	万寿元	後一条	12上東門院、御所焼失のため同母弟頼通の高陽院邸に移る。これに伴い、一条院御幸し、『高陽院行幸和歌』を催す。
一〇三一	長元四		10上東門院彰子、住吉詣に供奉した女房らと上東門院住吉詣歌会を催す。
一〇三二	五		10上東門院彰子、『上東門院菊合』を催す。
一〇三五	八		5藤原頼通の賀陽院第において天徳四年の内裏歌合に匹敵する大規模歌合『賀陽院水閣歌合』が催され、天皇親政に代わる摂関政治の爛熟を示す。
一〇四九	永承四	後冷泉	11後冷泉天皇、内裏焼亡のため京極院にて『永承四年内裏歌合』を催すが、実質的主催者は頼通。
一〇五一	六		5後冷泉天皇、京極院にて大規模根合『内裏根合』を自ら企画・主催。
一〇五六	天喜四		③後冷泉天皇、中殿御会（天皇が清涼殿にて催す晴の御会）開催。4後冷泉天皇皇后藤原寛子、『皇后宮春秋歌合』を催す。後冷泉天皇、密々に臨御。
一〇七三	延久五	白河	2後三条院、石清水八幡・住吉神社・天王寺に御幸、帰路の御座船の船上で歌会を催す。
一〇七五	承保二		9白河天皇、藤原通俊に勅撰集の撰集を下命。
一〇七八	承暦二		4白河天皇、清涼殿にて大規模歌合『承暦二年内裏歌合』を催す。同日、負方歌人たちは藤原顕房判を不服とし、白河天皇勅判の下に再び『内裏後番歌合』を行う。
一〇八七	寛治元	堀河	8通俊『後拾遺集目録序』を奏上し、撰集を完了。
一〇八八	二		8堀河天皇一〇歳で源政長を御笛師として史上初めて「御笛始」の儀実施。
一一〇二	康和四		⑤堀河天皇、詠進させた懸想文の贈答歌を清涼殿において『堀河院艶書合』として番え

			る。
一一〇六	嘉承元		③以前、堀河天皇の命により『堀河院御時百首和歌』詠進される。
一一一六	永久四	鳥羽	4白河院、鳥羽殿にて『院北面歌合』を催す。12堀河院並びにその中宮篤子内親王の追善を目的として『永久四年百首』が詠まれる。
一一二四	天治元	崇徳	4白河院、源俊頼に『金葉和歌集』撰進の院宣を下す。俊頼、年内に『金葉和歌集』（初奏本）を奏上するが、却下される。
一一二五	二		4『金葉和歌集』（二度本）を奏上するも、再び却下される。
一一二七	大治二		この年、『金葉和歌集』（三奏本）が草稿のまま嘉納される。
一一三五	保延元		4崇徳天皇、『内裏歌合』を催す。
一一四四	天養元	近衛	6崇徳院、藤原顕輔に『詞花和歌集』撰進の院宣を下す。
一一五〇	久安六		この年、『久安六年御百首』成立。
一一五一	仁平元		この年、顕輔、『詞花和歌集』撰進。
一一五六	保元元	後白河	7鳥羽院崩御後の政治の主導権をめぐり、保元の乱勃発。後白河天皇が治天の君となる。
一一五九	平治元	二条	1二条天皇、朝覲行幸で琵琶を所作、その後の内宴で自ら「玄上」を弾じる。9後白河院、洛中疫病鎮めの為、橘逸勢社を祀る。12後白河院の近臣藤原信頼と源義朝、平治の乱を起こすも、平清盛に滅ぼされる。
一一六五	永万元	六条	この頃、藤原清輔、二条天皇の命で編纂していた『続詞花和歌集』を私撰集として完成。
一一六九	嘉応元	高倉	3後白河院、高野山参詣御幸、後に出家し法皇となる。『梁塵秘抄口伝集』成立。
一一七一	承安元		11後白河院、高倉天皇即位大嘗祭時の五節舞姫御覧・殿上淵酔等の絵巻制作。
一一七四	四		8吉田経房、院の命により蓮華王院宝蔵にて重書・宝物目録を作成。9一三日間に及ぶ今様合の盛儀で今様の技を競う（藤原師長・資賢が判者を務める）。
一一七五	安元元		1高倉天皇、朝覲行幸で笛を所作。6後白河院、蓮華王院鎮守としての惣社建立。
一一七六	二		この年、藤原隆房、後白河院五〇歳の祝賀の儀の様子を『安元御賀記』として残す。10後白河院、惣社祭を始め、馬長行列、里神楽、田楽、舞楽を催す。
一一七九	治承三		11清盛のクーデターにより後白河院幽閉される。11藤原師長、政変により解官・配流され

西暦	年号	天皇	天皇と芸能およびその他の主な事項
			た際に出家、妙音院と号する。
一一八〇	四	安徳	4源平の動乱勃発。6天皇・上皇・法皇、福原遷都。10源頼朝鎌倉に入る。11還都。
一一八三	寿永二	後鳥羽	1師長、妙音天を本尊とする持仏堂を東山に建立、供養には後白河院も臨幸。2後白河院、藤原俊成に『千載和歌集』撰進の院宣を下す。11源義仲、法住寺殿を焼失させる。
一一八五	四		3壇ノ浦の戦で平家滅亡。
一一八七	文治三		2二条定輔、妙音院師長から琵琶の秘曲・啄木伝受。
一一八八	四		4藤原俊成、『千載和歌集』を奏覧。
一一九〇	建久元		1藤原兼実の女任子（宜秋門院）入内のため『女御入内屏風和歌』が詠まれる。10後鳥羽天皇一一歳、御笛始（御師は後白河院近臣藤原実教）。
一一九一	二		2後白河院、御逆修（生前仏事）。皇兄守貞親王、琵琶始実施（御師は西園寺家の祖大宮実宗）。
一一九二	三		3後白河院崩御。6大宮実宗、啄木伝受（師　妙音院師長）。7源頼朝、征夷大将軍に任じられる。
一一九四	五		3守貞親王、琵琶の秘曲・石上流泉伝受（師　大宮実宗）。
一一九七	八		7『古来風躰抄』（初撰本）成立。12守覚法親王より『御室五十首』詠進の下命。
一二〇〇	正治二	土御門	3守貞親王、琵琶の秘曲・啄木伝受（師　大宮実宗）。秋、後鳥羽院より当代歌人たちに『正治二年初度百首』詠進の命が下り、11披露される。冬、さらに近臣や女房らに『正治二年第二度百首』詠進の命が下り、12頃詠進される。
一二〇一	建仁元		6後鳥羽院より『千五百番歌合』詠進の命が下る。7和歌所設置。11後鳥羽院、源通具・藤原有家・藤原定家・藤原家隆・藤原雅経・寂蓮に『新古今和歌集』撰進の院宣を下す。
一二〇二	二		9藤原俊成らに『千五百番歌合』加判の命が下る。これ以降、後鳥羽院、『仙洞句題五十首』詠進の命を下し、12後鳥羽院ほか五名により点が付される。
一二〇三	三		4定家ら『新古今和歌集』撰歌を上進。この年の初頭頃、『千五百番歌合』の判進がなされ、歌合として成立。11後鳥羽院より、俊成、九〇歳の祝賀の宴を賜る。

一二〇五	元久二		3後鳥羽院、琵琶の奥儀である秘曲伝受を二条定輔より授かる。『新古今和歌集』竟宴が行われ、『新古今和歌集竟宴和歌』が詠まれる。6後鳥羽院、『元久詩歌合』を催す。
一二〇七	承元元		1土御門天皇の朝覲行幸に琵琶牧馬（玄上に次ぐ名器）を後鳥羽院自ら所作。この年、後鳥羽院主催『最勝四天王院障子和歌』成る。
一二〇八	二		5『住吉社歌合』が催され、後鳥羽院も詠歌。
一二一一	建暦元	順徳	1順徳天皇の朝覲行幸でも後鳥羽院、玄上を所作する。
一二一三	建保元		2順徳天皇、『内裏詩歌合』を催す。7以降、順徳天皇、内裏にて複数回歌合を催す。
一二一四	二		2栄西、源実朝に抹茶を勧め、『喫茶養生記』を献ずる。8後鳥羽院、水無瀬殿で『水無瀬殿秋十首撰歌合』を催す。
一二一五	三		6後鳥羽院、御所にて『院四十五番歌合』を催す。院、判を付す。10順徳天皇の命により『内裏名所百首』詠進される。
一二一六	四		3土御門院、堀河百首題で『土御門院御百首』を詠む。⑥順徳天皇の内裏において『百番歌合』催される。12和歌所開闔の源家長により『新古今和歌集』が清書される。
一二一七	五		10順徳天皇、内裏にて『四十番歌合』を催す。
一二一八	六		8順徳天皇、宮中清涼殿で中殿和歌御会、催行。この年か、『道助法親王家五十首和歌』詠進の下命。
一二一九	承久元		7順徳天皇、『内裏百番歌合』を催す。
一二二〇	二		3後鳥羽院、御琵琶合催行。10頃までに『道助法親王家五十首和歌』詠進完了。後鳥羽院、合点を加える。
一二二一	三	後堀河	4この頃、順徳天皇の『禁秘抄』成る。5後鳥羽院とその近臣、承久の乱を起こす。7後鳥羽・土御門・順徳院、六条・冷泉両宮はそれぞれ隠岐・土佐・佐渡・但馬・備前に配流。
一二二七	嘉禄三		この頃までに、後鳥羽院の歌論書『後鳥羽院御口伝』成立。
一二二九	寛喜元		11九条道家の女竴子（藻璧門院）入内のため『女御竴子入内屏風和歌』が撰定される。
一二三二	貞永元	四条	6後堀河天皇、定家に『新勅撰和歌集』の撰進を命じる。10定家、『新勅撰和歌集』の仮

西暦	年号	天皇	天皇と芸能およびその他の主な事項
			名序代と目録を奏進。
一二三四	文暦元		8定家、『新勅撰和歌集』草稿本を焼き捨てる。この頃、後鳥羽院、隠岐にて『時代不同歌合』を番える。この頃、順徳院の歌論書『八雲御抄』稿本成立。
一二三五	二		3定家の子為家、『新勅撰和歌集』清書本を藤原道家のもとに持参進上。
一二三六	嘉禎二		7後鳥羽院、隠岐において『遠島御歌合』を催す。
一二四七	宝治元	後深草	9後嵯峨院、一〇題一三〇番の大規模歌合『百三十番歌合』を催す。
一二四八	二		1後嵯峨院下命の『宝治御百首』詠進される。7後嵯峨院、藤原為家に『続後撰和歌集』撰進の院宣を下す。
一二四九	建長元		12真観（藤原光俊）、後嵯峨院の召により『現存和歌六帖』を撰進。
一二五一	三		10為家、『続後撰和歌集』を奏覧。
一二五四	六		10『古今著聞集』の完成を祝し、橘成季竟宴開催（詩歌・管絃の三席御会と御遊を模す儀）。
一二五九	正元元	亀山	3後嵯峨院および廷臣女房によって『北山行幸和歌』が詠まれる。後嵯峨院、藤原為家に『続古今和歌集』撰進の院宣を下す。西園寺家、北山一切経会開催。11後深草天皇、同母弟の亀山に譲位し、父である後嵯峨院の治天下で新院となる。
一二六一	弘長元		7宗尊親王家で『宗尊親王家百五十番歌合』催行。秋〜冬、後嵯峨院、『弘長百首』を召す。
一二六二	二		9宗尊親王、一人に十首を提出させ『三十六人大歌合』を催す。
一二六五	文永二		7後嵯峨院、仙洞御所の白河殿で『白河殿七百首』を催す。8後嵯峨院、『十五夜歌合』主催。12為家・藤原基家・藤原行家・真観『続古今和歌集』を奏覧。
一二六六	三		3続古今和歌集竟宴が行われ、『続古今和歌集竟宴和歌』が詠まれる。
一二六七	四		10後深草院、弟の亀山天皇が秘曲伝受を遂げた事を女房・藤原博子より知る。
一二六八	五		6後深草院、六条仙洞御所にて藤原博子より琵琶の秘曲・啄木伝受。
一二七一	八		10後嵯峨院の后・大宮院（藤原姞子）の命により『風葉和歌集』撰進。藤原為家撰か。

一二七二	九		2後嵯峨院崩御。5西流琵琶楽人（孝道流）孝頼が西園寺家実兼に琵琶秘曲伝授。
一二七四	十一	後宇多	1後宇多天皇即位、亀山の院政が開始される。後深草院は院号返上。10元軍、博多湾に来襲する（文永の役）。
一二七五	建治元		11後深草院の継嗣熙仁を後宇多天皇の東宮に決定立坊させる。
一二七六	二		7亀山院、二条為氏に『続拾遺和歌集』撰進の院宣を下す。
一二七七	三		8後深草院、鷹司兼忠に今様の秘事を伏見御所にて伝授。
一二七八	弘安元		この年、『弘安百首』を詠進される。12為氏、『続拾遺和歌集』を奏覧。
一二八一	四		5元軍、九州に来襲する（弘安の役）。
一二八五	八		2北山准后貞子九〇歳を祝う御賀の大法会開催。
一二八六	九		6後深草院、東宮熙仁の為に秘曲伝受を沙汰（師　西園寺実兼）。
一二八七	十	伏見	10伏見天皇即位。
一二八八	正応元		5伏見天皇、琵琶の秘曲・啄木を重ねて伝受。
一二九〇	三		2後深草院、伏見天皇に政務を譲る。
一二九一	四		11西園寺実兼、伏見天皇に流泉・石上流泉・清調を伝授。
一二九二	五		この年以降、伏見天皇宮廷の日々を叙した伏見院中務内侍の『中務内侍日記』成立。
一二九三	永仁元		8伏見天皇、二条為世・京極為兼・九条隆博・飛鳥井雅有に勅撰集のことを諮るも、紛糾。
一二九七	五		10西園寺実兼、嫡子公顕に啄木伝授。
一三〇一	正安三	後二条	11後宇多院、二条為世に『新後撰和歌集』撰進の院宣を下す。
一三〇三	嘉元元		『新後撰和歌集』の撰集資料として、後宇多院より『嘉元仙洞御百首』詠進の命が下り、この年の秋までに詠進されたか。12為世、『新後撰和歌集』を奏覧。
一三〇五	三		1『永福門院歌合』催行、伏見院が判と合点を付す。3伏見院『歌合』を催す。この頃、伏見院と京極為兼の歌を番わせた『金玉歌合』（『伏見院為兼卿歌合』）成立か。
一三〇七	徳治二		10西園寺実兼、西流琵琶師範家嫡子の孝章に琵琶秘曲伝授。
一三一〇	延慶三	花園	この年の一月から七月までの間、為世と為兼が勅撰集の撰者の資格について争う（『延慶

西暦	年号	天皇	天皇と芸能およびその他の主な事項
			両卿訴陳状』）。
一三一二	正和元		3為兼、『玉葉和歌集』を奏覧。
一三一四	三		4〜10頃、東宮（後の後醍醐天皇）の発企・主催で『仙洞八十番詩歌合』が興行される。
一三一八	文保二	後醍醐	2後醍醐天皇（後宇多院皇子尊治）即位。10後宇多院、為世に『続千載和歌集』撰進の院宣を下す。12『続千載和歌集』の撰集資料として、後宇多院より『文保御百首』詠進の命が下る。
一三二〇	元応二		8為世、『続千載和歌集』を撰進。
一三二一	元亨元		6後醍醐天皇、北山西園寺に行幸、実兼に琵琶の秘曲伝受強要。
一三二二	二		5後醍醐天皇、北山方違行幸のついでに兼季を師として琵琶の秘曲・啄木伝受（実兼病臥の為）。8後伏見院、実兼の代理として孝重を召し啄木の譜外口伝を問い合わせる。
一三二三	三		7後醍醐天皇、為世に『続後拾遺和歌集』を撰進させようとするも、為世は二男為藤に譲り、為藤に下命。後宇多院、仙洞御所亀山殿にて『亀山殿七百首』を催す。
一三二四	正中元		2後宇多院、『石清水社歌合』を催す。7撰者為藤が没し、その養子の為定が撰者を引き継ぐべき由の勅命が下る。9後醍醐天皇、鎌倉幕府の討滅を企て正中の変を起こす。
一三二五	二		12為定、『続後拾遺和歌集』の四季部奏覧。
一三二六	嘉暦元		6為定、『続後拾遺和歌集』完成返納。
一三二八	三		2後醍醐天皇、兼季から啄木の譜外口伝の秘事を伝受。この年、後醍醐天皇、綾小路有頼より（前代未聞）催馬楽の御灌頂を受ける。
一三二九	四		この年、空海請来の東寺の舎利、盗難にあう。
一三三〇	元徳二		2後醍醐天皇、中殿御会開催、神楽「宮人」を二条資親より授かる。
一三三一	三／元弘元	後醍醐／光厳	3後醍醐天皇、北山第の舞御覧で自ら笛の名器「柯亭」を用い荒序の御所作実施。8後醍醐天皇、討幕を企てるも露見し、天皇は宇治で捕らえられ隠岐に流される。
一三三二	正慶元		6花園上皇、近臣とともに闘茶の会を催す。
一三三三	元弘三	後醍醐	②後醍醐天皇、配流先の隠岐を脱出。5新田義貞ら鎌倉幕府を攻略、鎌倉幕府滅亡。

一三三四	建武元		1後醍醐天皇「禁裏御会始」の三席御会にて琵琶を自ら所作。8「二条河原の落書」に、京都で「茶香十炷の寄合」が盛んに行われていることが記される。
一三三五	二		この年、後醍醐天皇、『内裏千首』を催す。8足利尊氏、鎌倉を奪還する。9後醍醐天皇、中殿御会開催。11後醍醐天皇、尊氏追討を命ず。
一三三六	三／延元元	光明／後醍醐	8足利尊氏、光厳上皇・光明天皇を擁立。12後醍醐天皇、吉野に入り南北朝時代始まる。
一三三八	暦応元		8足利尊氏、征夷大将軍となる。
一三四三	康永二		この年の冬以前、花園院『院六首歌合』を主催。10光厳院、『風雅和歌集』撰集を始める。
一三四六	貞和二		11『風雅和歌集』序文と巻一が完成し、竟宴が行われる。
一三四九	五	崇光	2『風雅和歌集』完成か。8光厳院の御所で『光厳院三十六番歌合』が催される。
一三五六	延文元	後光厳	3二条良基、救済とともに連歌集『菟玖波集』を撰集。6足利尊氏の執奏により、後光厳天皇、二条為定に『新千載和歌集』撰進を下命。8『新千載和歌集』の撰集資料として、後光厳天皇より『延文百首』詠進の命が下り、多くの歌人は翌年中に詠進。冷泉為秀は二条派主導のこの催しに抵抗し、詠進せず。
一三五七	二		4後光厳天皇御琵琶始実施（師　藤原孝守）。⑦後光厳天皇、『菟玖波集』に准勅撰の綸旨を下す。
一三五九	四		4為定、『新千載和歌集』四季部奏覧。12為定、『新千載和歌集』完成返納。
一三六三	貞治二		2足利義詮の推挙により、後光厳院、二条為明に『新拾遺和歌集』撰進の院宣を下す。
一三六四	三		4為明、『新拾遺和歌集』の四季部奏覧。10撰者為明が他界し、その門弟の頓阿が後を継ぐ。12頓阿、『新拾遺和歌集』を完成させる。
一三六五	正平二十	後村上	この年、後村上天皇内裏にて「年中行事題三百六十首」が詠まれる。
一三七〇	応安三	（後光厳）	この頃、崇光院『仙洞歌合』を催し、後光厳天皇の宮廷歌壇と対立。
	天授元	長慶	夏以降、長慶天皇内裏にて吉野帰山中の宗良親王を判者に『五百番歌合』が催される。
一三七五	永和元	後円融	6足利義満の執奏により、後円融天皇、二条為遠に『新後拾遺和歌集』撰進を下命。10『新後拾遺和歌集』の撰集資料として、後円融天皇より『永和百首』詠進の命が下る。

西暦	年号	天皇	天皇と芸能およびその他の主な事項
一三七六	天授二	(長慶)	この年から翌年にかけて、「天授千首」詠まれる。宗良親王、評点を加える。
一三七九	康暦元	(後円融)	5『永和百首』詠進者として飛鳥井雅家・津守国量・勘解由小路兼綱を追加。
一三八一	弘和元	(長慶)	10長慶天皇、宗良親王撰『新葉和歌集』を勅撰集に擬す。12宗良親王『新葉和歌集』奏覧。
一三八一	永徳元	(後円融)	8撰者為遠が他界し、為重が撰者を継ぐ。9崇光院、その子栄仁親王に琵琶の秘曲・啄木伝授、『代々琵琶秘曲御伝受事』の最後。
一三八二	二		3為重、『新後拾遺和歌集』四季部を奏覧。
一三八四	至徳元	後小松	12為重、『新後拾遺和歌集』撰進。
一三九二	明徳三		⑩後小松天皇、南朝の後亀山天皇から神器を受け南北両朝合一。
一三九四	応永元		12後小松天皇、和漢連句の独吟『後小松院御独吟』を詠む。
一四〇七	十四		11後小松天皇、内裏にて『内裏九十番歌合』を催す。
一四一一	十八		4伏見宮家の貞成四〇歳にて元服。栄仁親王より同時に今出川公直の子公行に秘曲・啄木伝授。
一四一六	二十三	称光	1栄仁、長子・正嫡の治仁王に秘曲・啄木伝授(栄仁没、翌年治仁急逝)。2伏見宮家で順事回茶が始められる。
一四二五	三十二		4伏見宮貞成に親王宣下。
一四二八	正長元	後花園	7称光天皇崩御(子孫なし)、貞成親王の長子彦仁を猶子として皇太子とする。後花園天皇即位。
一四三三	永享五		8足利義教の発意により、後花園天皇、飛鳥井雅世に『新続古今和歌集』撰進を下命。和歌所設置。開闔には尭孝が選ばれる。
一四三四	六		この年、『永享百首』詠進される。貞成親王、「正統興廃記」の清書版『椿葉記』を後花園天皇に進上。
一四三八	十		8雅世、『新続古今和歌集』四季部を奏覧。
一四三九	十一		6雅世、『新続古今和歌集』完成返納。

一四五〇	宝徳二		11後崇光院仙洞にて一条兼良・飛鳥井雅世を判者として『仙洞歌合』が催される。
一四五五	康正元		12『内裏歌合』が催される。飛鳥井雅親判。
一四六五	寛正六	後土御門	2足利義政の推挙により、後花園院、飛鳥井雅親に勅撰集撰進の下命。
一四六七	応仁元		5将軍家の相続問題と、畠山・斯波両管領家の家督争いから応仁の乱勃発。勅撰集撰集は実現されず。
一四六八	二		12後花園院、独吟百韻『後花園院御独吟百韻』を詠む。
一四七二	文明四		5玉津島社に『玉津島社法楽仮名題目百首和歌』が奉納される。
一四七六	八		3後土御門天皇、足利義政の室町邸にて日次百首を詠む。以後、頻繁に歌会を催す。9後土御門天皇、再び日次百首を詠む。11禁裏文庫炎上。天皇家の蔵書の大半が灰燼に帰す。
一四七七	九		7後土御門天皇、『七夕七首歌合』を催す。8後土御門天皇、月題の法楽「石清水社奉納月百五十首」を催し、奉納。11応仁の乱終わる。
一四八二	十四		9後土御門天皇、『三十六番詩歌合』を催す。
一四八六	十八		2後土御門天皇、嗅茶を催す。4勝仁親王（後の後柏原天皇）、三条西実隆と北野法楽の連歌『北野法楽御連歌』を詠む。
一四八七	長享元		6後土御門天皇、北野法楽の百韻『御独吟連歌』を詠む。
一四八八	二		1宗祇・肖柏・宗長、後鳥羽院の二百五十回忌の法要として『水無瀬三吟何人百韻』を詠み、後鳥羽院御影堂（水無瀬神宮）に奉納。
一四九二	延徳四		6勝仁親王、後土御門天皇の法楽夢想連歌『後土御門後柏原両院御百韻』を詠む。
一四九四	明応三		この年の末頃、大内政弘の発願により、宗祇、猪苗代兼載・宗長・肖柏らとともに連歌集『新撰菟玖波集』を企画。
一四九五	四		1宗祇ら、『新撰菟玖波集』の撰集成就祈願の『新撰筑波祈念百韻』を催して撰集に着手。6宗祇ら、『新撰菟玖波集』草案の奏覧を請うが天皇の不予のため実現せず。9後土御門天皇に『新撰菟玖波集』奏覧。後日、六月二十日付で准勅撰の綸旨が下りる。後土御門天皇、三条西実隆と連歌百韻『両吟御百韻』を詠む。
一五〇四	永正元	後柏原	3内裏にて内裏着到百首が行われ、後柏原天皇ほか一〇名が詠歌。以下、永正二、六、

西暦	年号	天皇	天皇と芸能およびその他の主な事項
			八、十年と五回に亘り着到百首が内裏にて行われる。
一五〇九	六		9～12後柏原天皇と侍臣が日課和歌千六百首『後柏原院御日次結題』を詠む。
一五六〇	永禄三	正親町	5織田信長、桶狭間の戦にて今川義元を破る。
一五六二	五		5正親町天皇、『禁秘抄』の講釈を受ける。
一五七二	元亀三		12細川幽斎、三条西実枝より古今伝受を受ける。天正三年の十月に伝受終了。
一五七三	四		7室町幕府崩壊。
一五八一	天正九		8織田信長の京都奉行村井貞勝より、正親町天皇に茶壺が進上される。9禁裏に御茶頭が派遣され、茶の湯の稽古が行われる。
一五八二	十		6明智光秀、織田信長を急襲し、自刃させる（本能寺の変）。
一五八四	十二		3小牧・長久手の戦い。
一五八五	十三		7羽柴秀吉、関白となる。10秀吉、禁裏で初めての茶の湯の会を開き、正親町天皇、誠仁親王、周仁親王、公家衆に茶を振る舞う。
一五八六	十四		1秀吉が禁裏小御所に黄金の茶室を運び込み、正親町天皇をはじめ皇族、公家衆を招き茶会を催す。
一五八八	十六	後陽成	4後陽成天皇、聚楽第に行幸。豊臣秀吉、聚楽亭御会御歌を催す。
一五九三	文禄二		11後陽成天皇の命により文禄・慶長勅版の刊行が始まる。
一五九四	三		3後陽成天皇臨御のもと、秀吉、吉野山の観桜会にて吉野山御会御歌を催行。
一五九五	四		9後陽成天皇、『詠歌大概』の講義、及び御座御会。
一六〇〇	慶長五		3～4細川幽斎、後陽成天皇の弟・智仁親王に古今伝受を伝えるが戦況悪化のため中断。7幽斎、古今伝受の箱と相伝の証明状を智仁親王に送る。8関ヶ原の合戦が勃発。9古今伝受の断絶を恐れた後陽成天皇により勅使が派遣され、幽斎の田辺城が開城。
一六〇一	六		1智仁親王、幽斎と『古今集』聞書校合を始める。5徳川家康、後陽成天皇に禁裏御料一万石を進献する。
一六〇二	七		11智仁親王、『古今集』校合書写を終え、目録を作成して古今伝受が終了する。

一六〇三	八		2家康、征夷大将軍となる。
一六〇五	十		9禁裏にて御会が行われ、三六人の歌千首『慶長千首』が詠まれる。
一六〇六	十一		8後陽成天皇、『百人一首』の講釈。秋、後陽成天皇、注釈書『百人一首御抄』を著す。
一六〇七	十二		④後陽成天皇、『詠歌大概』の注釈書『詠歌大概御抄』を著す。10後陽成天皇、『伊勢物語』の注釈書『伊勢物語愚案抄』を著す。
一六一一	十六	後水尾	3後陽成天皇譲位し、政仁親王（後水尾天皇）が皇位を継承。
一六一二	十七		7家康の裁定により、後陽成上皇より伝来の書籍などが後水尾天皇に譲渡される。
一六一三	十八		6江戸幕府、公家衆法度を制定。
一六一四	十九		10家康、公家諸家所蔵の記録類を京都五山の禅僧に書写させるよう命ずる。
一六一五	元和元		2禁中御学問講始まる。5大坂落城、豊臣家滅びる（大坂夏の陣）。7「禁中并公家中諸法度」制定される。
一六一六	二		3後陽成上皇、『詠歌大概』の講釈。
一六二〇	六		6徳川秀忠の娘和子（後の東福門院）、後水尾天皇に入内。
一六二三	九		⑧秀忠、後水尾天皇に禁裏御料一万石を進献する。
一六二四	寛永元		7二代目池坊専好、禁中に召され立花を行う。
一六二五	二		11～12智仁親王、後水尾天皇へ古今伝受。
一六二六	三		9後水尾天皇、二条城に行幸。歌会が催される。
一六二九	六	明正	この年、後水尾天皇、立花会を盛んに開催。11後水尾天皇譲位し、明正天皇が皇位を継承。
一六三五	十二		11後水尾上皇、口切りの茶会を開く。
一六三七	十四		3～5後水尾上皇ら着到和歌を催す。9二代目池坊専好、法橋に叙任される。
一六三八	十五		2後鳥羽院四百年忌。8後水尾院が西賀茂に霊源庵を創建し、11一絲文守に入庵を促す。
一六三九	十六		10後水尾上皇、仙洞にて『仙洞三十六番歌合』を催す。
一六四三	二十	後光明	10後光明天皇即位。11後光明天皇の読書始で『貞観政要』がとりあげられる。

西暦	年号	天皇	天皇と芸能およびその他の主な事項
一六四九	慶安二		5後光明天皇、日課表を認める。
一六五一	四		5後水尾上皇、落飾し法皇になる。9後光明天皇、『藤原惺窩文集』に勅序を寄せる。
一六五三	承応二		2後光明天皇、朝山意林庵を召して『中庸』の講釈を聴聞する。
一六五四	三	後西	9後光明天皇崩御し、後西天皇が皇位を継承。
一六五五	明暦元		この頃、後水尾法皇、修学院の山荘（現在の修学院離宮）造営に着手。
一六五六	二		8～9後水尾法皇、『伊勢物語』の講釈。『伊勢物語御講釈聞書』成立。
一六五七	三		1明暦の大火。2後水尾法皇から、尭然法親王・道晃法親王・岩倉具起・飛鳥井雅章へ古今伝受。
一六五八	万治元		5後水尾法皇、『詠歌大概』の講釈。『詠歌大概聞書』成立。5～寛文二年四月、後水尾法皇、後西天皇・日野弘資・烏丸資慶・中院通茂らに万治御点の和歌稽古会を催す。
一六六〇	三		修学院の山荘ほぼ完成する。
一六六一	寛文元		1大火により禁裏文庫炎上。後陽成天皇の時より蓄積された蔵書のほとんどが焼失。5後水尾法皇、『百人一首』講釈。『百人一首御講釈聞書』成立。
一六六三	三	霊元	1後西天皇譲位し、霊元天皇が皇位を継承。
一六六四	四		5後水尾法皇、後西上皇・日野弘資・烏丸資慶・中院通茂へ古今伝受。6後水尾法皇、御所の三畳敷の小間で茶会を開く。
一六六六	六		3後西上皇、万治四年の大火で焼失した禁裏文庫蔵書の新写本を霊元天皇に寄贈する。11後西上皇、後水尾法皇らを御所に招き、三畳台目の小間で茶会を開く。上皇が自ら点茶し、回し飲みが行われる。
一六七三	十三		5京都所司代永井尚庸、後西院の墨跡購入希望を斥け諫言する。京都大火。御所も被災。
一六七四	延宝二		5後水尾法皇、霊元天皇に三部抄及び『伊勢物語』を伝授。
一六八〇	八		8後水尾法皇崩御。
一六八一	天和元		10霊元天皇、儲君を変更し外戚の小倉実起らを佐渡に配流（小倉事件）。
一六八二	二		2霊元天皇、左大臣の近衛基熙を差し置き右大臣の一条兼輝を関白に任ずる。

一六八三	三		4後西上皇、霊元天皇へ古今伝受。6関白一条兼輝、霊元天皇の政務と和歌に対する姿勢を批判する。
一六八四	貞享元		3京都所司代稲葉正往、霊元天皇の和歌愛好を批判する。
一六八五	二		1徳川綱吉、二条家記録の写本を霊元天皇に書写のため貸し出す。
一六八六	三		5霊元天皇、慶長千首以来約八〇年ぶりの堂上千首『内侍所御法楽千首（貞享千首）』を催す。
一六九五	元禄八	東山	10～12霊元上皇、『詠歌大概』の講釈。
一七〇一	十四		9霊元上皇、『太神宮御法楽千首（元禄千首）』を催す。
一七〇二	十五		9～10霊元上皇、『百人一首』の講釈を行う。12赤穂浪士、吉良義央を討つ。
一七〇五	宝永二		2綱吉、東山天皇に禁裏御料一万石を進献する。9内裏にて着到和歌始まる。霊元上皇、御点添削。以下、享保五、六年と着到百首を催行。
一七一四	正徳四	中御門	5霊元法皇、武者小路実陰へ古今伝受。
一七二一	享保六		9霊元法皇、修学院離宮へ御幸。
一七二八	十三		2近衛家熙、後水尾天皇の立花（禁中大立花）につき医師山科道安に語る。
一七二九	十四		4将軍吉宗に献上される象が江戸へ行く途中、京へ立ち寄り禁裏に召される。詩歌会あり。
一七三〇	十五		9～翌年四月、霊元法皇、堂上千首『享保千首』を催す。
一七三二	十七		2～3霊元法皇、順徳院と同題で名所百首を詠む。
一七三八	元文三	桜町	10徳川吉宗、桜町天皇に和歌勅撰を奏請する。
一七四三	寛保三		5～8桜町天皇、着到和歌を催す。
一七四四	延享元		5烏丸光栄、桜町天皇・有栖川宮職仁親王へ古今伝受。この年桜町天皇、宇佐八幡宮へ五十首奉納。
一七四五	二		10桜町天皇、歌論書『歌道御教訓』を著す。
一七五三	宝暦三	桃園	8徳川家重、桃園天皇に『日本紀略』などの写本を進献する。
一七五七	七		6桃園天皇、徳大寺公城らから垂加神道流の『日本書紀』進講を受ける。8関白らの申し

西暦	年号	天皇	天皇と芸能およびその他の主な事項
			入れにより『日本書紀』の進講中止。
一七五八	八		3桃園天皇、『日本書紀』の進講を再開。7朝廷、徳大寺公城ら一八人の公家衆を処罰する（宝暦事件）。
一七五九	九		5徳大寺公城らに垂加神道を講義した竹内式部が追放処分される。
一七六一	十一		3～6桃園天皇、着到和歌を催す。7桃園天皇、七夕の七遊として和歌当座・囲碁・将棋・楊弓・蹴鞠・花・楽・香を催す。
一七六六	明和三	後桜町	8山県大弐が幕府への謀反の疑いにより逮捕される（明和事件）。
一七六七	四		3後桜町天皇、有栖川宮職仁親王より古今伝受を受け、『古今伝授の御記』を記す。8尊王思想を鼓吹していた山県大弐が死刑に処される。
一七九三	寛政五	光格	光格天皇、後桜町上皇より、てにをは伝受を授けられる。
一七九六	八		光格天皇、定家の歌論書『詠歌大概・秀歌之体大略』『百人一首』『未来記・雨中吟』の三部抄伝受および伊勢物語伝受を後桜町院より授けられる。
一七九七	九		光格天皇、古今伝受を後桜町上皇より授けられる。
一七九八	十		光格天皇、日野資枝に伊勢物語伝受を授ける。
一八二三	文政六	仁孝	平田篤胤、著書を仁孝天皇に献上する。
一八四〇	天保十一		11光格上皇、仁孝天皇へ古今伝授筥のみを相伝。
一八四七	弘化四	孝明	3京都に学習所（後の学習院）開設。
一八五四	嘉永七		4孝明天皇、皇居炎上のため賀茂社・聖護院・桂に避難の道中、詠歌。
一八六四	元治元		5孝明天皇、宇佐宮に外患祈禱のため御製五十首奉納。
一八六七	慶応三		10大政奉還。

代数	諡号・追号	名	父	母	在位期間
108	後水尾(ごみずのお)	政仁	後陽成	藤原前子	慶長16(1611) 3.27～寛永6(1629) 11.8
109	明正＊(めいしょう)	興子	後水尾	源和子	寛永6(1629) 11.8～寛永20(1643) 10.3
110	後光明(ごこうみょう)	紹仁	後水尾	藤原光子	寛永20(1643) 10.3～承応3(1654) 9.20
111	後西(ごさい)	良仁	後水尾	藤原隆子	承応3(1654) 11.28～寛文3(1663) 1.26
112	霊元(れいげん)	識仁	後水尾	藤原国子	寛文3(1663) 1.26～貞享4(1687) 3.21
113	東山(ひがしやま)	朝仁	霊元	藤原宗子	貞享4(1687) 3.21～宝永6(1709) 6.21
114	中御門(なかみかど)	慶仁	東山	藤原賀子	宝永6(1709) 6.21～享保20(1735) 3.21
115	桜町(さくらまち)	昭仁	中御門	藤原尚子	享保20(1735) 3.21～延享4(1747) 5.2
116	桃園(ももぞの)	遐仁	桜町	藤原定子	延享4(1747) 5.2～宝暦12(1762) 7.12
117	後桜町＊(ごさくらまち)	智子	桜町	藤原舎子	宝暦12(1762) 7.27～明和7(1770) 11.24
118	後桃園(ごももぞの)	英仁	桃園	藤原富子	明和7(1770) 11.24～安永8(1779) 10.29
119	光格(こうかく)	師仁・兼仁	典仁親王	大江磐代	安永8(1779) 11.25～文化14(1817) 3.22
120	仁孝(にんこう)	恵仁	光格	藤原婧子	文化14(1817) 3.22～弘化3(1846) 1.26
121	孝明(こうめい)	統仁	仁孝	藤原雅子	弘化3(1846) 2.13～慶応2(1866) 12.25
122	明治(めいじ)	睦仁	孝明	中山慶子	慶応3(1867) 1.9～明治45(1912) 7.30
123	大正(たいしょう)	嘉仁	明治	柳原愛子	明治45(1912) 7.30～大正15(1926) 12.25
124	昭和(しょうわ)	裕仁	大正	九条節子	大正15(1926) 12.25～昭和64(1989) 1.7
125	(今上)	明仁	昭和	良子女王	昭和64 (1989) 1.7～

代数	諡号・追号	名	父	母	在位期間
85	仲恭（ちゅうきょう）	懐成	順徳	藤原立子	承久3(1221) 4.20～承久3(1221) 7.9
86	後堀河（ごほりかわ）	茂仁	守貞親王	藤原陳子	承久3(1221) 7.9～貞永1(1232) 10.4
87	四条（しじょう）	秀仁	後堀河	藤原竴子	貞永1(1232) 10.4～仁治3(1242) 1.9
88	後嵯峨（ごさが）	邦仁	土御門	源通子	仁治3(1242) 1.20～寛元4(1246) 1.29
89	後深草（ごふかくさ）	久仁	後嵯峨	藤原姞子	寛元4(1246) 1.29～正元1(1259) 11.26
90	亀山（かめやま）	恒仁	後嵯峨	藤原姞子	正元1(1259) 11.26～文永11(1274) 1.26
91	後宇多（ごうだ）	世仁	亀山	藤原佶子	文永11(1274) 1.26～弘安10(1287) 10.21
92	伏見（ふしみ）	熙仁	後深草	藤原愔子	弘安10(1287) 10.21～永仁6(1298) 7.22
93	後伏見（ごふしみ）	胤仁	伏見	藤原経子	永仁6(1298) 7.22～正安3(1301) 1.21
94	後二条（ごにじょう）	邦治	後宇多	源基子	正安3(1301) 1.21～徳治3(1308) 8.25
95	花園（はなぞの）	富仁	伏見	藤原季子	徳治3(1308) 8.26～文保2(1318) 2.26
96	後醍醐（ごだいご）	尊治	後宇多	藤原忠子	文保2(1318) 2.26～延元4(1339) 8.15
97	後村上（ごむらかみ）	憲良・義良	後醍醐	藤原廉子	延元4(1339) 8.15～正平23(1368) 3.11
98	長慶（ちょうけい）	寛成	後村上	藤原氏	正平23(1368) 3～弘和3(1383) 10以後
99	後亀山（ごかめやま）	熙成	後村上	藤原氏	弘和3(1383) 10.27以後～元中9(1392) 閏10.5
北朝	光厳（こうごん）	量仁	後伏見	藤原寧子	元弘1(1331) 9.20～正慶2(1333) 5.25
北朝	光明（こうみょう）	豊仁	後伏見	藤原寧子	建武3(1336) 8.15～貞和4(1348) 10.27
北朝	崇光（すこう）	益仁・興仁	光厳	藤原秀子	貞和4(1348) 10.27～観応2(1351) 11.7
北朝	後光厳（ごこうごん）	弥仁	光厳	藤原秀子	観応3(1352) 8.17～応安4(1371) 3.23
北朝	後円融（ごえんゆう）	緒仁	後光厳	紀仲子	応安4(1371) 3.23～永徳2(1382) 4.11
100	後小松（ごこまつ）	幹仁	後円融	藤原厳子	永徳2(1382) 4.11～応永19(1412) 8.29
101	称光（しょうこう）	躬仁・実仁	後小松	藤原資子	応永19(1412) 8.29～正長1(1428) 7.20
102	後花園（ごはなぞの）	彦仁	貞成親王	源幸子	正長1(1428) 7.28～寛正5(1464) 7.19
103	後土御門（ごつちみかど）	成仁	後花園	藤原信子	寛正5(1464) 7.19～明応9(1500) 9.28
104	後柏原（ごかしわばら）	勝仁	後土御門	源朝子	明応9(1500) 10.25～大永6(1526) 4.7
105	後奈良（ごなら）	知仁	後柏原	藤原藤子	大永6(1526) 4.29～弘治3(1557) 9.5
106	正親町（おおぎまち）	方仁	後奈良	藤原栄子	弘治3(1557) 10.27～天正14(1586) 11.7
107	後陽成（ごようぜい）	和仁・周仁	誠仁親王	藤原晴子	天正14(1586) 11.7～慶長16(1611) 3.27

代数	諡号・追号	名	父	母	在位期間
57	陽成（ようぜい）	貞明	清和	藤原高子	貞観18(876) 11.29〜元慶8(884) 2.4
58	光孝（こうこう）	時康	仁明	藤原沢子	元慶8(884) 2.4〜仁和3(887) 8.26
59	宇多（うだ）	定省	光孝	班子女王	仁和3(887) 8.26〜寛平9(897) 7.3
60	醍醐（だいご）	維城・敦仁	宇多	藤原胤子	寛平9(897) 7.3〜延長8(930) 9.22
61	朱雀（すざく）	寛明	醍醐	藤原穏子	延長8(930) 9.22〜天慶9(946) 4.20
62	村上（むらかみ）	成明	醍醐	藤原穏子	天慶9(946) 4.20〜康保4(967) 5.25
63	冷泉（れいぜい）	憲平	村上	藤原安子	康保4(967) 5.25〜安和2(969) 8.13
64	円融（えんゆう）	守平	村上	藤原安子	安和2(969) 8.13〜永観2(984) 8.27
65	花山（かざん）	師貞	冷泉	藤原懐子	永観2(984) 8.27〜寛和2(986) 6.23
66	一条（いちじょう）	懐仁	円融	藤原詮子	寛和2(986) 6.23〜寛弘8(1011) 6.13
67	三条（さんじょう）	居貞	冷泉	藤原超子	寛弘8(1011) 6.13〜長和5(1016) 1.29
68	後一条（ごいちじょう）	敦成	一条	藤原彰子	長和5(1016) 1.29〜長元9(1036) 4.17
69	後朱雀（ごすざく）	敦良	一条	藤原彰子	長元 9 (1036) 4.17〜寛徳2(1045) 1.16
70	後冷泉（ごれいぜい）	親仁	後朱雀	藤原嬉子	寛徳2(1045) 1.16〜治暦4(1068) 4.19
71	後三条（ごさんじょう）	尊仁	後朱雀	禎子内親王	治暦4(1068) 4.19〜延久4(1072) 12.8
72	白河（しらかわ）	貞仁	後三条	藤原茂子	延久4(1072) 12.8〜応徳3(1086) 11.26
73	堀河（ほりかわ）	善仁	白河	藤原賢子	応徳3(1086) 11.26〜嘉承2(1107) 7.19
74	鳥羽（とば）	宗仁	堀河	藤原苡子	嘉承2(1107) 7.19〜保安4(1123) 1.28
75	崇徳（すとく）	顕仁	鳥羽	藤原璋子	保安4(1123) 1.28〜永治1(1141) 12.7
76	近衛（このえ）	体仁	鳥羽	藤原得子	永治1(1141) 12.7〜久寿2(1155) 7.23
77	後白河（ごしらかわ）	雅仁	鳥羽	藤原璋子	久寿2(1155) 7.24〜保元3(1158) 8.11
78	二条（にじょう）	守仁	後白河	藤原懿子	保元3(1158) 8.11〜永万1(1165) 6.25
79	六条（ろくじょう）	順仁	二条	伊岐氏	永万1(1165) 6.25〜仁安3(1168) 2.19
80	高倉（たかくら）	憲仁	後白河	平滋子	仁安3(1168) 2.19〜治承4(1180) 2.21
81	安徳（あんとく）	言仁	高倉	平徳子	治承4(1180) 2.21〜寿永4(1185) 3.24
82	後鳥羽（ごとば）	尊成	高倉	藤原殖子	寿永2(1183) 8.20〜建久9(1198) 1.11
83	土御門（つちみかど）	為仁	後鳥羽	源在子	建久9(1198) 1.11〜承元4(1210) 11.25
84	順徳（じゅんとく）	守成	後鳥羽	藤原重子	承元4(1210) 11.25〜承久3(1221) 4.20

歴代天皇表②　在位欄は文武、桓武～昭和は践祚の年月日を起点とする　＊=女帝

代数	諡号・追号	名	父	母	在位期間
29	欽明(きんめい)	(天国排開広庭)	継体	手白香皇女	宣化4(539) 12.5～欽明32(571) 4.15
30	敏達(びだつ)	(渟中倉太珠敷)	欽明	石姫皇女	敏達1(572) 4.3～敏達14(585) 8.15
31	用明(ようめい)	(橘豊日)	欽明	蘇我堅塩媛	敏達14(585) 9.5～用明2(587) 4.9
32	崇峻(すしゅん)	泊瀬部	欽明	蘇我小姉君	用明2(587) 8.2～崇峻5(592) 11.3
33	推古＊(すいこ)	額田部	欽明	蘇我堅塩媛	崇峻5(592) 12.8～推古36(628) 3.7
34	舒明(じょめい)	田村	押坂彦人大兄皇子	糠手姫皇女	舒明1(629) 1.4～舒明13(641) 10.9
35	皇極＊(こうぎょく)	宝	茅渟王	吉備姫王	皇極1(642) 1.15～皇極4(645) 6.14
36	孝徳(こうとく)	軽	茅渟王	吉備姫王	皇極4(645) 6.14～白雉5(654) 10.10
37	斉明＊(さいめい)	(皇極重祚)			斉明1(655) 1.3～斉明7(661) 7.24
38	天智(てんじ)	葛城・中大兄	舒明	宝皇女(皇極)	天智7(668) 1.3～天智10(671) 12.3
39	弘文(こうぶん)	伊賀・大友	天智	伊賀采女宅子娘	天智10(671) 12.5～天武1(672) 7.23
40	天武(てんむ)	大海人	舒明	宝皇女(皇極)	天武2(673) 2.27～朱鳥1(686) 9.9
41	持統＊(じとう)	鸕野讃良	天智	蘇我遠智娘	持統4(690) 1.1～持統11(697) 8.1
42	文武(もんむ)	珂瑠	草壁皇子	阿閇皇女(元明)	文武1(697) 8.1～慶雲4(707) 6.15
43	元明＊(げんめい)	阿閇	天智	蘇我姪娘	慶雲4(707) 7.17～和銅8(715) 9.2
44	元正＊(げんしょう)	氷高・新家	草壁皇子	阿閇皇女(元明)	霊亀1(715) 9.2～養老8(724) 2.4
45	聖武(しょうむ)	首	文武	藤原宮子	神亀1(724) 2.4～天平勝宝1(749) 7.2
46	孝謙＊(こうけん)	阿倍	聖武	藤原安宿媛	天平勝宝1(749) 7.2～天平宝字2(758) 8.1
47	淳仁(じゅんにん)	大炊	舎人親王	当麻山背	天平宝字2(758) 8.1～天平宝字8(764) 10.9
48	称徳＊(しょうとく)	(孝謙重祚)			天平宝字8(764) 10.9～神護景雲4(770) 8.4
49	光仁(こうにん)	白壁	施基親王	紀橡姫	宝亀1(770) 10.1～天応1(781) 4.3
50	桓武(かんむ)	山部	光仁	高野新笠	天応1(781) 4.3～延暦25(806) 3.17
51	平城(へいぜい)	小殿・安殿	桓武	藤原乙牟漏	延暦25(806) 3.17～大同4(809) 4.1
52	嵯峨(さが)	神野	桓武	藤原乙牟漏	大同4(809) 4.1～弘仁14(823) 4.16
53	淳和(じゅんな)	大伴	桓武	藤原旅子	弘仁14(823) 4.16～天長10(833) 2.28
54	仁明(にんみょう)	正良	嵯峨	橘嘉智子	天長10(833) 2.28～嘉祥3(850) 3.21
55	文徳(もんとく)	道康	仁明	藤原順子	嘉祥3(850) 3.21～天安2(858) 8.27
56	清和(せいわ)	惟仁	文徳	藤原明子	天安2(858) 8.27～貞観18(876) 11.29

歴代天皇表①

代数	漢風諡号	日本書紀	古事記	父	母
1	神武（じんむ）	神日本磐余彦（カムヤマトイハレヒコ）	神倭伊波礼毗古	鸕鷀草葺不合尊	玉依姫命
2	綏靖（すいぜい）	神渟名川耳（カムヌナカハミミ）	神沼河耳	神武	媛蹈鞴五十鈴媛命
3	安寧（あんねい）	磯城津彦玉手看（シキツヒコタマテミ）	師木津日子玉手見	綏靖	五十鈴依媛命
4	懿徳（いとく）	大日本彦耜友（オホヤマトヒコスキトモ）	大倭日子鉏友	安寧	渟名底仲媛命
5	孝昭（こうしょう）	観松彦香殖稲（ミマツヒコカエシネ）	御真津日子訶恵志泥	懿徳	天豊津媛命
6	孝安（こうあん）	日本足彦国押人（ヤマトタラシヒコクニオシヒト）	大倭帯日子国押人	孝昭	世襲足媛
7	孝霊（こうれい）	大日本根子彦太瓊（オホヤマトネコヒコフトニ）	大倭根子日子賦斗邇	孝安	押媛
8	孝元（こうげん）	大日本根子彦国牽（オホヤマトネコヒコクニクル）	大倭根子日子国玖琉	孝霊	細媛命
9	開化（かいか）	稚日本根子彦大日日（ワカヤマトネコヒコオホヒヒ）	若倭根子日子大毗毗	孝元	鬱色謎命
10	崇神（すじん）	御間城入彦五十瓊殖（ミマキイリヒコイニヱ）	御真木入日子印恵	開化	伊香色謎命
11	垂仁（すいにん）	活目入彦五十狭茅（イクメイリヒコイサチ）	伊久米伊理毗古伊佐知	崇神	御間城姫
12	景行（けいこう）	大足彦忍代別（オホタラシヒコオシロワケ）	大帯日子淤斯呂和気	垂仁	日葉洲媛命
13	成務（せいむ）	稚足彦（ワカタラシヒコ）	若帯日子	景行	八坂入姫命
14	仲哀（ちゅうあい）	足仲彦（タラシナカツヒコ）	帯中日子	日本武尊	両道入姫命
15	応神（おうじん）	誉田（ホムタ）	品陀和気	仲哀	気長足姫尊
16	仁徳（にんとく）	大鷦鷯（オホサザキ）	大雀	応神	仲姫命
17	履中（りちゅう）	去来穂別（イザホワケ）	伊耶本和気	仁徳	磐之媛命
18	反正（はんぜい）	瑞歯別（ミツハワケ）	水歯別	仁徳	磐之媛命
19	允恭（いんぎょう）	雄朝津間稚子宿禰（ヲアサヅマワクゴノスクネ）	男浅津間若子宿禰	仁徳	磐之媛命
20	安康（あんこう）	穴穂（アナホ）	穴穂	允恭	忍坂大中姫命
21	雄略（ゆうりゃく）	大泊瀬幼武（オホハツセノワカタケル）	大長谷若建	允恭	忍坂大中姫命
22	清寧（せいねい）	白髪武広国押稚日本根子（シラカノタケヒロクニオシワカヤマトネコ）	白髪大倭根子	雄略	葛城韓媛
23	顕宗（けんぞう）	弘計（ヲケ）	袁祁之石巣別	市辺押磐皇子	荑媛
24	仁賢（にんけん）	億計（オケ）	意祁	市辺押磐皇子	荑媛
25	武烈（ぶれつ）	小泊瀬稚鷦鷯（ヲハツセノワカサザキ）	小長谷若雀	仁賢	春日大娘皇女
26	継体（けいたい）	男大迹（ヲホド）	袁本杼	彦主人王	振媛
27	安閑（あんかん）	広国押武金日（ヒロクニオシタケカナヒ）	広国押建金日	継体	目子媛
28	宣化（せんか）	武小広国押盾（タケヲヒロクニオシタテ）	建小広国押楯	継体	目子媛

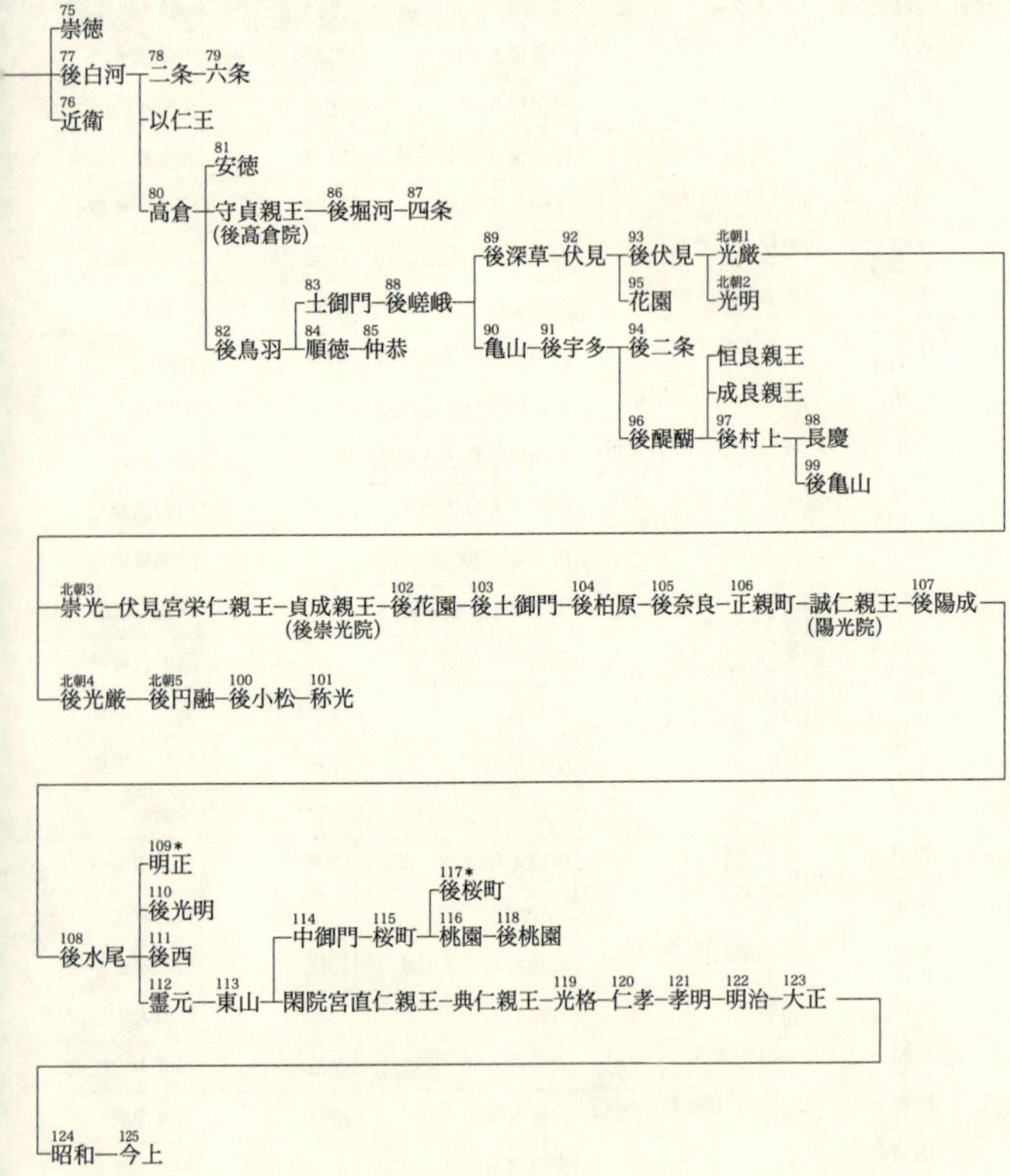

数字は『皇統譜』による代数。

＊は女帝を示す。なお、皇極・斉明、孝謙・称徳は重祚。

天皇系図

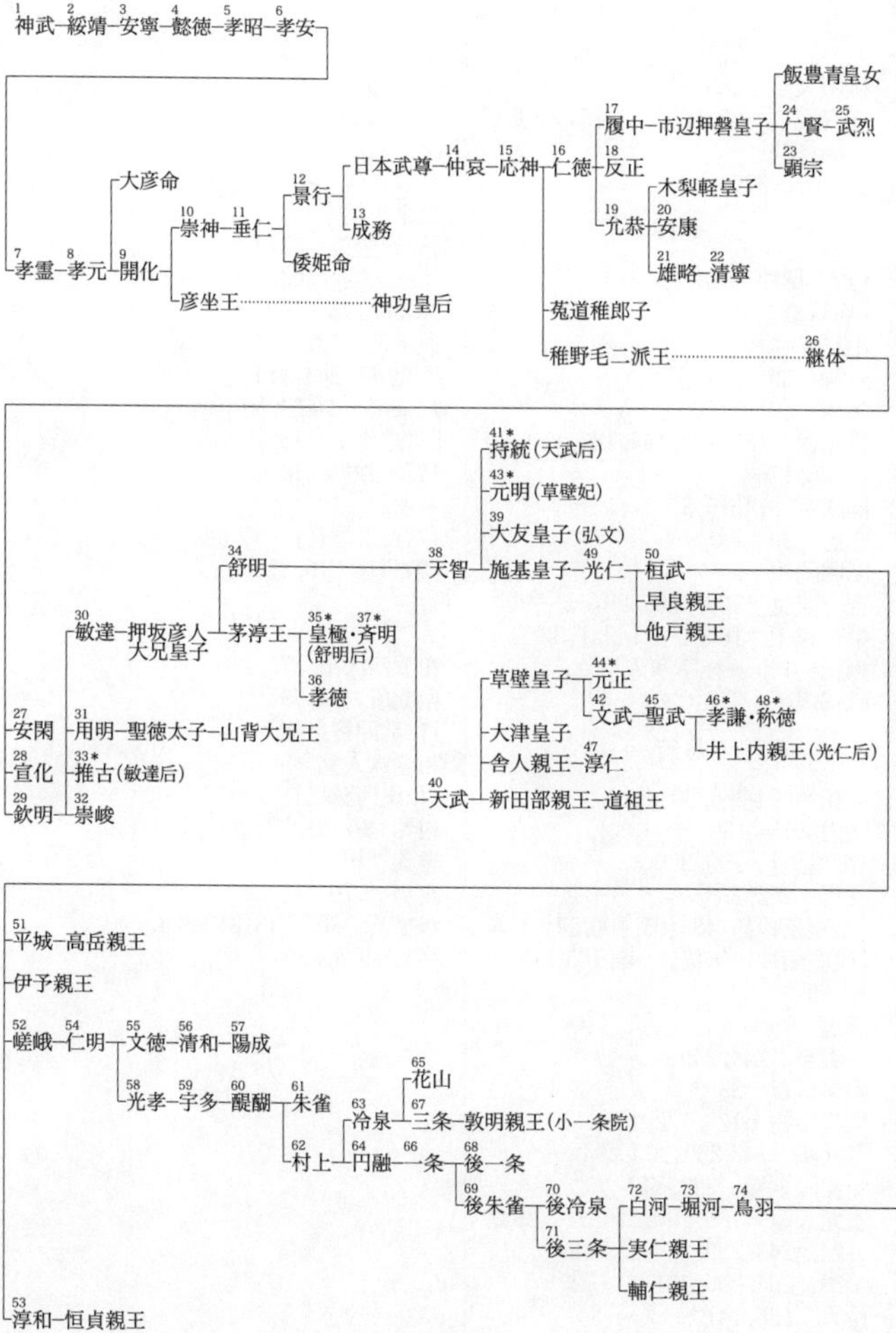
1 神武
2 綏靖
3 安寧
4 懿徳
5 孝昭
6 孝安
7 孝霊
8 孝元
9 開化
大彦命
10 崇神
11 垂仁
12 景行
13 成務
倭姫命
彦坐王
神功皇后
日本武尊
14 仲哀
15 応神
16 仁徳
17 履中
市辺押磐皇子
飯豊青皇女
24 仁賢
25 武烈
23 顕宗
18 反正
19 允恭
木梨軽皇子
20 安康
21 雄略
22 清寧
菟道稚郎子
稚野毛二派王
26 継体
27 安閑
28 宣化
29 欽明
30 敏達
押坂彦人大兄皇子
34 舒明
茅渟王
35* 皇極・37* 斉明 (舒明后)
36 孝徳
31 用明
聖徳太子
山背大兄王
33* 推古(敏達后)
32 崇峻
38 天智
41* 持統(天武后)
43* 元明(草壁妃)
39 大友皇子(弘文)
施基皇子
49 光仁
50 桓武
早良親王
他戸親王
40 天武
草壁皇子
44* 元正
42 文武
45 聖武
46* 孝謙・48* 称徳
井上内親王(光仁后)
大津皇子
舎人親王
47 淳仁
新田部親王
道祖王
51 平城
高岳親王
伊予親王
52 嵯峨
54 仁明
55 文徳
56 清和
57 陽成
58 光孝
59 宇多
60 醍醐
61 朱雀
62 村上
63 冷泉
65 花山
67 三条
敦明親王(小一条院)
64 円融
66 一条
68 後一条
69 後朱雀
70 後冷泉
71 後三条
72 白河
73 堀河
74 鳥羽
実仁親王
輔仁親王
53 淳和
恒貞親王

や行

ら行

わ行

ま行

な行

は行

た行

さ行

か行

索 引

あ行

渡部泰明（わたなべ　やすあき）

1957年生まれ。東京大学大学院人文社会系研究科教授。専攻は和歌文学。著書に『中世和歌の生成』『和歌とは何か』『古典和歌入門』『中世和歌史論 様式と方法』ほか。

阿部泰郎（あべ　やすろう）

1953年生まれ。名古屋大学大学院文学研究科教授。専攻は中世の宗教文芸。著書に『湯屋の皇后―中世の性と聖なるもの』『中世日本の宗教テクスト体系』『中世日本の世界像』ほか。

鈴木健一（すずき　けんいち）

1960年生まれ。学習院大学文学部教授。専攻は近世の文学、詩歌史。著書に『近世堂上歌壇の研究』『江戸詩歌史の構想』『古典注釈入門―歴史と技法』『天皇と和歌』ほか。

松澤克行（まつざわ　よしゆき）

1966年生まれ。東京大学史料編纂所准教授。専攻は日本近世史。主な論文に「近世の公家社会」（『岩波講座日本歴史第12巻 近世3』所収）ほか。

本書の原本は、2011年11月、小社より刊行されました。

講談社学術文庫

定価はカバーに表示してあります。

天皇の歴史10

天皇《てんのう》と芸能《げいのう》

渡部泰明《わたなべやすあき》／阿部泰郎《あべやすろう》／鈴木健一《すずきけんいち》／松澤克行《まつざわよしゆき》

2018年9月10日　第1刷発行

発行者　渡瀬昌彦
発行所　株式会社講談社
　東京都文京区音羽 2-12-21 〒112-8001
　電話　編集（03）5395-3512
　　　　販売（03）5395-4415
　　　　業務（03）5395-3615
装　幀　蟹江征治
印　刷　慶昌堂印刷株式会社
製　本　株式会社国宝社

ISBN978-4-06-513024-7

「講談社学術文庫」の刊行に当たって

これは、学術をポケットに入れることをモットーとして生まれた文庫である。学術は少年の心を養い、成年の心を満たす。その学術がポケットにはいる形で、万人のものになることは、生涯教育をうたう現代の理想である。

こうした考え方は、学術を巨大な城のように見る世間の常識に反するかもしれない。また、一部の人たちからは、学術の権威をおとすものと非難されるかもしれない。しかし、それはいずれも学術の新しい在り方を解しないものといわざるをえない。

学術は、まず魔術への挑戦から始まった。やがて、いわゆる常識をつぎつぎに改めていった。学術の権威は、幾百年、幾千年にわたる、苦しい戦いの成果である。こうしてきずきあげられた城が、一見して近づきがたいものにうつるのは、そのためである。しかし、学術の権威を、その形の上だけで判断してはならない。その生成のあとをかえりみれば、その根は常に人々の生活の中にあった。学術が大きな力たりうるのはそのためであって、生活をはなれた学術は、どこにもない。

開かれた社会といわれる現代にとって、これはまったく自明である。生活と学術との間に、もし距離があるとすれば、何をおいてもこれを埋めねばならない。もしこの距離が形の上の迷信からきているとすれば、その迷信をうち破らねばならぬ。

学術文庫は、内外の迷信を打破し、学術のために新しい天地をひらく意図をもって生まれた。文庫という小さい形と、学術という壮大な城とが、完全に両立するためには、なおいくらかの時を必要とするであろう。しかし、学術をポケットにした社会が、人間の生活にとってより豊かな社会であることは、たしかである。そうした社会の実現のために、文庫の世界に新しいジャンルを加えることができれば幸いである。

一九七六年六月　　野間省一

学術文庫版
天皇の歴史 全10巻

【編集委員】大津透　河内祥輔　藤井讓治　藤田覚

天皇と日本史を問い直す、新視点の画期的シリーズ

① 神話から歴史へ
大津 透

② 聖武天皇と仏都平城京
吉川真司

③ 天皇と摂政・関白
佐々木恵介

④ 天皇と中世の武家
河内祥輔・新田一郎

⑤ 天皇と天下人
藤井讓治

⑥ 江戸時代の天皇
藤田 覚

⑦ 明治天皇の大日本帝国
西川 誠

⑧ 昭和天皇と戦争の世紀
加藤陽子

⑨ 天皇と宗教
小倉慈司・山口輝臣

⑩ 天皇と芸能
渡部泰明・阿部泰郎・鈴木健一・松澤克行